GERHARD SPRENGER

Naturrecht und Natur der Sache

Schriften zur Rechtstheorie

Heft 50

Naturrecht und Natur der Sache

Von

Dr. Gerhard Sprenger

DUNCKER & HUMBLOT / BERLIN

CIP-Kurztitelaufnahme der Deutschen Bibliothek

Sprenger, Gerhard

Naturrecht und Natur der Sache. — 1. Aufl. —
Berlin: Duncker und Humblot, 1976.
(Schriften zur Rechtstheorie; H. 50)
ISBN 3-428-03617-4

Gedruckt 1976 bei Buchdruckerei Bruno Luck, Berlin 65
Printed in Germany
ISBN 3 428 03617 4

Meinen Eltern
zum Gedenken

Vorwort

Anlaß für die nachfolgende Untersuchung war die Erkenntnis, daß die Herkunft von „Natur der Sache“ *ursprünglicher* ist, als bisher angenommen worden war. Diese Ursprünglichkeit wird insbesondere dort deutlich, wo man dem Begriff außerhalb des Rechtlichen begegnet. Im Bereich des Rechts drängt sich die Frage nach seinem Verhältnis zum Naturrecht auf, die geeignet ist, den Blick für die Tiefe der Herkunft von „Natur der Sache“ zu öffnen. Das Anreißen der geschichtlichen Hintergründe dient dem Versuch der Herausstellung des Ungeschichtlichen der Denkform.

Die Arbeit ist aus einer Dissertation entstanden, die der Universität des Saarlandes vorgelegen hat. Sie geht auf eine Anregung von Herrn Bundesminister Professor Dr. Dr. h. c. Werner Maihofer zurück. Ohne seinen steten Zuspruch wäre sie nicht zu Ende geführt worden. Ich danke ihm aufrichtig. Mein Dank gilt ferner Herrn Ministerialrat a. D. Professor Dr. J. Broermann für seine Bereitschaft, diese Arbeit in die in seinem Verlag erscheinende Reihe „Schriften zur Rechtstheorie“ aufzunehmen.

Bielefeld, im Frühjahr 1976

G. S.

Inhalt

Drittes Kapitel

Versuch einer Deutung des Begriffs „Natur der Sache" vor dem Hintergrund des neuen „Natur"verständnisses

Einleitung

Im Mittelpunkt dieser Untersuchung steht der Begriff der *„Natur der Sache"*.

Wann immer auch im Bereich des Rechts versucht worden ist, die Frage nach seiner Herkunft und seinem Wesen, seinem Wert und der Weise seiner Anwendung zu stellen, selten nur wurde hinreichend *zugleich* sein Verhältnis zu demjenigen Gedankengut bedacht, das sich seit jeher unter der Bezeichnung *„Naturrecht"* versammelt hat.

Dies mag verwundern, wenn man bedenkt, daß das Schrifttum über naturrechtliche Fragen, sei es aus juristischer, philosophischer, theologischer oder soziologischer Sicht inzwischen unübersehbar geworden ist, und daß es auch an einer Fülle zum Teil bemerkenswerter Untersuchungen über die „Natur der Sache" gerade in neuerer Zeit nicht fehlt.

Der überwiegende Teil dieser Literatur behandelt indessen das Naturrecht und die „Natur der Sache" je für sich. Eine Beziehung des Naturrechts zur „Natur der Sache" findet kaum Erwähnung — in der Regel bleibt es bei der Feststellung, daß neben dem vorgängig als existent oder evident herausgestellten Naturrecht auch ein Denken aus der Natur der Sache möglich oder — geschichtlich gesehen — möglich gewesen sei.

Die Heranziehung der Thematik „Naturrecht" bei dem hier unternommenen Versuch, sich gedanklich an das Wesen dessen heranzutasten, das heute, wie vor zwei Jahrhunderten, beinahe mit „modischem" Eifer „Natur der Sache" genannt wird, geschieht zunächst unter sprachlicher Rechtfertigung: sowohl der Begriff „Naturrecht" als auch der Begriff „Natur der Sache" enthält das Wort *„Natur"*. Dieser Umstand bestimmt das weitere Vorgehen, nämlich nach einem etwaigen Gemeinsamen beider Institutionen, ihrer Unterscheidung und Abgrenzung zu fragen. Es gilt insbesondere, „Natur" im Hinblick auf eine mögliche wechselseitige Angewiesenheit von Naturrecht und „Natur der Sache" *transparent* zu machen, und zwar ausschließlich im Hinblick hierauf. Unter diesem Aspekt sind auch die geschichtlichen Trakte dieser Untersuchung, auf die bei aller Sparsamkeit nicht verzichtet werden konnte, zu sehen.

In der Denkform der „Natur der Sache" scheint nach der Wortkonstellation innerhalb dieses Begriffs im wesentlichen aus der *Sache* gedacht zu werden. Derjenige, der sich naturrechtlich orientieren will, sucht das richtige, das wahre Recht in der „Natur", was immer er sich darunter vorstellt. So gesehen stehen beide Denkformen fürs erste in einer Gegnerschaft zueinander.

Wir besinnen uns der aufgezeigten (zunächst nur) sprachlichen Gemeinsamkeit: *Natur*. Ist Recht aus der „Natur der Sache" nicht auch „Naturrecht aus der Sache"? *Widerspricht* aber ein solches „konkretes" Naturrecht nicht gerade dem Wesen des Naturrechts, das als solches gerade immer „abstrakt" verstanden wurde? Ist es andererseits wiederum nicht so, daß „Sache" nicht für sich selbst vorkommt, sondern stets in ein Allgemeines, eine Mannigfaltigkeit, einen umfassenden Beziehungsbereich eingelagert ist? Und ist, wenn dieses andere mit der Bezeichnung „Natur" belegt wird, Sache nicht: *Natur-Sache?* Diese Sicht der Dinge wiederum ergäbe eine völlige *Übereinstimmung* von Naturrecht und Natur der Sache und stände so im Widerspruch zu der oben erwähnten Gegensätzlichkeit der Begriffe.

Der Weg dieser Untersuchung, die vielleicht zur Beseitigung von Mißverständnissen und zum Entwurf einer neuen Fragestellung führen kann, geht von einem Denkansatz *Werner Maihofers*[1] aus. Das Ergebnis wird die Abhängigkeit von dem *geschichtlichen* Ort der Frage offenbaren. Dieses einsichtig zu machen, ist indessen notwendig für den Entwurf einer *ungeschichtlichen* Frage, aus deren versagter Antwort wiederum allererst Standpunkte begrifflich eingeholt werden können.

Gegenständlich gesehen geht die Untersuchung von einer Gegenüberstellung von Naturrcht und Natur der Sache aus, wobei Naturrecht begriffen wird als ein bestimmtes, eben aus der Natur hergeleitetes Recht. Natur der Sache soll stets auf den rechtlichen Bereich bezogen, soll „Recht aus der Natur der Sache" sein, obgleich — und das wird im Verlauf der Untersuchung anklingen — dieser Begriff der allgemeinen Geistesgeschichte angehört[2].

Unter *Sache* wird im alltäglichen Sprachgebrauch zunächst bevorzugt ein konkretes Seiendes verstanden, ein Gegenstand mit einer so-und-so-Beschaffenheit, man denke etwa an die im deutschen Bürgerlichen Recht geltende Auffassung von Sachen und ihre Unterscheidung in bewegliche und unbewegliche. Aber bereits in Redewendungen wie „das wird eine große Sache" oder etwa in dem prozessual gebräuchli-

[1] Droit naturel et nature des choses in: Arch. f. Rechts- u. Sozialphilosophie 1965, 233 ff.

[2] Vgl. etwa Garzón Valdes, El problema de la naturaleza de la cosa en el pensiamiento contemporaneo; Radbruch, Die Natur der Sache als juristische Denkform, 5; Erik Wolf, Vom Wesen des Rechts in deutscher Dichtung, passim; Gadamer, Die Natur der Sache und die Sprache der Dinge, 26 ff.; Michael Landmann, Die Dinge, 3 ff.; ferner die von Erich Fechner erwähnten Beispiele bei Paul Claudel (Rechtsphilosophie, 148 Anm. 16).

chen „in Sachen ...“ offenbart sich, daß mit dem Begriff „Sache“ auch etwas gemeint sein kann, das über das konkret Dingliche hinausgeht. Und gerade diesem „in Sachen“ entnehmen wir einen wichtigen Hinweis: Sache stellt eine Umbildung des gotischen (auch angelsächsischen und altsächsischen) „sakan“, althochdeutsch „sahhan“ dar, das die Bedeutung „(vor Gericht) streiten“ hatte[3] und damit den Sinngehalt des lateinischen Wortes „res“ als das in Rede Stehende, das was den Menschen angeht, Angelegenheit, Fall, Streitfall[4] trifft. Die zweite Wurzel für den Sinngehalt von „Sache“ in der Bedeutung von „Fall“ gibt das lateinische Wort causa (franz. chose, span. cosa), das wir mit Ding übersetzen, wobei auch die vorgängig verständliche Bedeutung von Ding als konkret Gegenständlichem hierauf nicht begrenzt ist, was sich in Redewendungen wie etwa „ein Ding drehen“ äußert. Im englischen Wort thing (he knows how to handle things)[5] und im altdeutschen Thing (= Versammlung zur Verhandlung einer Angelegenheit) erscheint dann wiederum die alte Bedeutung des Wortes res als Fall, als etwas, das einen angeht.

„Sache“ bietet sich so dar als das den Menschen Angehende, das, mit dem er zu tun hat, das, in dessen Umkreis er sich vorfindet, das Gegebene um ihn, seine „Um-Gebung“ — im konkretesten Sinn: Gegenstände, aber über sie hinaus: Komplexe, Beziehungen, Verhältnisse, Institutionen etc. — dabei (dynamisch) im noch zu deutenden „Angelegtsein“ auf den Menschen, ihn fordernd, ihn negierend, wie von ihm gefordert und negiert.

Für die Fragestellung dieser Untersuchung wird vorausgesetzt: *„Natur“ konnte so hingenommen werden, daß die „Sachen“, wie sie der obige Aufriß deutet, ihr i m m a n e n t waren, daß Sachen N a t u r - sachen waren,* Ausschnitte, Bestandteile der Natur. Dies hatte zur Folge, daß alles Geschehen in dem Sinne *Natur*geschehen bedeutete, als es Folge der Natur einer Sache war. Wenn also etwa in der Aristotelischen Vorstellung ein Stein zur Erde fiel, so hatte dies nichts mit den Gesetzen der Schwerkraft, die Geschwindigkeit, mit der er fiel, nichts mit den Elementen wie Größe und Gewicht des Steines oder dem Luftwiderstand zu tun: das Fallen, Art der Bewegung und Ort des Körpers bestimmten sich *nach seiner Natur*[6]. Natur und Natursachen wurden hingenommen in einer Offenheit, wie sie der Mensch nur *vor* einem Sichbegreifen als Weltmitte besaß, *vor* der Erkenntnis, daß notwendigerweise die Beziehung zur Natur, zur Natursache, von ihm aus den Anfang zu nehmen habe. Hier kam er nicht auf den Gedanken, an die Na-

[3] Vgl. Kluge / Götze, Etymologisches Wörterbuch der deutschen Sprache, 494 (Stichwort „Sache“).

[4] Heidegger, Das Ding, 173; Emge, Das Aktuelle, 154.

[5] Heidegger, Das Ding, 174.

[6] Vgl. hierzu Heidegger, Die Frage nach dem Ding, 64 ff.

tur Fragen zu richten, aus denen Geschehensabläufe mit methodischen Verstehensmedien kausalen Charakters erklärt werden konnten. Nicht strategische Details, weder die Kunst menschlicher Kriegsführung noch die Qualität der Waffen entschieden den Perserkrieg, sondern der „daimon"[7] —, dem der Mensch ausgeliefert war, nicht als in Gnade Abhängiger, wie im späteren christlichen Gott-Schöpfer-Gedanken, vielmehr als ein einer solchen gott-ähnlichen Naturwesenheit bedingungslos Erschlossener.

Solange also Sache *Natur*sache im vorstehend aufgezeigten Sinne war, lautete die Formel vom Recht aus der „Natur der Sache": Recht („begriffen" aus) der Natur einer Sache der Natur (Natur nicht = Sache, sondern Sache = Natur, Umkehrung der 10. These Erik Wolfs)[8] — solange also Sache Natursache war, bestimmte sich alles Denken aus dem Naturrecht sowie aus dem Recht der „Natur der Sache" allein nach dem jeweiligen Verständnis (des Begriffes) der *Natur*. Wurde, wie im *griechischen Rechtsdenken* etwa, Natur als „physis" im Sinne des „Sich-selber-in-Stand-Bringenden" begriffen, so meinte das „physei dikaion" nichts anderes als das auf den Menschen bezogene „Anwesenlassen" der Dinge, das „Hören" auf sie, das (sie) „Vernehmen".

Wurde dagegen im *Mittelalter* Natur als die aus der Allmacht Gottes geschöpfte Seinsweise verstanden, so meinte die „natura rei" oder „natura objecti" die Gemäßheit der von Gott dieser Sache per Schöpfungsakt eingefügten „Natur".

Es hat sich jedoch ereignet, daß „Natur" in einer Weise gedacht wurde, derzufolge die Sachen gleichsam „aus ihr *herausfielen*": „Sache" war nicht mehr Integral der Natur, war nicht länger Natur-Sache. Dies geschah, als der Mensch seine Möglichkeit entdeckte, nach der Natur zu fragen und sie zu befragen: Natur wurde fraglich. Nunmehr mußte auch nach der „Natur" der *Sache* innerhalb dieses Begriffes eigens gefragt werden, und man begann daher (eben aus jener vermeintlichen Abhängigkeit der „Natur" von der „Sache" innerhalb der Institution „Natur der Sache"), nach einem der Sache *Eigenen*, nach so etwas wie der *Sachheit der Sache*, zu suchen.

Seit dieser Zeit stehen sich Naturrecht und Recht aus der Natur der Sache in einer eigentümlichen Weise gegenüber.

Diese Entwicklung und Wandlung vollzog sich geistesgeschichtlich in einem Zeitraum von Jahrhunderten. Sie begann in der Spätscholastik (im sog. Nominalismus) und fand ein vorläufiges Ende bei Kant.

Seitdem bestimmt sie in entscheidender Weise das rechtsphilosophische Denken bis in die Gegenwart hinein.

[7] Aischylos, Die Perser.

[8] Das Problem der Naturrechtslehre, 106.

Erstes Kapitel

Das Verständnis von Natur

I. Der Bedeutungswandel des Begriffs „Natur" in der neuzeitlichen Wissenschaft

Im Rahmen einer Untersuchung wie dieser nach der „Natur" zu fragen, erscheint im Hinblick auf die Belastung, die dieser Begriff seit unvordenklicher Zeit erfahren hat, vermessen. Erik Wolf hat in seiner Schrift „Das Problem der Naturrechtslehre" die schillernde Vielschichtigkeit dessen aufgezeigt, was unter „Natur" verstanden werden kann, wobei sich hinter der ganzen Breite der Sichten die wohl- oder mißverstandene, die bewußt gesetzte oder unbewußt durchgetragene Entwicklung dieses Begriffes durch zweieinhalb Jahrtausende geistesgeschichtlichen Denkens verbirgt. Denn so variabel, wie der Naturbegriff in geschichtlicher Sicht erscheint, so komplex tritt er auch ungeachtet aller zeitlichen Dimension auf: wir denken aus dem Heute heraus etwa nur an die Natur des Hundes gegenüber der einer Sache, eines Kaufgegenstandes, eines Kraftfahrzeuges — oder an die Natur der Überlassung von Räumen gegenüber der Natur, die das Gedicht „Der Spaziergang" von Schiller aufscheinen läßt.

Ob es ganze Perioden gefestigten oder scheinbar gefestigten Begreifens von Welt und Mensch, ob es geschichtlich bedeutsame einzelne Denkansätze, tiefgehende Erkenntnisse oder unheilvolle Irrtümer in der Bewegung des Geistes waren, in ihnen allen war die „Natur" mitgedacht, von ihnen allen erhielt sie ihre jeweilige Verfassung oder genauer: ihre jeweiligen Verfassungen[1]. „Die Proteusgestalt der menschlichen Natur nimmt unter der Hand eines jeden naturrechtlichen Denkers die Gestalt an, die er sich wünscht. All das, was er für richtig und wünschenswert hält, hat er zuvor (stillschweigend) in seinen ‚Naturbegriff' ... hineingelegt[2]."

---

[1] Vgl. E. Wolf, Das Problem der Naturrechtslehre, 1: „... jedes philosophische Zeitalter hatte einen veränderten Begriff von ‚Natur'" — und das, ebenda, 27 Anm. 118, zitierte Wort Rousseaus: „Ce n'est point sans surprise et sans scandale qu'on remarque le peu d'accord qui regne sur cette importante matiêre entre les divers auteurs qui en ont traîté"; ferner: Coing, Grundsätze, 62.

[2] Welzel, Naturrecht und materiale Gerechtigkeit, 16.

Daß der Begriff „Natur“ immer und überall dort zumindest mitberührt wird, wo es um Denkbewegungen geht, daß er jeder Denkhaltung immanent ist, läßt seine Zentralität erkennen. „Natur“ ist immer mit „dabei“, ist immer schon „dabei“ gewesen. Dem entspricht die Feststellung, daß jedermann Natur „kennt“. Für jedermann ist von vornherein „Natur“ verständlich oder, verbal in die engste Beziehung gebracht: natürlich. „‚Natürlich‘ nennen wir das, was sich ohne weiteres im Umkreis der alltäglichen Verständlichkeit ‚von selbst‘ versteht[3].“

Liegt hier das Ende aller Versuche, einen Begriff der „Natur“ zu gewinnen? Sind alle Ansätze dadurch von vornherein zum Scheitern verurteilt? Oder sind sie überflüssig geworden angesichts dieser „Lösung“ oder der Auffassung, daß in den Begriff „Natur“ schlechterdings alles hineingelegt und als Begründung *wieder herausgeholt werden* könne[4]?

Ehe eine solche Frage gestellt wird, muß sorgfältiger unterschieden werden: hieß es doch oben, daß sich das von selbst verstehe, was wir „natürlich“ nennen. Es fragt sich, ob dies auch für dasjenige zutrifft, was wir „Natur“ nennen? Kommt aber nicht „natürlich“ von „Natur“? Bedarf es hier einer Differenzierung? Ist sie überhaupt erlaubt? Würde das nicht herkömmlichen Wortregeln zuwiderlaufen? Die Stimmigkeit von Wortregeln muß indessen hier zurücktreten hinter „das Offene der Sprache, hinter ihre Eigentümlichkeit, das gerade darin liegt, daß sie sich um sich selbst bekümmert“ (Novalis).

Den Bedeutungswandel des Begriffs „Natur“ im Laufe einer zweitausendjährigen Geistesgeschichte in allen Einzelheiten aufzuzeigen, hieße daher, diese Geistesgeschichte selbst schreiben. Das ist im Rahmen der nachfolgenden Untersuchung weder möglich, noch, vom Thema her gesehen, erforderlich. Aufgegriffen werden soll hier lediglich diejenige Veränderungsphase, die sich im Aufkommen der neuzeitlichen Wissenschaft ereignet hat, wobei ein vorläufiger Abschluß bei *Kant* gesehen wird.

Diesem sich anbahnenden neuen Verständnis war die entscheidende Wandlung dessen, was man mit „Natur“ meinte, bereits Jahrhunderte vorher vorausgegangen.

Der eigentliche Umbruch lag dort, wo erstmals der ursprüngliche Begriff der *„physis“*[5] verlassen worden war. Das anfängliche, diesem

---

[3] Heidegger, Die Frage nach dem Ding, 29.

[4] Welzel, 16.

[5] Vgl. zu diesem, insbesondere von Heidegger herausgestellten Verständnis der „physis“: ders., Vom Wesen und Begriff der Φύσις; dgl. Einführung in die Metaphysik, insbes. 11 ff., ferner: Schadewaldt, Odysseus-Abenteuer, 96 ff., (das „Selbsttätige“); Rüfner, Der Begriff der Natur innerhalb des Naturrechts, 41 ff.; Verdross, Die aristotelische Naturrechtslehre in: Arch. f. Rechts- u. Sozialphilosophie (1970), 587 ff.

Wort innewohnende Verständnis des Seinsganzen, wird bis in die Anfänge der stoischen Philosophie (etwa um 300 v. Chr.) durchgetragen, insbesondere auch noch in den großen Denkansätzen Platons und Aristoteles'[6].

Ohne an dieser Stelle auf Einzelheiten hierzu eingehen zu können, seien für das Verständnis der folgenden Entwicklung lediglich die Umrisse der platonischen „ἰδέα“ festgehalten, die den Weg für ein Denken freimachen, das sich in der Folgezeit auf ein „dauernd vorliegendes, vorhandenes Urseiendes“[7] berufen kann. Welzel spricht davon, daß Platons Ideenlehre das theoretische Rückgrat jeder ideellen Naturrechtslehre bilde[8]. Dies bedarf der Ergänzung insoweit, als die „Idee“ im platonischen Sinne Wesenheit darstellte und offenbarte (sie war *real*), während nachfolgende sog. ideelle Naturrechtslehren zumeist ihre Existenz bloßen Wertsetzungen verdankten, freilich — und hier ist Welzel zuzustimmen — unter Berufung auf jene (von ihren Autoren jedoch zumeist *irreal*, ideell und dann *ideal* verstandenen) Ideen.

Unter dem Einfluß platonischen, stoischen und neuplatonischen Denkens erhält der Begriff der „natura“ Gestalt als *Abbild* des ewigen Gesetzes (der Wesenheiten), und zwar als *reales* Abbild, denn die Wesenheit versteht sich hier als wirklich. Aus der älteren Stoa ist ein Wort des Diogenes Laërtius überliefert, wonach das „allgemeine Gesetz, welches die wahre Vernunft (logos orthos) ist“, durch alles hindurchgehe und Zeus *wesens*gleich sei[9]. Das Denken, bisher um die Polis

[6] Die überwiegende Auffassung sieht den „Bruch“ (gleichbedeutend mit den Anfängen des Naturrechts überhaupt) bereits in den Lehren der *Sophisten*, und zwar dort im Aufkommen der *„nomoi“* gegenüber der *„physis“* (statt vieler: Verdross, Abendländische Rechtsphilosophie, 21 ff.). Zur Argumentation wird insbesondere das berühmte Wort des Hippias aus Elis herangezogen, das in Platons „Protagoras“ (337) überliefert ist: „Ihr Männer, die ihr beisammen seid, ich halte uns alle für verwandt und zueinandergehörig und für Mitbürger, und zwar von Natur, nicht durch Gesetz; denn das Ähnliche ist mit dem Ähnlichen von Natur verwandt, das Gesetz dagegen, dieser Tyrann der Menschen, erzwingt vieles wider die Natur.“ Indessen stellt „nomos“ keine echte Antithese zur „physis“ dar. Wie Heinimann in seiner Untersuchung „Nomos und Physis“ nachweist, kommt dem Begriff des „nomos“ die Bedeutung von „verteilen“, „austeilen“, „zuteilen“ zu (59). Nachweise bei Herodot und Hesiod (61 ff.), bei denen nomos neben dike steht, lassen erkennen, daß hier durchaus noch eine Zusammengehörigkeit festzustellen ist. Welzel kommt dem am nächsten, wenn er davon spricht, daß die nomoi die Aufgabe gehabt hätten, „die naturgegebene Anlage zu Scheu und Recht zu vollenden. Physis und Nomos werden zwar unterschieden, aber nicht getrennt“ (Naturrecht und materiale Gerechtigkeit, 14). Eine Brücke zum Begriff der „physis“ wird durch die Deutung des „nomos“ als „Geheiligtes“, schließlich als „Brauch“ geschlagen, mithin durch „Vorstufen“ des Gesetzes (vgl. etwa Erik Wolf, „Das Recht selbst“ [τὸ δίκαιον αὐτό] ist unvergänglich, 15).

[7] Kanthack, Das Denken Martin Heideggers, 48.

[8] Welzel, 22.

[9] Arnim, Stoicorum Veterum Fragmenta I, 162.

kreisend und in dieser Verschränkung auf Tiefe verwiesen, wendet sich nunmehr der *Kosmopolis* zu, bemüht, eine dieser Ausweitung gemäße, alles Seiende in sich aufnehmende Verfassung zu finden: das *Weltgesetz.*

Hier beginnt nun ein endgültiges Abrücken vom ursprünglichen Verständnis der Natur im Sinne des physis-Begriffs. Konnte in der älteren Stoa Zenon über die Natur noch sagen, daß sie die „bewegende Kraft des Stoffes, die immer sich selbst gleichbleibt und die man ebenso gut auch Vorsehung oder Natur nennen kann“, sei[10] und damit auf das überkommene Verständnis verweisen, so heißt es in einer von Stobaeus überlieferten Stelle aus der Schrift des Zenon-Schülers Chrysippos: „Über das Naturgesetz“, daß dieses die Weltvernunft oder die Vernunft sei, die in der durch Vorsehung geordneten Welt walte[11]. Eine gleichsam „anonyme“ Vernunft[12], ein Weltgesetz, ist vorhanden, dessen teilhaftig zu werden sich nun auch der Mensch *bemühen* müsse durch *Setzung* einer dieser Ordnung (natura) gemäßen Verfassung; *„thesis“* ist das Wort, das hier an die Stelle von „nomos“ getreten ist. So heißt es an einer weiteren, von Diogenes Laërtius bezeugten, Stelle bei Chrysipp: „Das Gerechte besteht von Natur und nicht durch (willkürliche) Satzung, wie auch das Gesetz und das normale Denken[13].“

Natur ist nicht länger das *Unvergleichliche* des frühen Griechentums, sie wird als vorgegebenes Weltgesetz, als *„Muster*ordnung“, angesehen, der der Mensch eine sein Leben „vernünftig“ gestaltende Ordnung abzulesen angehalten wird[14]. Plotin spricht von der Natur als der „rationalen Form“[15] und meint damit den Bezug zu menschlichen Verfassungen.

---

[10] Aëth. I 27, 5 (nach Nestle, Die Nachsokratiker II, 1). — Vgl. hierzu das Beispiel der „Marionette“ bei Egon Vietta, Die Seinsfrage bei Martin Heidegger, 12.

[11] Nestle, 32 (19).

[12] Der dahinter „gestellte“ Gott ist spätestens seit Platon nicht länger das mystische Wesen im Sinne etwa Hesiods, sondern die auf dem „logos“ gründende „Idee“ — vgl. hierzu Flückiger, Geschichte des Naturrechts, 144. Gleichwohl oder gerade deshalb wird in der Stoa Natur = Gott gesetzt (Flückiger, 195 ff. mit Nachweisen), wenn auch erst in der Scholastik diese Vernunft als „intellectum divinum“ verstanden werden darf, vgl. hierzu Heidegger, Vom Wesen der Wahrheit, 8.

[13] Übers. v. Nestle, II, 54 — Diog. Laërt. VII, 128.

Für Satzung steht hier „thesis“; zweifelhaft ist, ob, wie Welzel behauptet, gegenüber der Sophistik lediglich der Name gewechselt wurde (Naturrecht und materiale Gerechtigkeit, 39). Es wurde oben bereits die Antithese physis/nomos in Zweifel gezogen. „Thesis“ ist seiner Herkunft nach *echtes* „Setzen“, während „nomos“ mehr als ein Aufnehmen des „Zugeteilten“ verstanden wurde.

[14] Vgl. Zenons berühmte Formel vom „übereinstimmend leben“ (ὁμολογουμένως ζῆν); hierzu Flückiger, 206 f.

In dem nun aufkommenden Verstehen der vorgegebenen Seinsordnung als *„Muster"* ist der erste greifbare Beginn des sich wandelnden, in der Stoa noch unendlich vieldeutigen[16], Naturverständnisses zu suchen. Im Verfolg des sich daraus entwickelnden Begreifens könnten auch die Anfänge eines „Naturrechts", so wie es hier gesehen wird, liegen. Es soll diese Andeutung genügen, um die Nähe zu der hier zu behandelnden Thematik zu wahren; die skizzenhaften und gleichsam nur symbolisch belegten, wenn auch für die jeweiligen Denkepochen als kennzeichnend befundenen, obigen und nachfolgenden Aufrisse haben lediglich die Aufgabe, zur engeren Fragestellung und damit zur eigentlichen Problematik hinzuführen.

In den Denkansätzen der spätstoischen Philosophie bis hin zu den Einwirkungen christlichen Gedankengutes entfaltet sich die Problematik des „Sich-zurecht-findens" des Menschen im Spannungsfeld der „gespalteten" Natur. Ein Vergleich ihres Begriffs in der lex aeterna bei Cicero mit dem in der Augustinischen lex aeterna zeigt deutlich diese Entwicklung.

Die rerum natura, in der noch etwas von dem griechischen „physei dikaion" nachklingen mag, hat sich bei Cicero verdichtet zur ratio der lex aeterna[17], lex caelestis[18] oder lex naturae[19], eine „non scripta sed nata lex", Ausdruck der höchsten Wahrheit und Weisheit Gottes[20], allgemeinverbindlich: „una continemur omnes in eadem lege naturae"[21] — dieses ewige Gesetz ist unveränderlich und Richtschnur für alles positive Recht[22]. Es existiert, und dies ist entscheidend, *sowohl* im göttlichen Geist *als auch* in der menschlichen Vernunft (als „recta ratio")[23], und der Mensch der „perfecta natura" gilt als tugendhaft[24].

Augustinus, mit den Schriften Ciceros gut vertraut[25], greift vierhundert Jahre später den Begriff der lex aeterna wieder auf. Gegenüber Cicero stuft er jedoch ab: während Gott das höchste Wesen, das Sein schlechthin ist, „gab er doch den Dingen, die er aus nichts erschaffen hat, ein Sein, jedoch kein höchstes Sein, wie er selbst ist. Und den

---

[15] Die Natur, die Betrachtung und das Eine, 3; — Vgl. hierzu auch Flückiger, 198: „tätiges Gesetz der Verwirklichung" (als aktives Formprinzip).

[16] So mit Recht Welzel, 43.

[17] De leg. II, c. 4, § 8.

[18] De leg. II, c. 4, § 9 — im Gegensatz zu den leges populares.

[19] De off. III, c. 6, § 27.

[20] Rüfner, Der Begriff der Natur innerhalb des Naturrechts, 47.

[21] De off. III, c. 6, § 27.

[22] De leg. II, c. 4, § 8.

[23] De leg. I, c. 12, § 33; ratio als naturae imitatio: Cicero, ep. 66.

[24] De leg. I, c. 8, § 25.

[25] Vgl. Schubert, Augustins lex aeterna-Lehre, 21.

einen gab er mehr davon und den anderen weniger und ordnete so stufenweise die *Naturen* der Wesen“[26]. So ist für Augustin die lex aeterna eine ordo ordinans gegenüber der lex naturalis als einer ordo ordinatus[27]. Alle Naturen erscheinen hier als von Gott geschöpfte[28]. Die Natur kann nur gut sein, ihrem Bildner die Ehre geben[29], geschieht ein Wunder, so geschieht es nie gegen die Natur, sondern gegen das, das als Natur bekannt ist[30]. Der menschlichen Teilhabe an dieser lex aeterna, bei Cicero der „recta ratio“ als *unmittelbarem* Ausfluß der göttlichen Vernunft, steht bei Augustin die „lex naturalis“ als bloßes *Abbild* „in ratione hominis“ gegenüber[31], und zwar ist hier das Abbild keine wirkliche Wesenheit, es ist *ideal* im Gegensatz zu der *realen* Wesenheit[32], von der Platon ausgeht.

Die Idee des Schöpfergottes ist beherrschend geworden. Der Inhalt der lex aeterna kann nunmehr nur auf dem *Umwege über die Ordnung der Schöpfung erkannt werden*[33]. Die unvernünftigen Wesen verhalten sich mit Notwendigkeit der lex naturalis gemäß, während die vernünftigen angehalten werden, die ordo naturalis zu befolgen, die die lex aeterna gebietet[34]. Wissen und Wissenschaft um die Natur aus anderer als göttlicher Sicht traten völlig zurück[35].

Nach welchem Gesetz aber lebte das vernünftige Wesen, das immer hinter der ordo naturalis zurückbleiben mußte? Thomas von Aquin, der in weiterer Abstufung unterschied, spricht von der „duplex natura“ im Menschen[36]: die seinem Wesen entsprechende, auf die er zurückging[37], und die „sündige“ Natur, denn der Mensch ist nach seiner

[26] Der Gottesstaat, 12. Buch, 2. Abschn., 231 — vgl. auch Flückiger, 378.

[27] So mit Recht Verdross, Abendländische Rechtsphilosophie, 63, entgegen Schubert aaO.

[28] Der Gottesstaat, 12. Buch, 2. Abschn. 25. Kap.

[29] Der Gottesstaat, 12. Buch, 4. Kap.

[30] Der Gottesstaat, 12. Buch, 8. Kap. 53, 2.

[31] Epist. 157 c. 3 no. 15.

[32] Siehe oben.

[33] Verdross, aaO., 64.

[34] Contra Faust. Manich. Lib. 22, c. 27.

[35] Ambrosius (De officiis ministrorum I 26. 122 f.) sah in dem Betreiben von Wissenschaft eine schädliche Torheit, von der man sich abwenden müsse, bevor man Gott gefunden habe. Astronomie und Geometrie treiben heiße das Seelenheil müßiger Dinge wegen vernachlässigen. Augustinus (De doctrina Christiana II 46 f.) hielt die Beobachtung der Mondbahn lediglich deswegen für nützlich, weil man danach Ostern bestimmen könne, die sonstige Beschäftigung mit der Natur sei Zeitverschwendung, weil sie die Aufmerksamkeit auf nutzlose Dinge lenke, zit. n. von Stephanitz, Exakte Wissenschaft und Recht, 33.

[36] Summ. theol. II 1, 71 Art. 2 ad 3.

[37] Und die „participatio legis aeterna in rationali creatura“ war — Summ. theol. II 91, 2.

(Thomas') Auffassung ein „compositum ex corpore et anima“[38]. Bei Thomas ist die lex naturalis nicht mehr subjektives Prinzip, nicht mehr *Abbild* der lex aeterna wie bei Augustin, sondern *objektiver* Komplex innerhalb der menschlichen Vernunft, deren sich der Mensch mit der ihm unmittelbar zuteilgewordenen Möglichkeit, Gutes und Böses voneinander zu unterscheiden, bedient[39]. Trotz der erwähnten Unterscheidung beider Naturen im Menschen neigt Thomas dazu, nur diejenigen Neigungen des Menschen unter den Begriff der Natur zu gliedern, die ihn zur Entfaltung und Vollendung seines Wesens hinlenken[40]. Deutlich wird hier der Aristotelische Begriff der Entelechie wieder aufgenommen: alles Sein ist für Thomas durch seine innere Natur auf ein bestimmtes Ziel (finis) hingelenkt[41]. Sein aber ist für Thomas: von Gott geschöpftes Sein, und damit erhält „Natur“ i. S. der lex aeterna zugleich neben der formellen Gestalt einen materialen Inhalt, nämlich die christliche Wertwelt. In der Forderung der unbedingten Hingabe an Gott wird das obenerwähnte „Muster“-Sein der „Natur“, wie es sich in der nacharistotelischen Philosophie darbot, ins Transzendentale gesteigert[42].

Für die hier interessierende Frage nach dem Bedeutungswandel im Begriff der Natur ergibt sich, daß der durch die Übernahme aristotelischen Gedankenguts im augustinisch-thomistischen Denken beherrschend gewordene Intellektualismus bei der weiteren „Zergliederung“ und „Fügigmachung“ der Natur nur durch radikale Hinwendung zu Gott (der mit der lex aeterna identifiziert werden kann)[43] „überspielt“ wird. Zwar verharrt die Anschauung, daß „Natur“ als Schöpfung Gottes gilt, noch in gnoseologisch-frommer Sphäre: sie wird „hingenommen“, aber hintergründig bereitet sich der Weg zur weiteren Umklammerung ihrer durch den sich „befreienden“ Menschen.

Zur gänzlichen Lösung der ratio aus der lex aeterna bedurfte es nunmehr lediglich noch einer Ausstattung der menschlichen Vernunft mit einer potestas. Das geschah in der Durchsetzung der voluntaristischen

---

[38] Summ. theol. I. qu. 75 - 76.

[39] Hierzu Welzel, Naturrecht und materiale Gerechtigkeit, S. 59 mit Nachweisen; dagegen nehmen die nicht mit Vernunft begabten Wesen mittels unbewußt-immanentem Bewegungs-Prinzip an der lex aeterna teil, Summ. theol. II 1 qu. 93.

[40] Verdross, 75; Welzel bemerkt zu Recht, daß hier der Naturbegriff die Fähigkeit einbüßt, das Kriterium für gut und schlecht abzugeben und wieder einmal seine Vieldeutigkeit und Unbestimmtheit wiederspiegelt (61) — hierzu noch; Llompart, Die Geschichtlichkeit in der Begründung des Rechts im Deutschland der Gegenwart, 42/43.

[41] Summ. c. gentes III 17.

[42] Vgl. hierzu auch Verdross, 73.

[43] Summ. theol. II 1 qu. 93.

Prinzipien der Franziskanermönche Johannes Duns Scotus und Wilhelm von Ockham. Der zu ihren Gunsten entschiedene Universalienstreit hob die Auffassung der universalia post res auf den Schild. Damit gab es keine lex aeterna mehr (nur noch Gott als Gesetzgeber), und demzufolge schwindet auch der Begriff der Natur aus der idealistischen Sphäre. Der Thomas'sche Gedanke von der duplex natura im Menschen wird hier zu Ende gedacht. Bei Johannes Duns gibt es den Willen zur Rechtschaffenheit (affectio iustitiae), die geistige Liebe, den Willen zum Nützlichen (affectio commodi), die sinnliche Liebe — und letzteren Willen belegt er mit dem Beiwort „naturhaft" (velle naturale)[44]. Als frei wird nur der Wille und die ihm vorangehende Vernunft angesehen, der unabhängig von der natürlichen Neigung sich auf das Gute richten kann, und zwar nicht, weil es für den Menschen gut i. S. von nützlich, sondern weil es in sich gut ist[45]. Damit ist „jene Verbindungslinie von der naturhaften Neigung zum sittlichen Wert radikal durchgeschnitten"[46]. Es gibt somit auch keine Naturrechtsgebote mehr — „der Inhalt des Naturrechts gibt sich nur von oben, von Gott, nicht von unten, von der Natur her"[47].

Damit war der Natur der Ort zugewiesen, der für die in der Folgezeit einsetzende Entwicklung im Verständnis dieses Begriffes entscheidend sein sollte. Als Wilhelm von Ockham meinte, die Frage nach dem Zweck habe keinen Platz im Naturgeschehen, da die Frage, zu welchem Zweck das Feuer entstehe, sinnlos sei[48], konnte er kaum ahnen, daß damit der künftigen Fragestellung eine ganz andere Richtung gegeben wurde. Vermochte man nämlich das Geheimnis des Seins nicht damit zu ergründen, daß man nach dem Nutzen und dem Ziel des Geschehens forschte, so mußte sich eine Antwort in „kausaler Naturforschung"[49] aus der Natur selber ergeben. Die Natur war „herabgeholt" worden — man konnte beginnen, sie zu befragen.

II. Gebundene Vernunft als Entfaltungsgrund des Naturverständnisses (die vorkantische Zeit)

Solange die idealistische Naturrechtslehre Platons oder der aristotelische Immanenzgedanke in der *Scholastik* durchgetragen wurden, verharrte der materiale Gehalt des Naturrechts in der Vorstellung des Gottes-Primats. Alle außerpositiven Richtlinien lehnten sich an die

[44] Opus Oxoniense III. d 17 qu. un. n. 3.
[45] Ebd.
[46] Welzel, 68.
[47] Welzel, 77.
[48] Quodlibeta IV qu. 1.
[49] Welzel, 83.

Vorstellungen vom Willen Gottes an, das alte und neue Testament, insbesondere der Dekalog, waren Symbol für göttliches Recht[1].

Im *Voluntarismus* des Duns Scotus wurde dies unter Zurückweisung der Vernunftgläubigkeit des thomistischen Gedankenguts in eigentümlicher Weise gesteigert. Er sah im Gebot der Gottesliebe den einzigen Naturrechtssatz[2], wobei es hier nach der Unterscheidung des Franziskaners eigentlich schon nicht mehr „Naturrecht", sondern richtiger „Gottesrecht" i. S. höheren Rechts heißen müßte.

Zwar war die Natur immer noch *Geschöpf* Gottes — durch den Nominalismus erhielten die Dogmen ihre ursprüngliche Bedeutung als *Glaubens*sätze wieder —, aber nicht mehr Gesetz und Richtschnur, an der man sich orientieren konnte, nicht mehr die lex aeterna (Platon, Augustin), nicht mehr das zu erstrebende Endziel aller Geschöpfe (Aristoteles, Thomas). Daß der Nominalismus an deren Stelle als das einzig sittlich Gute, den einzigen Wegweiser für richtiges Recht, Gott selbst setzte, mag daher als eine Art höherer Verlegenheit gedeutet werden.

War so einerseits mit der unmittelbaren Anrufung des Schöpfers ein Höhepunkt in der Orientierung außergesetzlichen Rechts an göttlichen Maximen erreicht, so setzte doch gleichzeitig mit der Hinwendung zum Einzelding, zum Individuellen, der Säkularisierungsprozeß des Naturrechts ein. Mußte die menschliche Vernunft stets zurückbleiben hinter dem, was die Rechtsidee oder die Idee überhaupt darstellte, war sie nur Ausfluß (Cicero) oder Abbild (Augustin) der lex aeterna, so wird ihr nun, da das Allgemeine, Abstrakte, hinter dem Einzelnen, Konkreten zurückzustehen hat, eine tragende Rolle zugebilligt.

Nach Gregor von Rimini, einem Schüler Ockhams, ist es Gabriel Vasquez, der der menschlichen Vernunft erstmals eine gewisse Unabhängigkeit vom Willen und Wissen Gottes zuerkennt. Für ihn gibt es die objektive Vernunft, die in der Natur der Dinge selbst liegt, und die subjektive Vernunft des Menschen, die sich mit jener decken müsse, wenn sie sittlich vollkommen sein wolle[3]. Vasquez leugnet zwar nicht die Abhängigkeit der menschlichen Natur und damit die Richtschnur für Gut und Böse für die Vernunft, denn er erkennt sie als von Gott geschaffen an, aber er verneint als erster die Unmittelbarkeit der göttlichen Weisungen: „Quamvis ratio divina sit mensura omnis recti, non tamen est prima radix et causa prohibitionis . . .[4]." Noch wird Gott, anders als bei

[1] Vgl. Thomas, Summ. theol. II, 2 qu. 152, 4.

[2] Hierzu Welzel, 77.

[3] Commentarii ac disputationes in summam theologiae Sancti Thomi (zit. nach Verdross, 86 f.), II 1, disp. 58, 2, 10; 58, 1, 1; 58, 2, 9.

[4] II, 1, 97, 1, 3.

Kant, *vor* und nicht *mittels* der Vernunft gesetzt, noch ist die Vernunft *gebunden:* sie begreift sich als bloßes Denkenkönnen ohne Ausrichtung auf die Erkenntnisse, die sich aus der *Möglichkeit* des Denken-Könnens herleiten lassen. Sie stellt das Vermögen dar, durch Vergleiche von Erscheinungen sich Regeln (Begriffe) zu machen, ohne zu erkennen, daß sie selbst „Gesetzgeber der Natur" ist.

Das so geartete Verstehen von Natur und Naturrecht, die so weite Lösung von der theonomen Basis[5] kann in dieser Radikalität von Vasquez selbst nicht vollkommen durchgetragen werden[6] und bleibt auch nicht ohne Gegnerschaft. Mit dem Sich-frei-machen von der Vorstellung, daß Gott unmittelbar in das Weltgeschehen eingreift, und daß es Allgemeinbegriffe gibt, aus denen sich das Einzelne, Individuelle ableiten läßt, wendet sich der Blick dem zu, das den Baustein des einmal geschöpften Seins mit seiner eigenen Gesetzmäßigkeit, mit seinem kausalen Ablauf aller Ereignisse darstellen könnte. An die Stelle der Deduktion tritt die *induktive* Methode.

Man beginnt, das Geheimnis dieser Gesetzmäßigkeit „Natur" zu ergründen.

1. Die mathematische Umbruchphase (Kopernikus, Galilei, Kepler, Newton)

Jene Epoche, die sich durch exakte Befragung der Natur auszeichnete, stand unter dem Aufkommen des *mathematischen Weltbildes.* Ohne seine Kenntnis ist ein Verständnis des modernen Naturrechtsgedankens schlechterdings nicht möglich, da der Wandel des Naturbegriffs gerade in Anlehnung und Weiterführung des Vorgehens der Naturwissenschaften, allen voran der Mathematik, konkretisiert wurde.

Die Besonderheit der mathematischen Betrachtungsweise, des mathematischen Befragens der Natur, bestand darin, daß im Gegensatz zu früheren Befragungen und Beobachtungen der Dinge die Naturwissenschaft des 16. und 17. Jahrhunderts die zu beobachtenden Realitäten nicht unkritisch, sondern in dem Bewußtsein „hinnahm", daß eine Tatsache nur ist, was sie „im Lichte des begründenden Begriffes und je nach Reichweite einer solchen Begründung" ist[7]. Das besagt, daß die Tatsachen nicht *ursprünglich* untersucht wurden und auch deswegen nicht mehr ursprünglich bei dem Untersuchenden „ankommen" konnten (wie es im Verständnis der Natur als „physis" der Fall war), sondern daß bereits ein bestimmter *Entwurf* der Natur vorlag, innerhalb dessen Rahmen ausschließlich sich Frage und Antwort bewegen konn-

[5] Welzel, 97.

[6] Vgl. hierzu Verdross, 87 f.

[7] Heidegger, Die Frage nach dem Ding, 51.

ten. Ta mathemata ist das, „was der Mensch im Betrachten des Seienden und im Umgang mit den Dingen *im voraus* kennt: von den Körpern das Körperhafte, von den Pflanzen das Pflanzliche, von den Tieren das Tiermäßige, vom Menschen das Menschenartige“[8]. Das *System* ist vorhanden, es gilt die Frage so einzurichten, daß die Antwort den Gegenstand auf den richtigen Platz *innerhalb des Systems* verweist. Die Zahl 3 ist deswegen ein mathematisches Zeichen, weil sie nicht abgelesen werden kann von einer ihr entsprechenden Anzahl von Gegenständen (etwa 3 Bäumen), sondern bereits vorher „da“ ist, schon als die Zahl 3 bekannt ist[9]. „Das Mathematische ist jene Grundstellung zu den Dingen, in der wir die Dinge uns vor-nehmen auf das hin, als was sie uns schon gegeben sind, gegeben sein müssen und sollen. Das Mathematische ist deshalb die Grundvoraussetzung des Wissens von den Dingen[10].“

Der mathematische Charakter der neuzeitlichen Naturwissenschaften zeigte sich z. B. darin, daß nach der Physik des Aristoteles, die bis dahin das naturwissenschaftliche Denken beherrscht hatte, die Bewegung eines Körpers, d. h. wie er sich zu einem Ort verhält und zu welchem Ort er sich jeweilig verhält, seinen Grund in der Natur des Körpers selbst hatte: der Körper bewegte sich nach *seiner Natur*. Bei Newton, in dessen Werk das neuzeitliche Geschehen einen ersten systmatischen Abschluß findet, ist die gleiche Bewegung des Körpers einbezogen in einen geschlossenen Bewegungszusammenhang raum-zeitlich begegnender Massepunkte, so daß Bewegung hier *Ortsveränderung* besagt. Es liegt hier ein Grundriß der Natur vor, ein Raum-Zeit-Gebilde, innerhalb dessen auf jeden Gegenstand nunmehr Maß, Regel und Gesetz angesetzt werden können. Und erst „im Gesichtskreis von Regel und Gesetz werden Tatsachen als die Tatsachen, die sie sind, klar. Tatsachenforschung im Bereich der Natur ist in sich das Aufstellen von Regel und Gesetz“[11].

Dieser tiefgreifende Umbruch setzte nicht schlagartig ein. Er vollzog sich in einem längeren, an äußerem und innerem Ringen mit der überkommenen aristotelisch-scholastischen Auffassung reichen Zeitraum. Kopernikus, der als erster das seit mehr als tausend Jahren herrschende Weltbild des Ptolemäus zerstörte, indem er mit der Vorstellung aufräumte, daß sich die Sonne und die Planeten um die Erde drehen, stand noch so im Banne der Physik des Aristoteles, daß er sich die Umläufe nicht anders als in Kreisbahnen mit gleichbleibender Geschwindigkeit

---

8 Heidegger, Die Zeit des Weltbildes, 72 (Hervorhebung von mir); ders., Die Frage nach dem Ding, 56.

9 Hierzu Heidegger, Die Frage nach dem Ding, 57.

10 Ebd., 58.

11 Heidegger, Die Zeit des Weltbildes, 74.

vorstellen konnte, weil ihm nur eine solche Bewegung der Vollkommenheit der himmlischen Objekte angemessen erschien[12]. Der Frauenburger gelangte über die Vorstellung nicht hinaus, daß der entschleierte Kosmos nur die Bestätigung menschlicher Vernunft darstellt, die nunmehr nachzuvollziehen vermag, jedoch von dem Nullpunkt an, „auf den Gott gleichsam den Zirkel ansetzte“[13].

Verbreitung fand das Werk des Nicolaus Kopernikus erst nach seinem Tode, wobei Osiander, der Herausgeber, vorsorglich eine anonyme Vorrede vorausschickte, in der das dargestellte Weltbild als bloß hypothetisch und nicht notwendig mit der Wirklichkeit übereinstimmend hingestellt wurde[14].

Johannes Kepler, den Kant für „den schärfsten Denker, der jemals geboren wurde“, hielt, war es dann, der das Kopernikanische System zum Sieg führte. Kepler ging in jener oben aufgezeigten streng mathematischen Weise vor: er schuf aus reinen Vernunftserwägungen Hypothesen, die er sich durch die beobachteten Himmelserscheinungen bestätigen ließ. So gelangte er zu einer bestimmten Ordnung, die in ihrer Vollständigkeit, Schönheit und Harmonie im Dasein das Weltall verkörperte. Er nannte seine Art wissenschaftlicher Deutung die a priori-Methode und schreibt unter dem 3. Oktober 1595 begeistert an Michael Mästlin: „... Denn bei Gott, dieses a priori-Verfahren dient dazu, die Bewegungen der Himmelskörper besser zu verstehen. Wir können von ihm alles erhoffen ... Ich habe es eilig (meine Beobachtungen) bald zu veröffentlichen ... Ich möchte sie der Ehre Gottes wegen herausgeben, der aus dem Buch der Natur erkannt sein will[15].“ Noch deutlicher erfahren wir von der Keplerschen mathematischen Methode aus einem Brief vom 9./10. April 1599 an Herwart von Hollenburg[16]. Dort schreibt er, daß es für Gott in der ganzen Körperwelt Gesetze, Zahlen und Verhältnisse gebe. „Jene Gesetze liegen im Fassungsvermögen des Menschen.“ Sie sind also das *Primäre,* der Entwurf, der Vor-wurf, der erst nachträglich durch die Beobachtung an den Naturdingen „eingeholt“ wird. Weiter heißt es in dem gleichen Brief: „Denn was gibt es im Geiste des Menschen außer Zahlen und Größen?“ Über die Aufgabe der Vernunft schreibt er: „Daß es wider die äußerlichen Sinne, daß die Erde soll umlaufen, bekenne ich gern, und hat nicht viel zu bedeuten: denn eben darum hat uns Gott die Vernunft gegeben, daß wir damit den Mangel der äußerlichen Sinne ersetzen sollen[17].“

[12] Vgl. hierzu von Weizsäcker, Die Tragweite der Wissenschaft I, 107 f.

[13] Hierzu Blumenberg, Melanchthons Einspruch gegen Kopernikus, 181.

[14] Lexikon der Geschichte der Naturwissenschaften, Stichwort „Nicolaus Copernikus“ — vgl. ferner Delekat, Immanuel Kant, 27/28.

[15] Baumgardt, Kepler, Leben und Briefe, 28.

[16] Ebd. 43.

Auch Galilei arbeitete mathematisch im ursprünglichen Sinne des Wortes[18]. „Einige Wahrheiten begreift der menschliche Intellekt so vollkommen, und ist ihrer so unbedingt gewiß, wie es nur die Natur selbst sein kann. Dahin gehören die rein mathematischen Erkenntnisse[19]." Der Natur ist hier gleichsam von vornherein ein Gitter von Gesetzen, Systemen und Regeln übergeworfen, die im einzelnen vermittels des Experiments ihre Stimmigkeit erfahren. Gleichwohl eben nur jene Stimmigkeit, die anfangs mittels der menschlichen Vernunft in sie hineingelegt wurde. Galilei hat sich von Anbeginn seiner Forschung an mit Aristoteles auseinandergesetzt und dessen Definition der Natur als „Prinzip der Bewegung und der Ruhe"[20] verworfen. Ihm genügte nicht der aristotelische Immanenzgedanke, demzufolge jegliches von seiner ihm innewohnenden Natur zur Vollendung getrieben wurde. Galilei forderte das Auffinden übergeordneter allgemeiner Gesetze der Natur, durch die einzelne analytische Ergebnisse allererst ihren Sinn erhielten. Die „Metodo risolutivo" (Analysis des Empirischen) und die „Metodo compositivo" (Synthesis des gewonnenen Einzelnen in Obersätzen) sollten sich ergänzen. So nur könne das Buch der Natur gelesen werden, das in mathematischen Zeichen geschrieben sei und nur geometrische Figuren enthalte und daher auch nur von den mathematisch Geschulten verstanden werden könne.

So war schließlich der ins Transzendente hineinragende Begriff allmählich vollends verdrängt worden. Nur die weltimmanente Natur, deren Kräfte real und experimentell nachweisbar waren[21], blieben bestehen[22].

Vollendet ist dieser Vorgang bei Newton. Auch seinen Experimenten wird von vornherein ein Gesetz zugrunde gelegt, das den Bereich des Untersuchungsergebnisses eingrenzt, dem Messen liegt das Maß zugrunde, dem Wiegen das Gewicht[23]. Hypotheses non fingo, heißt es bei Newton, „die Zugrundelegungen sind nicht willkürlich erdacht, sie sind aus dem Grundriß der Natur entfaltet und in diesen eingezeichnet"[24]. Dieser Grundriß ist das Apriori des Kepler, ist das Mathematische des Galilei, mit dessen Hilfe nur man im Buch der Natur zu lesen vermag.

---

[17] Antwort auf D. Helisaei Röslini Medici et Philosophiae Discurs von heutiger Beschaffenheit, aaO., 106 f.

[18] Siehe oben.

[19] Dialog über die beiden hauptsächlichsten Weltsysteme, 108.

[20] Physik II 1, 192 b 14.

[21] Wobei Wieacker zu Recht auf eine weitere Abstufung hinweist, nämlich die Entwicklung von der zunächst *anschauenden* bis schließlich zur exakt *messenden* Naturbetrachtung (Privatrechtsgeschichte der Neuzeit, 256).

[22] Rüfner, 62.

[23] Vgl. hierzu und zum folgenden: Heidegger, Die Zeit des Weltbildes, 74 ff.

[24] Ebd., 75.

In seinen „Philosophiae naturalis principia mathematica" schreibt er im Vorwort an den Leser davon, daß die Neueren es endlich aufgegeben hätten, an die Lehre von den substantiellen Formen und den vorborgenen Eigenschaften (Immanenzgedanke!) zu glauben und dafür begonnen hätten, die Erscheinungen der Natur auf mathematische Gesetze zurückzuführen[25]. Deutlicher noch sagt es dann Roger Cotes, der im Jahre 1713 die 2. Ausgabe des Newtonschen Werkes mit einem Vorwort einleitet: „Einige schrieben nämlich einzelnen Dingen spezifische und verborgene Eigenschaften zu, von denen alsdann die Operationen der einzelnen Körper aus einer gewissen unbekannten Ursache abhängen sollten. Hierin besteht das Wesentliche der scholastischen Philosophie, welche von Aristoteles und den Peripatetikern herrührt. Sie behaupten, daß die einzelnen Wirkungen aus der Natur der Körper entspringen; woher aber diese Natur rühre, lehren sie nicht; sie lehren daher nichts[26]." Wiederum ist von den „verborgenen Eigenschaften" die Rede — gemeint sind die den Dingen bis dahin als immanent angesehenen Kräfte, die (im Sinne der alten „physis"), das Ding als *je dieses* selbst ausmachten oder es (im Sinne des Schöpfergott-Gedankens) als geschaffenes Vorhandenes seine bestimmte Art und Weise und seinen bestimmten Platz in dieser Welt Einnehmendes sein ließen. Mit diesem Sein (lassen) der Dinge wird nunmehr endgültig gebrochen, denn als so aufgezeigte lassen sie sich nicht in ein System bringen, lassen zwei äußerlich gleich erscheinende Dinge nicht einmal eine gemeinsame Benennung zu.

In Newtons Satz über die Lehre von der Bewegung drückt sich vollends die Wandlung des Naturbegriffs aus. Newton lehrt, daß jeder Körper, auf den keine Kraft einwirkt, sich gleichförmig und gradlinig bewegt. Der Satz läßt deutlich die Systematik erkennen, die dem Daseinsganzen „übergeworfen" wird[27]: Ort und Art der Körper sind unterschiedslos, das „je-dieses" des Dinges[28] wird übersprungen. Die Auffassung von der Zugehörigkeit des Gegenstandes an einen bestimmten, seiner inneren Natur entsprechenden Ort ist aufgegeben, Bewegung ist meßbare Lageänderung geworden. Mit ihrer Gradlinigkeit ist auch das

---

[25] ... et Recentiores, missis formis substantialibus et qualitatibus occultis, phaenomena naturae ad leges mathematicas revocare aggressi sunt: Visum est in hoc tractatu mathesin excolere, quatenus ea ad Philosophiam spectat", IX.

[26] „Extriterunt enim, qui singulis rerum speciebus Qualitates specificas et occultas tribuerint; ex quibus deinde corporum singulorum operationes, ignota quadam ratione, pendere voluerunt. In hoc posita est summa doctrinae Scholasticae, ab Aristotele et Peripateticis derivatae. Affirmant utique singulos effectus ex corporum singularibus naturis oriri; at unde sint naturae non docent; nihil itaque docent" (XIII).

[27] Vgl. hierzu und zu folgendem: Heidegger, Die Frage nach dem Ding, 67.

[28] Heidegger, 18 f.

Ende der Bevorzugung der Himmelskörper gekommen, deren Bewegung in Kreisbahnen vorgestellt worden war, die allein als vollkommen und damit göttlich angesehen wurden. Natur ist nicht mehr das *innere* Prinzip, aus dem die Bewegung der Körper folgt, sondern Natur ist „die Weise der Mannigfaltigkeit der wechselnden Lagebeziehungen der Körper, die Art, wie sie anwesend sind in Raum und Zeit, die selbst als Bereiche möglicher Stellenordnung und Ordnungsbestimmung in sich nirgends eine Auszeichnung haben. ... Somit wird auch die Art des Befragens der Natur eine andere und in gewisser Hinsicht umgekehrte“[29].

2. Die geisteswissenschaftliche Umbruchphase: Grundlegung des Subjekts (Descartes)

Das Mathematische verharrte nicht im Wesen der neueren Naturwissenschaft. Aus seinem Geist entstand auch eine neuzeitliche Metaphysik, als deren Begründer Descartes gilt. Der methodische Grundzug, mit dem die Natur befragt wird, das Voranstellen der Hypothese, die sich anschließend im Experiment „bewahrheitet“ (wobei Wahrheit hier nicht mehr bedeuten kann als bloße *Stimmigkeit*), greift über auf den geisteswissenschaftlichen Bereich. Es gilt auch hier, nach dem zu suchen, das so etwas wie grundlegendes Gesetz ist, an dem das Denken seine Erkenntnisse testen kann. Es muß — hiervon ging Descartes aus — wie das Mathematische voraussetzunslos sein, axiomatisch, etwas, das schon immer da ist, eine Parallele zu seinem (Descartes') ersten Naturgesetz, nämlich dem Grundsatz der Beharrlichkeit aller Dinge, mit der endgültig der Gedanke der Je-Diesheit des *einzelnen* Dinges übersprungen wird[30].

Der Skeptiker und radikale Zweifler[31] Descartes ist es, der in seinem „Discours de la methode pour bien conduire sa raison, et chercher la

[29] Ebd., 68.

[30] Vgl. hierzu: Die Prinzipien der Philosophie, in denen der Grundsatz der Beharrlichkeit erstellt wird: „Wir werden erkennen, daß die Natur der Körper nicht in Härte, Gewicht, Farbe oder einer anderen sinnlichen Eigenschaft besteht, sondern nur in seiner Ausdehnung in Länge, Breite, Tiefe.“ Beim Loslassen des Körpers nun verspürt der Mensch dessen Härte, Gewicht etc. nicht mehr, ohne sich vorstellen zu können, daß der Körper sie in diesem Moment verloren habe. Daher, so folgert Descartes, müsse es ein allgemeines Gesetz geben, nachdem diese Eigenschaften des Körpers, emanzipiert von den menschlichen Sinnen, festgestellt und gemessen werden können (32/33 u. 49/50).

[31] Das beharrliche Zweifeln Descartes' ist als die ständige Herausforderung an das Denken anzusehen, eine „Gewißheit“ aus sich zu entlassen. „Ihm wird der Zweifel zu derjenigen Stimmung, in der die Gestimmtheit auf das ens certum, das in Gewißheit Seiende, schwingt. Die certitudo wird zu jener Festmachung des ens qua ens, die sich aus der Unbezweifelbarkeit des cogito (ergo) sum für das ego des Menschen ergibt.“ (Heidegger, Was ist das — die Philosophie?, 41) — vgl. ferner: Heidegger, Nietzsche, Bd. II 148 ff.

vérité dans les sciences" schreibt: „Vor allem fand ich an den mathematischen Wissenschaften wegen der Sicherheit und Klarheit ihrer Gründe Gefallen, doch bemerkte ich ihren wahren Nutzen noch nicht. Ich glaubte nämlich, sie fänden nur in den mechanischen Künsten Verwendung und war daher erstaunt, daß man bei der Festigkeit und Sicherheit ihrer Grundlagen darauf nichts Gewaltigeres gebaut hatte ...[32]."

Und Descartes ging daran, dieses Gewaltigere auf der mathematischen Basis aufzubauen[33]. Die Prinzipien, das Erste, Grundlegende, den Entwurf, gedachte er der Philosophie zu entnehmen. „Weil ich nun in dieser noch keine sicheren Prinzipien vorfand, so dachte ich, daß man vor allem versuchen müßte, in ihr solche aufzustellen[34]." Damit spricht Descartes klar aus, daß auch das Denken im weitesten Sinne, nämlich die Metaphysik, die ja die Grundfrage nach dem Sein stellt, mathematisch, d. h. von „Prinzipien" ausgehen müsse, die es zu finden galt, denn vom Verstand hängt nach seiner Einsicht die Erkenntnis der Dinge ab, nicht aber ist es umgekehrt[35]. Dabei hält er es für erforderlich, „als unbedingt falsch all das zurückzuweisen, woran ich nur im mindesten zweifeln konnte, um zuzusehen, ob nicht danach etwas in meiner Überzeugung bliebe, was gänzlich unbezweifelbar wäre"[36]. Wie Archimedes, der nichts als einen festen und unbeweglichen Punkt verlangte, um die ganze Erde von ihrer Stelle zu bewegen, so erhoffte sich Descartes Großes, wenn er auch nur das Geringste fände, das von unerschütterlicher Gewißheit wäre[37], denn, so heißt es in den „Regeln des Geistes", man könne zwar zur Erkenntnis der Dinge auf zweifache Weise gelangen: durch Erfahrung und Deduktion. Indessen könne die Erfahrung täuschen, nicht aber die Deduktion[38].

So kommt er zu dem berühmten „cogito, sum"[39]; wenn er sich vorstellt, daß letztlich alles Traum- und Trugbild sei, so allein doch nicht der, der es sich vorzustellen vermag: „Da ich mir nun darüber klar wurde, daß diese Wahrheit ... so fest und so sicher war, daß selbst die überspanntesten Annahmen der Skeptiker nicht imstande waren, sie zu erschüttern, so urteilte ich, daß ich sie unbedenklich als erstes Prinzip der von mir gesuchten Philosophie annehmen konnte[40]."

---

[32] Abhandlung über die Methode, 6.

[33] Ebd., 16/17.

[34] 18.

[35] Regeln zur Leitung des Geistes, 38/39.

[36] Ebd., 27.

[37] Meditationen, 17.

[38] Regula II, 8.

[39] Abhandlung über die Methode 28.

[40] Ebd.

Die Erkenntnis des mathematischen Denkens im oben dargelegten Sinne als Vernunftleistung wird bei Descartes an einem kleinen Beispiel deutlich: so spricht er davon, daß es offenbar zwei verschiedene Vorstellungen von der Sonne gebe. Durch die eine, die von außen komme, erscheine die Sonne sehr klein. „Die andere hingegen ist aus den Berechnungen der Astronomie entnommen, d. h. sie ist aus gewissen, mir eingeborenen Begriffen gebildet oder in irgendeiner anderen Weise von mir zustande gebracht. Durch diese erweist sich mir die Sonne als vielmal größer denn die Erde[41]." Descartes bekennt, daß ihn die Vernunft überzeuge, und daß demzufolge der Sonne das am unähnlichsten sei, was am unmittelbarsten von ihr selbst herkommt[42]. Hier treffen wir wieder die Absage an den Naturgedanken, wie er in der „physis" des Griechentums vorgestellt wurde.

Deutlicher noch wird die im Denken angewandte Methode Descartes', und damit das Aufscheinen des Umbruchs im „Natur"-Begriff, wenn er schreibt, daß, „was ich von irgendeiner Figur oder Zahl beweise, auch zu der Natur dieser Figur oder Zahl gehört"[43]. Natur ist also zu dem geworden, *was* (auf Frage, auf Experiment hin) *beweisbar ist*. Die Fragestellung liegt hierbei im Entwurf des Systems, die Antwort ergibt sich methodisch aus der meß- oder wägbaren, und damit *sekundären* Erfahrbarkeit, denn Figur, Zahl und Gewicht sind bereits Instrumente des Messens, Berechnens, Wiegens. Descartes spricht wiederholt von den „eingeborenen Ideen"[44] — er hält sie für nichts Erdichtetes, von seinen Gedanken Abhängiges, sondern für das „Abbild einer wahrhaftigen und unveränderlichen Natur"[45].

Er beruft sich auf Gott als Zeugen dafür, daß das, was er mathematisch erkennt, wahr sei. Er wiederholt nämlich die Feststellung, daß Gott kein Betrüger sein, also ihn darin nicht täuschen könne, daß das, was er mit seinem Verstand an mathematischer Wahrheit und Klarheit erkenne, falsch sei[46]. So hängt die Gewißheit und Wahrheit alles Wissens für ihn einzig von der Erkenntnis des wahren Gottes ab, und er bekennt, daß „Unzähliges sowohl von Gott selbst und den anderen reinen Verstandesdingen, als auch von der gesamten körperlichen Natur, die den Gegenstand der reinen Mathematik bildet", ihm vollkommen bekannt und gewiß sei[47].

---

[41] Meditationen, 32; Abhandlung über die Methode, 33.

[42] Ebd.

[43] Ebd., 55.

[44] Meditationen, 32, 57, 68.

[45] Ebd., 57.

[46] Ebd., 59.

[47] Ebd., 60.

Die Natur ist Gegenstand der reinen Mathematik, aber — und hier offenbart sich wiederum die „Gebundenheit" der dieses erkennenden Vernunft, — sie wird von Descartes, wenn nicht unbedingt als Gott selbst, so doch als „die von Gott eingerichtete Gesamtordnung" erkannt und die Vernunft „als die Verknüpfung von dem allen, was Gott mir zugeteilt hat"[48].

Hier tritt noch deutlich der Kampf zwischen Gottesautorität, die die Vernunft als ein eben auch nur Geschöpftes von sich abhängig macht, und dem neuen Geist zutage, der die ersten Schritte in die von Gott *unabhängige* Gewißheit wagt. Allmählich aber setzt sich die „vernünftige" Natur durch: sie lehrt nach Descartes, aus den Wahrnehmungen der Sinne ohne *vorhergehende* Prüfung des Verstandes keinen Schluß zu ziehen, „da es ja dem Geist allein, nicht aber dem aus Körper und Geist Zusammengesetzten zuzukommen scheint, die Wahrheit ... zu erkennen"[49].

Descartes erläutert den Unterschied zwischen dem herkömmlichen Naturbegriff und dem neuzeitlichen nochmals am Beispiel einer Uhr, welche die Stunden nicht richtig angibt. Die „Natur" dieser Uhr erkennt er als „bloße, von meinem Denken abhängige Bezeichnung, und zwar im Vergleich mit der richtig gemachten Uhr" (dem Zeit*maß*). „In dem früheren Sinne aber verstehe ich unter Natur etwas, das sich tatsächlich in den Dingen vorfindet, und das demnach eine gewisse Wahrheit in sich schließt[50]."

Von „vernünftiger" Natur ist nicht erst seit Descartes' Zeitalter die Rede: der Mensch war seit jeher das mit Vernunft begabte Wesen, und die *ratio* tragender Teil allen Naturrechtsdenkens. Indessen verliert sie den, zuletzt in der Scholastik ausgepägten, Charakter des „τέλος", auf das der sich als endliches Wesen begreifende Mensch zugeht, und zeigt sich gerade umgekehrt als „βάσις", als Seinsgewißheit, und zwar ausgezeichnete, ja *einzige* Gewißheit, von der aus — vorausschauend — die Metaphysik einen ersten, wenngleich noch formalen, anthropologischen[51] Mittelpunkt erhält und — rückblickend — im „Hochgefühl", eine solche feste Grundlage zu haben, die ratio die Geschehnisse der Welt aufzuklären, zu erklären, zu beweisen vermag[52]. So ist die ratio gerade auch als Gehalt des Naturbegriffes auf dieser zweiten Stufe

---

[48] Ebd., 69; vgl. auch Abhandlung über die Methode, 32.

[49] Meditationen, 71.

[50] Meditationen, 73.

[51] Wieacker spricht mit Recht davon, daß das Vernunftrecht auf einer „neuen Anthropologie" beruhe, Privatrechtsgeschichte der Neuzeit, 257.

[52] Vgl. zu dieser Entwicklung: Welzel, Naturrecht und materiale Gerechtigkeit, 112 ff.

das, was im Rahmen dieser Untersuchung „gebundene Vernunft" genannt wird, „gebunden" bis zur „Selbstbefreiung" im Denken Kants[53].

3. Neue Naturrechtsentwürfe (Althusius, Grotius, Hobbes, Pufendorf)

Aus der „formalen" Statuierung der menschlichen Seins- und Erkenntnisgewißheit beginnt sich im Laufe der Folgezeit nun materiell, auch gerade *im Begriff der „Natur"*, das zu entfalten und zum Maßstab zu gestalten, das dem Wesen des *Menschen* adäquat ist: die Natur des Menschen, freilich nicht länger in aristotelisch-thomistischem Gepräge (entelechial), sondern als von sich aus konstruierendes und konstituierendes Organon des Weltbegreifens. Nicht länger wird der Mensch als ein auf ewige Bestimmung entworfenes ebenbildliches Geschöpf Gottes gesehen, sondern als Element einer naturgesetzlich begreifbaren Welt. Der moderne Anspruch auf Erkenntnis des Naturgesetzes wird jetzt auf die *Natur der Gesellschaft*, d. h. auf Recht und Staat, erstreckt: auch für diese sollen Gesetze von der unabänderlichen Gewißheit des mathematischen Schlusses formuliert werden[54]. Newtons Principia Mathematica soll ein geschlossenes Gesellschaftssystem, ein „Naturrecht", an die Seite gestellt werden. Welzel spricht in diesem Zusammenhang von dem bisher letzten großen Versuch, aus der allgemeinen Wesensbestimmung des Menschen allgemeingültige materiale Rechtsinhalte zu gewinnen[55].

Da hier keine Geschichte des Naturrechts dargestellt werden soll, mag offenbleiben, wem letztlich das Verdienst zukommt, als erster aus den im vorstehenden aufgezeigten gewandelten Voraussetzungen ein, wie es im geläufigen Sagen heißt: neues oder neuzeitliches Naturrecht geschaffen zu haben[56]. Diese Voraussetzungen waren das auf mathematischer Basis beruhende Verständnis von Natur, das dem Menschen als einem ausgezeichneten Seienden mittels seiner Vernunft die Fähigkeit gegeben hatte, die Gegenstände dieser Welt in ein Ganzes einzuordnen, das im Vorhinein vorhanden war. Dieses Vorhandensein war nicht länger *nur* im Bereich des von Gott Geschöpften angesiedelt. Es verdankte seine Herkunft *auch* jener besonderen neuen Sicht des Menschen, welche die Schöpfung zunächst im natur- und dann eben auch im geisteswissenschaftlichen Bereich gleichsam einer ordnenden Experimen-

---

[53] Zur Herausstellung des „Ich" als ausgezeichnetem Subjekt bei Descartes vgl. insbesondere die Interpretation seiner Frühschrift „Regulae ad directionem ingenii" durch Heidegger in: Die Frage nach dem Ding, 78 ff.

[54] Wieacker, 257.

[55] Naturrecht und materiale Gerechtigkeit, 113.

[56] Hierzu Welzel, 109 f.

talreihe unterwarf. *Das System war geschaffen,* indessen nicht mit *einem* Schlag und nicht *absolut.* Es blieb zunächst eine, freilich mit der Zeit sich mehr und mehr vom Schöpfungsgedanken abwendende, Parallelität jener vorerwähnten beiden Verständnisweisen vom Sein der Dinge. Ungeachtet aller bedeutenden Ansätze, das Ganze systemhaft darzustellen, wurde, da auch die neueren Denker aus den Schulen der Spätscholastik hervorgegangen waren, dieses als von Gott geschaffen angesehen. Immer noch hemmte die Autorität der Kirche die Schritte auf dem Wege zur Selbstgewißheit des Denkens, immer noch finden sich in den Schriften der Neueren Sätze wie der des Grotius, mit dem er die Einleitung seines Hauptwerkes „Über das Recht des Krieges und Friedens" beschließt: „Sollte schließlich in dem Werke etwas gegen die Frömmigkeit, gegen die guten Sitten, gegen die heilige Schrift, gegen die allgemeine Ansicht der christlichen Kirche oder gegen irgendeine Wahrheit gesagt sein, so möge es als nicht gesagt angesehen werden[57]."

Allmählich aber ereignet sich die ungeheure Entdeckung, in der menschlichen Vernunft ein directivum zu wissen, das sich stark genug weiß, auch die Skrupel zu überwinden, Gott „ins Handwerk zu pfuschen". Die Lösung naturrechtlichen Denkens von seiner theonomen Basis realisiert sich. Ihre genauen Anfänge lassen sich schwer bestimmen. Welzel sieht den Vorgang bei dem spanischen Scholastiker Gabriel Vasquez als soweit vollendet, „daß es zu seiner (des Naturrechts) völligen Säkularisierung im Grunde keines weiteren Schrittes mehr bedurfte"[58]. Erst spät erkannt wurde überhaupt der Einfluß der Spanier[59], und manche der neueren Lehren wird direkt auf sie zurückgeführt[60]. In der Tat finden sich weder bei mitteleuropäischen Denkern wie Oldendorp, Biel, Althusius, um nur einige zu nennen, echte Ansätze, die die Lehre des Descartes in ihrer vollen Konsequenz übernommen hätten[61].

Hugo Grotius schreibt in seinem Werk „De jure bellis ac pacis", daß die rechte menschliche Vernunft auch dann gelten würde, wenn man annähme, was freilich ohne die größte Sünde nicht geschehen könnte,

---

[57] Einl. Ziff. 61 — ähnlich schon Descartes, am Schlusse seiner „Prinzipien der Philosophie": „Allein dennoch bin ich ... stets meiner Schwachheit eingedenk und behaupte nichts unbedingt, sondern unterwerfe alles sowohl der Autorität der katholischen Kirche wie dem Urteil der Einsichtigeren" (248).

[58] 97.

[59] Hierzu Welzel, 108, mit Nachweisen.

[60] So Reibstein, „Johannes Althusius als Fortsetzer der Schule von Salamanca" — vgl. auch Wieacker, Privatrechtsgeschichte der Neuzeit, 167, mit Nachweisen.

[61] So auch Wieacker, 137, 139, 147.

daß es keinen Gott gebe, oder daß er sich um die menschlichen Angelegenheiten nicht bekümmere[62]. Das ist bereits ein bedeutender Schritt, wenngleich auch bei Grotius trotz unzähliger, sein Bild vom Wesen des Naturrechts verwirrender, Ansätze[63] die mittelbare Quelle allen natürlichen Rechts Gott selbst bleibt[64]. Die unmittelbare allerdings sieht er in der menschlichen Natur[65], und zwar in der Weise, daß das natürliche Recht aufzufassen sei als „ein Gebot der Vernunft, welches anzeigt, daß einer Handlung, wegen ihrer Übereinstimmung oder Nichtübereinstimmung mit der vernünftigen Natur selbst, eine moralische Häßlichkeit oder eine moralische Notwendigkeit innewohne ..."[66]. Vernunft ist hier nicht *mehr* als *Erkenntnisquelle* in bezug auf die Gegenstände der Erkenntnis (als „Objekte") und damit noch nicht allzuweit von dem Denken der Spätscholastik entfernt, wenngleich Grotius doch einen solchen Abstand davon gewonnen zu haben glaubt, daß er sagen kann: sie lebten in unglücklichen, „der Wissenschaft entfremdeten Jahrhunderten"[67].

Er, den man herkömmlich als den „Vater des Naturrechts" bezeichnet, arbeitet noch weitgehend *induktiv*. Er gründet sein überkonfessionelles und internationales Völkerrecht (aber auch ganz generell privatrechtliche Institutionen)[68] trotz des eben erwähnten vermeintlichen Abstandes zu den Scholastikern auf der Tradition philosophischer, theologischer, juristischer und kultureller Autoritäten[69]. Über seine Methode schreibt er selbst, daß es seine erste Sorge war, die Erörterungen naturrechtlicher Fragen auf so feste Begriffe zurückzuführen, daß niemand, ohne sich Gewalt anzutun, sie verleugnen konnte. „Denn die Grundsätze dieses Rechts sind bei einiger Aufmerksamkeit ebenso offenbar und überzeugend wie die sinnlichen Gegenstände, die ebenfalls nicht täuschen, wenn die Sinnesorgane gesund sind ...[70]." Auch hier

[62] Über das Recht des Krieges und des Friedens, Einl. Ziff. 1.

[63] So versucht er z. B. Naturrecht, Gottesrecht und Gewohnheitsrecht zu unterscheiden (Einl. Ziff. 1), spricht aber dann wieder davon, daß alles Recht Gottesrecht sei (Einl. Ziff. 11) — an anderer Stelle teilt er das Recht in Naturrecht, Völkerrecht und bürgerliches Recht ein (Einl. Ziff. 40 ff.).

[64] Einl. Ziff. 11.

[65] Einl. Ziff. 16.

[66] I, 1 Ziff. X 1.

[67] Einl. Ziff. 52.

[68] Vgl. etwa die Rückführung seiner These von der bindenden Kraft eines Versprechens auf die durch „ungeschichtliche" Zitate aus der Bibel belegte Ansicht, nach der Gott selbst, der durch kein positives Gesetz gebunden werden kann, gegen seine Natur verstieße, wenn er seinen Versprechen nicht treu bliebe (nach Diesselhorst, Die Lehre des Hugo Grotius vom Versprechen, 39/40).

[69] Einl. Ziff. 40; vgl. auch Wieacker, 167.

[70] Einl. Ziff. 39.

findet sich das Bestreben, eine „mathematisch“ sichere Grundlage zu finden — Naturrecht soll „dictamen rectae rationis“ sein[71], wobei unter Betonung des sozialen Charakters der Naturrechtslehre des Hugo Grotius es ihm bei der „recta ratio“ auf den „consensus omnium“ mehr ankommt als auf die Überzeugung des einzelnen Menschen[72].

Zwischen diesen sich gleichsam stufenförmig von der verpflichtenden Gottesidee zum begründenden Selbst der menschlichen Vernunft hinbewegenden Ansätzen neuen Naturrechtsdenkens steht das bedeutende Werk Thomas Hobbes', bedeutend, weil originär in einer Weise, die Vergleiche kaum zuläßt[73]. Gingen Grotius und seine Vorläufer noch von einem „appetitus societatis“ des Menschen aus, so erkennt Hobbes als Grundwesenheit des Menschen einen Status an, der einem Kriegszustand gleicht[74]: nichts gibt es, das im Naturzustande den Menschen zur Geselligkeit treibt, er ist vielmehr ungesellig, das Grundbild der Menschheit ist ein Chaos, in dem „homo homini lupus est“[75]. Angesichts dieser Grundsituation menschlicher Daseinsbehauptung ist das natürliche Recht „die Freiheit eines jeden, seine eigene Macht nach seinem Willen zur Erhaltung seiner eigenen Natur, das heißt seines eigenen Lebens, einzusetzen und folglich alles zu tun, was er nach eigenem Urteil und eigener Vernunft als das zu diesem Zweck geeignete Mittel ansieht“[76].

Hat „natürlich“ hier noch die Tönung des Kreatürlich-Animalischen, des Kosmischen, so entspringt der Erkenntnis einer so gearteten Welt sofort der Gedanke, daß eines der Gebote des „Natur“gesetzes besage, jeder Mensch müsse sich des Rechtes, daß er von Natur aus alles habe, begeben. „Denn wenn verschiedene Menschen nicht nur auf alle anderen Dinge, sondern auf die Persönlichkeit des Mitmenschen ein Recht haben, so entsteht, wenn sie von demselben Gebrauch machen, ein Angriff auf der einen Seite und Widerstand auf der anderen, also Krieg; und daher dem Naturgesetz zuwiderlaufend, dessen Wesen im Friedenstiften besteht[77].“

---

[71] I, 10.

[72] I, 12.

[73] So auch Wieacker, 149/150; Bayle nannte ihn „the greatest genius of the seventeenth century“ (nach W. H. Greenleaf, Hobbes, The Problem of Interpretation, 10).

[74] Naturrecht, 1. T. Kap. XIV Ziff. 11 ff.; Leviathan, 13. Kap. (bellum omnium contra omnes) — De cive, 1. Kap.

[75] De cive, Widmung — über den Ursprung dieser Formel neuestens: Tricaud, „Homo homini Deus“, „Homo homini Lupus“: Recherche des Sources des deux Formules de Hobbes, 61 ff.

[76] Leviathan, 14. Kap.

[77] Naturrecht, 1. T. Kap. XV Ziff. 2.

Die Erschütterung des herkömmlichen „*Natur*"begriffs liegt hier deutlich vor Augen. Wenn nämlich (im ersteren Sinne) Naturzustand bellum omnium contra omnes ist und gleichzeitig gesagt wird, daß das Wesen des Naturgesetzes im Friedenstiften bestehe, so muß „Natur" hier etwas ganz anderes meinen. „Natur" und „Vernunft" rücken bei Hobbes hart zusammen[78]. Er lehrt hierzu, daß es kein anderes Naturgesetz als das der *Vernunft* geben kann[79]. Diese Vernunft lehrt den Menschen eben auch aus der Erkenntnis des ursprünglichen Chaos heraus und aus Furcht vor dem Tode sowie dem Streben nach Besitzgenuß, den Frieden zu suchen und um dieses Zieles Willen auf die Urrechte der animalischen Natur weitgehend zu verzichten[80]. Nach Hobbes ist der „Natur" wesentlich immanent der Gegensatz, der durch die Konstruktion des Übergangs vom status naturalis zum status civilis überwunden werden muß[81].

Freilich ist Hobbes mißtrauisch: er glaubt nicht recht an eine absolute „richtige Vernunft": „Gewöhnlich ... meinen die, welche nach der richtigen Vernunft rufen, um irgendeine Differenz zu entscheiden, ihre eigene Vernunft. Dies aber ist gewiß, da es die richtige Vernunft an sich nicht gibt, so ist unerläßlich, daß die Vernunft irgendeines Mannes oder irgendeiner Anzahl Männer die Stelle derselben einnehmen muß[82]." So kommt er zu der Auffassung, daß diejenigen, welche die herrschende Gewalt haben, durch klare und unmißverständliche Gesetze „für alle Untertanen das Maß ihrer Handlungen, wodurch bestimmt wird, ob sie Recht oder Unrecht haben, nützen oder schaden, tugendhaft oder lasterhaft sind", der richtigen Vernunft Ausdruck geben. Ihr müssen sich die Menschen unterwerfen, um sich selbst zu erhalten und ein bequemes Leben führen zu können[83]. Auf diese Weise gelangt Hobbes zur Konstruktion des Staates als des Gemeinwesens, dem die Fähigkeit zuerkannt wird, all das (richtige Vernunft!) zu *verwirklichen*, das der Mensch als Einzelwesen nicht zu realisieren vermag — der Staat ist so das Überwesen (Leviathan), ein Kunstwerk, ein künstlicher Mensch[84].

---

[78] De cive, 81; vgl. ferner Hoenigswald, Hobbes und die Staatsphilosophie, 155.

[79] aaO., 1. T. Kap. XV Ziff. 1 — Hobbes unterscheidet hier strikt jus von lex: „Recht besteht in der Freiheit ..., während Gesetz ... bestimmt und verpflichtet" (Leviathan, 14. Kap.).

[80] Verdross spricht demzufolge bei Hobbes von zwei Naturrechtslehren: der naturalistischen und der aus ihr erwachsenen rationalistischen (Abendländische Rechtsphilosophie, 115, 116).

[81] Vgl. Riedel, Zum Verhältnis von Ontologie und politischer Theorie bei Hobbes, 113.

[82] De cive, 2. T. Kap. X.

[83] Leviathan, 17. Kap.

[84] aaO., Einleitung.

Mit Recht nennt Welzel Hobbes' Naturrecht daher auch den „Idealfall einer existenziellen Naturrechtslehre", da sein, des Denkers, zentrales rechtsphilosophisches Anliegen in dem versuchten Nachweis zu sehen sei, daß die Hauptaufgabe des Rechts in der Schaffung einer *wirklichen* und nicht *idealen* Ordnung liege[85]. Erstmalig wird so dem Begriff der (gebundenen) Vernunft der der *Wirklichkeit* gegenübergestellt — Zweifel und Skepsis gegenüber den Möglichkeiten, verbindliche Regeln aus der „vernünftigen" menschlichen „Natur" deduzieren zu können, tauchen auf[86]. Die Offenlegung des Bösen in der „Natur", wie sie jetzt verstanden wird, zeigt im Vergleich etwa noch zur Auffassung des Naturbegriffs bei Augustin[87], nach dem die Natur nur gut sein kann, noch einmal deutlich die Stufen des „Umbruchs": Verdrängung der lex aeterna, Verlassen der Vorstellung eines Abbildes und Hinwendung zum Muster, Heranziehung der ratio, zunächst in teleologischer Sicht, dann schließlich, seit Descartes, als Ausgangsort aller Erkenntnis.

Auch Hobbes noch verkannte nicht, daß die Vorschriften der natürlichen Vernunft, die Naturgesetze, „mit Rücksicht auf ihren Urheber" auch göttliche Gesetze sind, und befleißigte sich, seine Erkenntnisse mit Bibelstellen zu belegen[88]. Indessen versuchte er daneben, die *mathematischen Elemente der Vernunft* aufzuzeigen und so — wie Galilei und Newton in der Physik — more geometrico innerhalb der Geisteswissenschaften zu denken[89]. In seinem Werk „De homine" schreibt er: „Als mathematische Wissenschaft nämlich hat man sich gewöhnt, diejenigen zu bezeichnen, welche nicht durch Erfahrung und Versuch, sondern von Lehrern und durch Regeln gelernt werden[90]." In der Erkenntnis, daß hier ein Apriori wirkt, ist er der Ansicht, daß sich dieses auch auf die Wissenschaft von der Gerechtigkeit und Ungerechtigkeit übertragen lasse, „weil wir die Prinzipien für die Erkenntnis des Wesens der Gerechtigkeit und der Billigkeit ..., d. h. die Ursachen der Gerechtigkeit, nämlich Gesetze und Abmachungen, selbst schaffen". Vor Schaffung solcher Gesetze und Abmachungen gäbe es bei den Menschen weder Gerechtigkeit noch Ungerechtigkeit, weder Gut noch Böse[91].

Mittels dieser „resolutiv-kompositiven" Methode, wie Leo Strauss sie benennt[92], konstruiert Hobbes den Staat: „Die Kunst, Staaten zu

---

[85] Naturrecht und materiale Gerechtigkeit, 114/115.

[86] Hierzu noch Welzel, 117.

[87] Siehe oben (I).

[88] Naturrecht 1. T. Kap. XVIII.

[89] So auch Diesselhorst, Ursprünge des modernen Systemdenkens bei Hobbes, 10.

[90] 10. Kap. Ziff. 5; vgl. auch: De cive, 10. Kap.

[91] Ebd.

[92] Hobbes' politische Wissenschaft, 12/13.

schaffen und zu erhalten, besteht wie die Arithmetik und Geometrie aus sicheren Regeln und nicht wie Tennisspielen aus bloßer Übung[93]." Hatten die Vorgänger Hobbes', die spanischen Kriegs- und Völkerrechtler des ausgehenden 16. Jahrhunderts, Althusius und Grotius und andere ihr jus naturale noch mehr oder weniger durch methodisch naive Bestandsaufnahme innerhalb der gesamten für die praktische Ethik vorbildlichen Autoritäten der Zeit: der Heiligen Schrift und der Kirchenväter, der antiken Schriftsteller und der römischen Rechtsquellen, der moraltheologischen und juristischen Maximen des Mittelalters und der neueren Zeit gewonnen[94], so deduziert Hobbes streng aus mathematischen Vernunftsaxiomen.

Der Einfluß der mathematisch-naturwissenschaftlichen Methode auf die Gestaltung geisteswissenschaftlicher Denkansätze und insbesondere auch auf so zentrale Begriffe wie die der „Natur", und nunmehr *innerhalb* ihrer der „Vernunft", im Rahmen der Lehren vom Naturrecht, wie er im Vorstehenden immer wieder anklang, mußte sich in dem Maße erschöpfen, in dem die nunmehr an Autorität immer mehr erstarkende menschliche Vernunft der in die Geisteswelt hinübergenommenen, Sicherheit versprechenden, aber „blinden" kausalen Methodik und Systematik gegenüber eine auf *eigenen* Füßen stehende Wesenheit „vernünftigen" Naturrechts entgegenzusetzen vermochte. Den entscheidenden Schritt vollzog hier Samuel Pufendorf mit seiner Unterscheidung der „entia *physica*" von der „entia *moralia*"[95]. Recht eigentlich führt Pufendorf *direkt* dort weiter, wo Descartes begonnen hatte: hatte dieser unter Zugrundelegung der Seinsgewißheit im „cogito sum" den Weg eröffnet, auf dem die selbsttätige Vernunft nunmehr alles Seiende als *Objekt* gegenüber dem einen *Subjekt* begreifen konnte, so schuf jener nur wenig später eine Lehre, in der diese Vernunft von der Grundüberzeugung der menschlichen *Freiheit* in einem Maße „aufgeladen" wurde, das nunmehr die Lösung vom kausal-mechanischen Naturdenken wenigstens in *einem* Bereich bewirkte: in dem der Werthaftigkeit, der Moralität allen menschlichen Handelns.

Das erste Kapitel seines Werkes „De jure naturae et gentium" handelt „De origine et veritate entium moralium". Während die „entia physica" ihre Entstehung ursprünglicher Schöpfung (creatio) verdanken, wird die Entstehungsweise der „entia moralia" am besten mit „Beifügung" oder „Beilegung" (impositio) bezeichnet. Die „entia moralia" werden nicht den grundsätzlichen Wesenheiten (der physikalischen Natur) der Dinge entlehnt, sie werden vielmehr den schon be-

---

[93] Leviathan, Kap. 20.

[94] Wieacker, 151.

[95] Hierzu Verdross, 129, Welzel, 131 f.

stehenden und physisch „fertigen“ Dingen nach dem Willen des menschlichen Intellekts *beigegeben* und verdanken ihre Existenz daher letztlich *diesem*[96].

Sie sind vorhanden, um das Leben der Menschen untereinander zu ordnen[97], ohne Substanz, *funktionell*[98]: Kriterien für Seins-, besser: Verhaltensweisen des Menschen. Welches Prädikat er letztlich seinem Handeln beilegt, sagt ihm in Kenntnis der „entia moralia“ sein Gewissen[99]. Sie stellen keine bleibende, ewige Wertordnung dar, sie begleiten vielmehr — und hier zeigen sie sich von einer existenziellen Seite — das einzelne jeweilige menschliche Tun, um mit dessen Vollendung zu verschwinden, wie ein Schatten verschwindet mit Erlöschen des Lichtes, dem er seine Existenz verdankt[100].

Das erregend Neue, das von dieser Pufendorf'schen Lehre ausging und bei seinen Zeitgenossen eine fast völlige Verständnislosigkeit hervorrief[101], war zum ersten die Festigung der menschlichen Seinsgewißheit durch weitere Lösung von theonomer Vorgegebenheit[102] und, damit verbunden, die „Unterstellung“ eines großen Maßes an menschlicher Autonomie, mittels derer ein großer Zwischenschritt auf dem Weg von Descartes zu Kant getan wird, zum anderen — als Resultat des Vorigen gleichsam — die Befreiung des „vernünftig“-moralischen Bereichs von allem kausal-mechanischen Denken der mathematisch-naturwissen-

---

[96] cap. I § IV: „Scilicet quia illa non ex principiis intrinsecis substantiae rerum proueniunt, sed rebus iam existentibus & physice perfectis, eorundemque effectibus naturalibus sunt superaddita ex arbitrio entium intelligentium, adeoque unice per eorundem determinationem existentiam nanciscuntur.“

[97] cap. I § V — vgl. auch § III Mitte.

[98] cap. I § VI Satz 1.

[99] cap. III § 4.

[100] cap. I § 23: „Caeterum entia moralia uti impositioni suam debent origenem; ita ab eadem flabilitatem quoque, aut mutationes tortiuntur, & ubi ista velut cessauerit, ipsa simul euanescunt; non secus atque extincto lumine umbra simul disparet.“

[101] Vgl. hierzu: Welzel, Die Naturrechtslehre Samuel Pufendorfs, 29/30; ferner: ders., Naturrecht und materielle Gerechtigkeit, 134 ff.

[102] Zwar sagt er ausdrücklich, daß man Gott als Autor der entia moralia annehmen könne, der nicht wolle, daß die Menschen ihr Leben wie wilde Tiere zubringen sollen ohne Zivilisation und moralisches Gesetz, sondern ihr Leben und ihre Handlungen mittels eines zu fixierenden Modus' sinnvollen Zusammenlebens, der ohne die entia moralia nicht möglich sei (cap. I § 3). Aber: „Pleraque tamen arbitrio issorum hominum post superaddita, prout vitae humanae excolendae, & velut in ordinem dirigendae, talia introduci proficuum videbatur. Hinc etiam finis eorundem patescit, qui non est, uti entium physicorum, perfectio huius universi, sed peculiariter perfectio vitae humanae, quantenus prae brutorum vita decori cuiusdam ordinis capax erat, utque in re maxime vaga, qualis est motus animi, humani, concinna aliqua harmonia inueniretur“ (ebd.).

schaftlichen Methode und seine Ausstattung mit einem Regularium sui generis.

Welzel spricht davon, daß bei Pufendorf durch die Entdeckung der entia moralia aus dem *Natur*recht ein *Kultur*recht wird; er nennt Pufendorf den ersten Kulturphilosophen[103] — man könnte versucht sein, seine Lehre von den „entia moralia" als eine erste Wertphilosophie im neuzeitlichen Sinne anzusehen, wenngleich — wie oben dargetan — im Denken Pufendorfs das Gut und Böse jeweils individuellen und nicht generellen, allgemeingültigen Charakter aufweist. Für die hier interessierende Frage nach der allmählichen Wandlung dessen, was man unter „Natur" verstand, ist der Ansatz der entia moralia Pufendorfs von entscheidender Bedeutung. Erstmalig ist die physikalisch-mechanische Natur der neuzeitlichen Naturwissenschaften nicht mehr Muster für den Teil der menschlichen „Vernunft", der das Kriterium für das sittliche und moralische Verhalten des Menschen zu liefern hatte. Der Mensch hatte sich die *Freiheit* „genommen", für die Vielgestaltigkeit der Seinsweisen ein eigenes ethisches Programm zu finden. Der wertneutralen „physikalischen" Natur steht eine wertende gegenüber, deren Gehalt von der Einsicht bestimmt wird, daß der Mensch ohne soziales Leben nicht erhalten werden kann[104]. Die Socialitas ist so Grundlage des Pufendorf'schen Naturrechts: der Einklang des im Menschen vorfindlichen Selbsterhaltungstriebes mit dem anderen Trieb, dem zur Geselligkeit[105].

III. Freie („reine") Vernunft als Entfaltungsgrund des „Natur"-verständnisses (Kant)

Die bis hier in groben Umrissen aufgezeigte Entwicklung des Naturrechtsdenkens sollte zu erkennen geben, daß sie das Abbild einer in etwa kontinuierlich sich wandelnden Auffassung dessen darstellte, was unter „Natur" vorgestellt und begriffen worden war. Gewiß kann schwerlich von einer Einheit dieser Entwicklung gesprochen werden: die Mannigfaltigkeit der Ansätze läßt auch kaum zu, jeweils streng in materiale und formale, in ideale und reale Richtungen zu scheiden, da sich oft schon bei einem einzigen Denker parallel laufende oder widersprüchige Denkformen nachweisen lassen. Soviel aber sollte aufgezeigt werden: das Verlassen des alten *„physis"*-Begriffes, die Immanenz der Natur in Gott und als Schöpfung Gottes mit Aufkommen

[103] Die Naturrechtslehre Samuel Pufendorfs, 19; auch: Naturrecht und materiale Gerechtigkeit, 132.

[104] Die Naturrechtslehre Samuel Pufendorfs, cap. II, § VI; vgl. Maihofer, Natur der Sache, 68.

[105] Vgl. hierzu im einzelnen: Welzel, Die Naturrechtslehre Samuel Pufendorfs, 41 ff.; Rüfner, 65/66.

christlichen Gedankenguts und die allmähliche Lösung hiervon, der Beginn des Befragens der Natur auf mathematische Weise und endlich das Begreifen der Natur als eines Mediums der Vernunft, und zwar zunächst mit *logischem* Charakter. Denn: wie oben aufgezeigt, war es Descartes, der bei der Suche, alles geisteswissenschaftliche Denken auf Prinzipien aufzubauen, als unbedenklichen Entwurf das „sum" vorfand. Damit war der Fragesteller fixiert, der nunmehr auch in der herkömmlichen Metaphysik im Newton'schen Sinne experimentieren und Beweise liefern konnte, schließlich auch für „Institutionen", wie die *Natur* es war, die damit zu einer *logischen* Größe geworden war und dies im Grunde während der folgenden Jahrhunderte blieb.

Sie blieb es insbesondere auch noch im sog. Zeitalter der Aufklärung, des Vernunftsrechts, das sich an der Naturwissenschaft und Descartes orientierte[1]. Im Ausgang dieser Periode gelingt es allmählich der Vernunft, sich von dieser Anlehnung zu befreien und nun in einer Weise sich selbst zuzukehren, die erstmals die Frage nach der Vernünftigkeit der Vernunft selbst zuläßt[2] und zwar so, daß an die Stelle des *logischen* Gehalts der Frage nunmehr ein *anthropologischer* tritt.

Bis zu Kant war der Stand der Evolution im „Natur"-Begriff zwar soweit gediehen, daß „Natur" sich anschickte, „verfüglich" für die menschliche (gebundene) *Vernunft* zu werden. Indessen haftete sie auch weiterhin noch im kreatürlichen Bereich, und Naturrecht hatte dieser Herkunft wegen noch weitaus *kosmischen* Charakter[3]. Auch Kant geht noch von einer *naturalistischen* Anthropologie aus, indem er der *„natürlichen"* Natur des Menschen die *reine* Vernunft entgegensetzt. Der empirischen Struktur des Menschen, dem homo phaenomenon, steht der Mensch als Träger von Vernunft gegenüber, der homo noumenon.

Von hier aus erhält die Ordnung menschlichen Zusammenlebens (das *System*) eine völlig andere Grundlage: sie baut nicht länger auf der *kosmischen* Natur auf, an der der Mensch in der Weise der Determination durch natürliche Gesetze teilhatte, sondern auf der *menschlichen* Natur, die durch nichts *als sich selbst* determiniert ist.

Kant grenzt in seiner „Kritik der reinen Vernunft" den herkömmlichen Begriff der Vernunft ein auf die *menschliche* Vernunft. Sie wird aus ihrer „Gebundenheit" im vorkantischen Denken befreit und gleichzeitig geöffnet für die Fähigkeit der „Selbst-Bindung". Diese *Freisprechung* der menschlichen Vernunft bewirkt, daß sie sich fortan hinsichtlich aller Gegenstände des Erkennens als ihr Urheber vorzustellen hat: „Bisher nahm man an, alle unsere Erkenntnis müsse sich nach den

[1] Welzel, 112.

[2] Kant, Logik, 456.

[3] Maihofer, Droit naturel et nature des choses, 234.

Gegenständen richten: aber alle Versuche, über sie a priori etwas durch Begriffe auszumachen, wodurch unsere Erkenntnis erweitert würde, gingen unter dieser Voraussetzung zunichte. Man versuche es daher einmal, ob wir nicht in den Aufgaben der Metaphysik damit besser fortkommen, daß wir annehmen, die Gegenstände *müssen sich nach unserer Erkenntnis richten,* welches so schon besser mit der verlangten Möglichkeit einer Erkenntnis derselben a priori zusammenstimmt, die über Gegenstände, ehe sie uns gegeben werden, etwas festsetzen soll. Es ist hiermit eben so, als mit den ersten Gedanken des Kopernikus bewandt, der, nachdem es mit der Erklärung der Himmelsbewegungen nicht gut fort wollte, wenn er annahm, das ganze Sternheer drehe sich um den Zuschauer, versuchte, ob es nicht besser gelingen möchte, wenn er den Zuschauer sich drehen, und dagegen die Sterne in Ruhe ließ[4]."

Zwei Erkenntnisbereiche laufen im Denken Kants parallel: seine Auffassung, nach der der Verstand seine Gesetze nicht aus der Natur schöpft, sondern sie dieser vorschreibt[5], gilt für die *Sinnenwelt,* deren Analyse Kant in seiner Lehre von den synthetischen Grundsätzen des reinen Verstandes vollzieht[6], und die sich aus der Zusammenwirkung der reinen Denkformen (Kategorien) mit den reinen Anschauungsformen (Raum und Zeit) ergeben. Es ist das Gebiet der *theoretischen* Vernunft, der Naturgesetze, die „nur von dem handeln, was geschieht"[7].

Bisher ist, soweit ersichtlich, kaum bedacht worden, daß diese Struktur der theoretischen Vernunft *identisch* ist mit der der *praktischen* Vernunft. Auch hier trägt der Mensch die Gesetzmäßigkeit in die „Dinge" hinein. Das Apriori jener, nämlich reine Denk- und Anschauungsform, entspricht dem alleinigen Prinzip dieser, nämlich der Autonomie des Willens, hier freilich im Stadium des *Bewußtseins* dieser Möglichkeit der Selbstbestimmung[8]. Dem vorerwähnten „der-Natur-Vorschreiben" durch die theoretische Vernunft entspricht die Bestimmung der Begriffe von Gut und Böse *allererst durch das moralische Gesetz.* Kant spricht selbst davon, daß diese Methode „den veranlassenden Grund aller Verwirrungen der Philosophen in Ansehung des obersten Prinzips der Moral" erkläre. Anstatt zuerst nach dem Gesetz zu forschen, das unmittelbar und a priori den *Willen* und *diesem gemäß* allererst den Gegenstand bestimmte, hätten sie bisher zuvor einen Gegenstand des Willens aufgesucht, um ihn dann zur Materie und dem Grunde eines Gesetzes zu machen[9].

Weiter heißt es bei Kant, daß die Natur der Sinnenwelt (die in der theoretischen Vernunft vom reinen Verstand gesetzte also) rein formal ihre Ty-

---

[4] Kritik der reinen Vernunft, Vorrede zur zweiten Auflage, XVI (Hervorhebungen von mir).

[5] Prolegomena zu einer jeden künftigen Metaphysik, die als Wissenschaft wird auftreten können, § 36.

[6] Kritik der reinen Vernunft, 201 ff.

[7] Ebd., 2. Hauptstück, 1. Abschnitt.

[8] Dem widerspricht nicht, daß Kant nur die *Möglichkeit* von Freiheit, nicht aber diese selbst für erfahrbar erkannte (Kritik d. prakt. Vernunft, 164).

[9] Vgl. Kritik der praktischen Vernunft, 180 ff.

pik auch für die Natur der Intelligibilität (als das infolge der vom Menschen „eingestifteten" Freiheit handelnde Organ der praktischen Vernunft) hergeben könne, nur daß der Mensch in den Fällen, „wo die Kausalität aus Freiheit beurteilt werden soll, jenes *Naturgesetz* bloß zum Typus eines *Gesetzes der Freiheit* macht, weil er, ohne etwas, was er zum Beispiele im Erfahrungsfalle machen könnte, bei Hand zu haben, dem Gesetze einer reinen praktischen Vernunft nicht den Gebrauch in der Anwendung verschaffen könnte"[10].

Zum richtigen Verständnis der Gedankengänge Kants wird daher im folgenden *nicht* streng zwischen theoretischer und praktischer Vernunft geschieden — die Einheitlichkeit seines Denkens offenbart sich vielmehr erst in einer „Zusammenschau", aus der die Rückbezüge erkennbar sind.

Kant bricht radikal mit den bisherigen Vorstellungen: sah man bis dahin den Menschen durch seine Pflicht an Gesetze gebunden, so erkennt er, daß der Mensch nur seiner eigenen und dennoch allgemeinen Gesetzgebung unterworfen sei: „Die Ordnung und Regelmäßigkeit ... an den Erscheinungen, die wir Natur nennen, bringen wir selbst hinein, und würden sie auch nicht darin finden können, hätten wir sie nicht, oder die Natur unseres Gemüts ursprünglich hineingelegt[11]." Als Gesetzgeber dieser Natur kann aber nur der Verstand angesehen werden[12]. Es ist nicht so, daß Kant Naturgesetzlichkeiten außerhalb jeder menschlichen Setzung leugnet, er spricht hier von empirischen Gesetzen, die „ihren Ursprung keineswegs vom reinen Verstande herleiten"[13] — jedoch: die Natur wird so vorgestellt, „als ob ein Verstand den Grund der Einheit des Mannigfaltigen ihrer empirischen Gesetze enthalte"[14]. Die Vernunft, so wie sie Kant jetzt *zu sich selbst befreit,* sieht nur dasjenige ein, „was sie selbst nach ihrem Entwurfe hervorbringt" — die Naturforscher müssen, „mit *Prinzipien ihrer Urteile* nach beständigen Gesetzen vorangehen — und die Natur nötigen ..., auf ihre Fragen zu antworten, nicht aber sich von ihr allein gleichsam am Leitbande gängeln lassen"[15]. Unter Annahme nun solcher „Prinzipien von Urteil" mit dem Charakter der *Apriorität* gründet Kant seine transzendentale Elementarlehre mit der zentralen Frage: wie sind synthetische Urteile a priori möglich? Die Antwort lautet: dadurch, daß für

---

[10] Ebd., 189.

[11] Kritik der reinen Vernunft, 179.

[12] Ebd., 180.

[13] Ebd., 181.

[14] Kritik der Urteilskraft, 253.

[15] Kritik der reinen Vernunft, Vorrede zur 2. Auflage, XIII; vgl. auch Opus postumum, 2. Hälfte XI. Conv. II. Bogen (Akad. Ausg. Bd. 22, 458): „Physik ist das System der Wahrnehmungen aus den die Sinne affizierenden Kräften der Materie, insofern sie das Subjekt nach einem Prinzip der Möglichkeit der Erfahrung (der äußeren sowohl als der inneren) modifizieren, welche Erfahrung das Werk des Verstandes ist, der dieser nach einem Gesetze a priori die Form a priori gibt."

Anschauung und Denken, den beiden Elementen der Erfahrung, der Mensch von sich aus Bedingungen, nämlich Raum und Zeit einmal und zum anderen gewisse Kategorien, mit sich bringt. Erfahrung kann für den Menschen immer nur *menschliche* Erfahrung sein, Aufnahme der Erscheinungswelt — das „Ding an sich" bleibt verborgen. So kommt es, daß selbst also jene „kosmische" Natur für den Menschen irgendwie „nachgebildet" ist — Kant spricht an einer Stelle von der „natura ectypa"[16]. Sie kann also keineswegs Grundlage für ein *Naturrecht* sein, für eine gemeinsame und für alle gültige menschliche Ordnung. Formal ist die Natur die „Existenz der Dinge unter Gesetzen"[17], wobei material zu unterscheiden sind die Gesetze der Natur, die physikalischen, von den Gesetzen der Freiheit, den ethischen[18].

„Natur" wird so im wesentlichen in den Bereich dessen verwiesen, das wir heute Naturwissenschaft nennen, während der Mensch als homo intelligibilis als unter Vernunftgesetzen stehend erkannt wird[19]. Als vernünftiges Wesen aber kann der Mensch die Kausalität seines eigenen Willens niemals anders als unter der Idee der *Freiheit* denken, denn Unabhängigkeit von den bestimmten und bestimmenden Ursachen der Sinnenwelt ist Freiheit[20].

Im Denken Kants ereignet sich so erstmalig das *Bewußtsein* der „Ungebundenheit". Zwar ist der Gegensatz Natur/Vernunft auch bei den Denkern vor Kant gegeben, doch wird bei allen — auch bei Hobbes noch — Vernunft als etwas angesehen, dem gleichermaßen auch noch ein im kosmischen, kreatürlichen Sinne natürliches Prinzip immanent ist. Vernunft wurde eigens *nicht nach sich selbst* befragt. Bei Kant geschieht es, und er gelangt zu der Erkenntnis, daß ihr Inhalt die Autonomie des Willens, die Freiheit ist. Freilich: wäre der Mensch nur Glied der intelligiblen Welt, so würden alle seine Handlungen der Autonomie des Willens gemäß sein. Da er aber zugleich Glied der Sinnenwelt ist, *sollen* sie gemäß sein[21]. In Entsprechung dieser „übersinnlichen" Natur (des moralischen Gesetzes auf der Grundlage der Freiheit) vollzieht sich nach Kant die Konkretisierung menschlichen Daseins.

Diese Freiheit, die Autonomie des Willens, ist „das alleinige Prinzip aller moralischen Gesetze und der ihnen gemäßen Pflichten"[22]. „Moralisch" nennt er die Gesetze der Freiheit im Gegensatz zu den Natur-

---

[16] Kritik der praktischen Vernunft, 156/157.
[17] Ebd., 156.
[18] Grundlegung zur Metaphysik der Sitten, 11.
[19] Ebd., 88.
[20] Ebd.
[21] Ebd., 90.
[22] Kritik der praktischen Vernunft, 144.

gesetzen[23], wobei er zwischen den „juridischen", das sind solche, die nur auf bloße äußere Handlungen und deren Gesetzmäßigkeit gehen, und „ethischen" unterscheidet, die darüber hinaus fordern, daß sie selbst die Bestimmungsgründe der Handlungen sein sollen[24].

Aus der Kenntnis der menschlichen Natur, die wir nur von der Erfahrung her haben können, kann kein Gesetz, das absolute Notwendigkeit bei sich führt, abgeleitet werden. Der Grund der Verbindlichkeit moralischer Gesetze kann „nicht in der Natur des Menschen oder den Umständen in der Welt, darin er gesetzt ist, gesucht werden ..., sondern a priori lediglich in Begriffen der reinen Vernunft", „jede andere Vorschrift, die sich auf Prinzipien der bloßen Erfahrung gründet, und sogar eine in gewissem Betracht allgemeine Vorschrift, sofern sie sich dem mindesten Teile, vielleicht nur einem Beweggrunde nach, auf empirische Gründe stützt, kann zwar eine praktische Regel, niemals aber ein moralisches Gesetz heißen"[25].

Das bedeutet für den *„Natur"*-Begriff: war bisher (*gebundene* Vernunft) davon ausgegangen worden, daß der Mensch als hominum *rationale* aus *seiner* Vernunft gegen die blinde Natur entscheiden könne, so stellt Kant jetzt heraus, daß die Vernunft des Menschen bloß empirische Voraussetzungen hat, als wahrer Maßstab für „Natur" jedoch ein apriorisches Reglement herangezogen werden müsse.

So bindet sich der autonome Wille als sittliches Prinzip in *praktischer* Vernunft (dem Handeln) *selbst* an sein eigenes absolutes Gesetz, den sog. kategorischen Imperativ, und postuliert so einen dreifachen Glauben: an die Freiheit (zur Hingabe an das absolute Gesetz), an die Unsterblichkeit der Seele (als stetes Fortschreiten hin zur Anpassung an das absolute Gesetz) und an Gott als den Garanten des absoluten Gesetzes, des Guten schlechthin. „Juridisches" und „ethisches" Handeln nur muß, wenn seine Maxime „Freiheit" heißt und nicht als auf ein isoliertes Individuum angewandt betrachtet werden soll, sondern auf den Menschen unter anderen Menschen, zwangsläufig mit der Freiheit des oder der anderen kollidieren. So ist Beschränkung notwendig, die Kant in seiner Definition des Rechts in der „Metaphysik der Sitten" zum Ausdruck bringt: „Eine jede Handlung ist recht, die oder nach deren Maxime die Freiheit der Willkür eines jeden mit jedermanns Freiheit nach einem allgemeinen Gesetze zusammen bestehen kann[26]."

Bei Kant ist auffallend wenig vom Naturrecht die Rede. Das ist nach dem Vorhergesagten erklärlich: dasjenige, das bisher unter Naturrecht verstan-

---

[23] Metaphysik der Sitten, 318.

[24] Ebd.

[25] Ebd., 5.

[26] Ebd., 337.

den wurde, nämlich ein überpositives, für alle Menschen geltendes Recht, wird bei Kant aus dem Begriff der „Vernunft“ entwickelt, und zwar nicht länger aus einer *von der Natur eingestifteten* Vernunft, sondern aus dem auf menschlicher *Freiheit* basierenden moralischen Gesetz.

Diese Auffassung des Rechts in einer Situation der Koexistenz freier und vernünftiger Wesen, die sich gegenseitig mit den äußeren und inneren Wirkungen der Handlungen ihrer Selbstbestimmung berühren, ist seit Kant die ontologisch-anthropologische Basis jeder Deduktion und Definition des Begriffes der natürlichen und moralischen Ordnung unter den Menschen[27]. Die Natur hat gewollt, so sagt Kant in seiner Schrift „Idee zu einer allgemeinen Geschichte in weltbürgerlicher Absicht“, daß der Mensch all dasjenige, was über die mechanische Anordnung seines tierischen Daseins hinausgehe, „gänzlich aus sich selbst herausbringe, und keiner anderen Glückseligkeit, oder Vollkommenheit, teilhaftig werde, als die er sich selbst, frei von Instinkt, durch eigene Vernunft, verschafft hat“[28]. Wo der Mensch den „Leitfaden der Vernunft“ nicht aufgreift, tritt an diese Stelle „das trostlose Ungefähr“[29], die „Leere der Schöpfung in Ansehung ihres Zwecks“[30]. Größtmögliche Offenheit und enge Begrenzung auf das Menschenmögliche paaren sich in der Auffassung der freien Vernunft bei Kant, die — nunmehr völlig gelöst von allem kosmischen Denken — das Wesen der menschlichen „Natur“ ausmacht.

IV. Weiterführung und Unverändertheit des neuen „Natur“-Begriffs im deutschen Idealismus

Die Philosophie Kants verstand sich im wesentlichen noch als *Kritik*, und wenn auch seine Kritiken insgesamt bereits als ein eigenes System angesehen werden können, so tritt doch — wie Bocheński zu Recht feststellt[1] — der für das 19. Jahrhundert besonders charakteristische Zug: die ungemein starke *Tendenz zur Systembildung* („die Synthese überwiegt die Analyse“) vor allem bei den dem Denken Kants verpflichteten Vertretern des sog. deutschen Idealismus hervor. So entstanden die idealistischen Systeme Fichtes, Schellings und Hegels, in denen der neu gewonnene Begriff von Natur die Teilhabe der menschlichen Vernunft erkennen ließ. Abseits stand freilich immer noch die bloße „logische“ kausale Natur, die auch in keinem Denkansatz ganz ausgeschaltet werden konnte, aber eben doch als irrelevant angesehen wurde, weil sie

[27] Maihofer, Droit naturel et nature des choses, 236.

[28] aaO., 36.

[29] Ebd., 35.

[30] Ebd., 38.

[1] Europäische Philosophie der Gegenwart, 20.

der „wahren Natur des Menschen", der jetzt das Maß ausmachte, nicht entsprach.

1. Fichte

Der erste Denker, der auf Kants Kritizismus einen Systematizismus im vorerwähnten Sinne anbietet, ist Karl Leonhard Reinhold (1758-1823). In dem hier zur Erörterung stehenden Problem geht er indessen über Kants Denken nicht hinaus. Erst sein Nachfolger auf dem Jenaer Lehrstuhl, Johann Gottlieb Fichte, erarbeitet in seiner „Wissenschaftslehre" und in seinem „Naturrecht" einen Naturbegriff, der zwar dem Kantischen folgt, darüber hinaus aber eine Konkretisierung erfährt.

Im Gegensatz zu Descartes, dessen „cogito sum" einen in sich gekehrten und sich selbst „bestätigenden" Grund darstellt, besteht das Fichte'sche *„Ich"* in der *Tathandlung:* nicht ein seiendes Ich läßt die Handlung hervorgehen, sondern in der seienden Handlung erst entsteht das scheinbar Substrathafte, das Ich, so daß der erste Grundsatz der Fichte'schen Wissenschaftslehre lautet: „Das Ich *setzt* sich selbst." Im Gegensatz zu Kant hat das außerhalb des Ichs Liegende nicht das Wesen des An-sich-Seins. Das Ich bringt vielmehr die Vorstellung eines von ihm unabhängigen Nicht-Ich mit innerer Notwendigkeit hervor — ein solches Vermögen kann aber nur in der *Tätigkeit* des Ich gesehen werden. In dieser „produktiven Einbildungskraft" sah Nicolai Hartmann mit Recht die Größe des Fichte'schen Denksystems[2].

Wie das Ich sich selbst schaffend setzt, so *begrenzt* es sich auch selbst in der Weise, daß es als unreflektierten Außenaspekt die reale Welt der Dinge erkennt. So wird die *Realität des Nicht-Ich* bei Fichte *„Natur"* genannt, freilich kann sie nur in der Erhebung über die „natürliche" Natur begriffen werden. Fichte verwendet zwar in seiner *Rechtslehre* den „alten mißverständlichen Begriff ‚Naturrecht'"[3], indessen differenziert er wie Kant: das innere Handeln des vernünftigen Wesens geschieht entweder notwendig oder mit Freiheit[4], und was das Recht anbelangt, so ist sein Begriff der von dem notwendigen Verhältnisse freier Wesen zueinander[5]. Denn als freies Wesen muß der einzelne Mensch außerhalb seiner selbst andere freie Wesen anerkennen und durch die Möglichkeit der Freiheit dieser seinen eigenen Begriff als freies Wesen einschränken: „Das endliche Vernunftwesen kann nicht noch andere endliche Vernunftwesen außer sich annehmen, ohne sich

---

[2] Die Philosophie des deutschen Idealismus, 58.

[3] N. Hartmann, 89.

[4] Grundlage des Naturrechts nach Prinzipien der Wissenschaftslehre, 2.

[5] Ebd., 8.

zu setzen, als stehend mit denselben in einem bestimmten Verhältnisse, welches man das Rechtsverhältnis nennt[6]."

So liegt der Rechtsbegriff auch für Fichte im Wesen der *Vernunft* und von daher erhält das von ihm im Begriff Naturrecht gebrauchte Integral „Natur" die erste entscheidende Kennzeichnung, nämlich *„vernünftige" Natur*[7].

Soll nun die Grundfrage der Rechtswissenschaft: Wie ist eine Gemeinschaft freier Wesen als solche möglich?[8], nicht allein vom positiven Recht, sondern vom Naturrecht entschieden werden[9], so muß näher auf das eingegangen werden, was Fichte mit „vernünftige" Natur, d. h. „Vernunft", meint. Wie bereits angedeutet, ist das tragende Element des Begriffes die „Freiheit": „Das Rechtsgesetz ... ist bestimmt. Es ist dargetan, daß es keineswegs ein mechanisches Gesetz, sondern ein Gesetz für die Freiheit sei ...[10]." Im Gegensatz dazu steht, wie bei Kant, das mechanische Gesetz der eigentlichen (kosmischen) Natur — diese kann sich nicht verändern, jede Veränderung widerstreitet ihrem Begriff. Am Beispiel einer Stahlfeder erläutert Fichte den Gegensatz Natur (Notwendigkeit) / Freiheit[11]: Das Streben einer herabgedrückten Stahlfeder besteht darin, das sie Drückende zurückzustoßen. Kommt dieses Streben aus ihr? Ist es eine innere Wirkung aus ihr selbst heraus? Es scheint so, da in dem sie herabdrückenden Körper nicht der Grund dafür liegen kann, daß sie Widerstand leistet und nach oben strebt (hier wird noch einmal deutlich die Abkehr vom griechischen physis-Gedanken, der im vorläufigen Auffassen zwar immer wieder aufscheint, dabei jedoch sogleich den Charakter seiner „Ungültigkeit" offenbart). Also eine „Selbstbestimmung" der Feder, die bei einem vernünftigen Wesen ein Akt des Wollens wäre? Wenn nun, so argumentiert Fichte, der äußere Druck weggelassen wird, was bleibt übrig, „wodurch noch immer die Stahlfeder als solche gedacht wird; und was ist das Übrigbleibende?"[12]. Offenbar dasjenige, zufolgedessen ich erkenne, daß eine Stahlfeder, sobald auf sie ein Druck ausgeübt wird, sie demselben entgegenstrebt, ihre innere Tendenz, also ein Gegenstreben, eine Elastizität darstellt. Während dies jedoch, von dem Objekt her betrachtet, ohne jegliches Bewußtsein desselben sich vollzieht, fallen im Ich Sein und Bewußtsein dergestalt zusammen, daß eines

[6] Ebd., 41 u. 52.
[7] Ebd., 52.
[8] Ebd., 85.
[9] Vgl. hierzu N. Hartmann, 89.
[10] Naturrecht, 91.
[11] Das System der Sittenlehre nach den Prinzipien der Wissenschaftslehre, 26 ff.
[12] Ebd., 27.

ohne das andere nicht angenommen werden kann. „Alles Sein bezieht sich auf ein Bewußtsein, und selbst die Existenz eines Dinges läßt sich nicht denken, ohne eine Intelligenz dazu zu denken, die von dieser Existenz wisse: nur wird dieses Wissen nicht in das Ding selbst verlegt, welches ist, sondern in eine Intelligenz außer ihm[13]."

Daher kommen dem Menschen Bedenken, einem Ding, etwa einer Stahlfeder, *Freiheit* zuzuschreiben. Nähme man an, ihr Widerstand bei Ausübung eines Druckes auf sie erfolge aus ihrer (freien) Natur, so muß dem entgegengehalten werden, daß man den Widerstand (Zeitpunkt seines Eintritts, Maß seiner Intensität) nach notwendigen physikalischen Gesetzen berechnen kann. Sie ist hierzu bestimmt, bestimmt sich aber selbst nicht und ist mithin nicht frei. *Selbstbewußtsein* und *Selbstbestimmung* sind somit Wesensmerkmale des Freiheitsbegriffs Fichtes. Während die Natur eines Dinges nichts anderes ist, als ein Gesetztes derselben durch das Ich[14] (nicht etwa wird das Ding *vor* seiner Natur *sein* gelassen!), mithin Bindung des Anschauens, Notwendigkeit, ist das Setzen, die Selbsttätigkeit: Freiheit.

Fichte kommt es gegenüber Kant nicht darauf an, ob Freiheit *wirklich ist* oder *nicht*. Entscheidend ist das *Seinsollen*, die *Aufgabe* — Freiheit wird nicht *statisch* gedacht, sondern *dynamisch*. Deutlich tritt hier der Charakter der Selbstbestimmung hervor, die das Ich vollzieht: es geschieht dialektisch. „Das Vernunftwesen, welches ... sich selbst als absolut frei und selbständig setzen soll, kann dieses nicht, ohne zugleich auch seine Welt theoretisch auf eine gewisse Weise zu bestimmen[15]." Das Denken seiner selbst und das Denken seiner Welt geschehen durch denselben Akt und sind absolut ein- und dasselbe Denken, „beides integrierende Teile einer und eben derselben Synthesis"[16].

Die Freiheit ist somit theoretisches Prinzip bei Fichte. Nach der vorerwähnten Auffassung des Rechts als der Möglichkeit einer Koexistenz freier Wesen als solcher untereinander kann der vernünftige Gebrauch der Freiheit im Akt der Selbstbestimmung des Ichs nichts anderes bedeuten, als immerwährende Tätigkeit zur Schaffung ihrer sinnvollen Beschränkung. Den Ort hierfür sieht Fichte im gemeinen Wesen, im *Staat*. „Was wir aber an der einen Seite verlieren, erhalten wir an der anderen mit Gewinn wieder; der Staat selbst wird der Naturzustand des Menschen, und seine Gesetze sollen nichts anderes sein, als das realisierte Naturrecht[17]." „Hierdurch fällt das Naturrecht weg", heißt es

---

[13] Ebd., S. 30.
[14] Ebd., S. 34.
[15] Ebd., S. 75.
[16] Ebd.
[17] Naturrecht, 149.

weiter[18] — in der Bedeutung: hier hat die aus dem Prinzip, dem „Urrecht", der Freiheit gespeiste Vernunft ihr Äußerstes erreicht, sie hat sich im Idealfall verwirklicht, so daß sie sich gleichsam zurückziehen, auflösen kann. Der Staat mit ebenfalls sich aus dem Vernunftdenken ergebenden Zwangsgesetzen ist für Fichte so „realisiertes Naturrecht" — und um ein Beispiel für „angewandtes" Naturrecht, d. h. vorgestellte Verwirklichung der Vernunft, zu geben, schrieb er schließlich seinen „geschlossenen Handelsstaat", der sich freilich in einzelnen Partien, trotz des gleichen Ursprungs im Gedanken der Freiheit von Kants „weltbürgerlicher Gesellschaft" nicht unerheblich entfernt.

2. Schelling

Bei Schelling wird der Wandel in der Auffassung vom Begriff der „Natur", wie er sich im deutschen Idealismus vollzogen hat, noch einmal besonders deutlich, und zwar sowohl in der Erarbeitung des „neuen" Natur-Begriffs als auch in der Problematik seiner Abgrenzung gegenüber der herkömmlichen Auffassung.

Schon in einer Frühschrift des Achtzehnjährigen ist in einer romantisierenden Betrachtung davon die Rede, daß der Mensch mit seinem Erwachen zu höherer Tätigkeit die Natur seinem Verstande begreiflich zu machen sucht: „Vorher war er Freund der Natur, jetzt ist er ihr Gesetzgeber, vorher suchte er in der ganzen Natur sich zu empfinden, jetzt sucht er die ganze Natur, um sich selbst zu erklären, vorher suchte er im Spiegel der Natur sein Bild, jetzt sucht er das Urbild der Natur in seinem Verstande[19]." So hat er denn auch die gesamte Philosophie als eine „Naturlehre" des menschlichen Geistes begriffen[20].

War Fichtes Denken allein aus dem Kampf um die Freiheitsidee hervorgegangen, der alles Natürliche vernichten mußte, indem er es in einem schöpferischen Akt der Freiheit *aufhob*, so stellt sich Schelling die Aufgabe, die Natur zu *„restaurieren"*[21]. Sein Denken setzt mit der *Naturphilosophie* ein. Stand nach Kant die Natur unter den Gesetzen des Verstandes und war sie nach Fichtes Wissenschaftslehre direkt ein Produkt des Ich, so erkannte Schelling *in ihr selbst* das Schaffen einer Intelligenz, und zwar einer unbewußten, deren Entwicklungsphasen zugleich die Stufen der Naturprodukte waren, und deren höchste Stufe und Endzweck sich als der bewußte Geist offenbarte, als dessen Träger sich der Mensch vorfand.

---

[18] Ebd.

[19] Über Mythen, historische Sagen und Philosopheme der ältesten Welt, 1793, 74.

[20] Ideen zu einer Philosophie der Natur, 39.

[21] N. Hartmann, 107.

Für ihn ist die Natur zunächst autonom und autark[22]. Aufgabe seiner Naturphilosophie ist es daher, das Ideelle aus dem Reellen zu erklären[23] — Nicolai Hartmann spricht hier vom „Real-Idealismus" Schellings[24]. Der Organismus der Natur nun birgt den unbewußten Geist, der sich aus ihr entfaltet. Hier scheint der metaphysische Grundgedanke der Einheit von Natur und Geist auf. Dieser Geist ist das Schaffende, das Produzierende in der Natur, die natura naturans[25]. So ist z. B. die Regelmäßigkeit in allen Bewegungen der Natur nicht darauf zurückzuführen, daß die Natur vollkommenste Geometrie, vielmehr darauf, daß die vollkommenste Geometrie das Produzierende der Natur sei, „durch welche Erklärungsart das Reelle selbst in die ideelle Welt versetzt wird und jene Bewegungen in Anschauungen, die nur in uns selbst vorgehen, und denen nichts außer uns entspricht, verwandelt werden"[26]. Hier ereignet sich der Sprung ins Ideelle, dessen Gegenstück dann Aufgabe der Schelling'schen Transzendentalphilosophie wird: nämlich die Aufgabe der Unterordnung des Reellen unter das Ideelle.

Die sich aus dem Identitätsgedanken ergebende Problematik des dialektischen Verständisses von Natur und Geist, von Reellem und Ideellem, löst Schelling dadurch, daß er den Geist in der Identitätsphase den unbewußten Raum der subjektiven Intelligenz einnehmen läßt — insoweit geht er über Fichte hinaus[27]. Allein durch dieses unbewußte Produzieren des Subjekts kann dieses zu einer scheinbaren Objektivität im Sinne des Vorgegebenen einer empirischen Realität gelangen, es kann so etwas wie eine Natur a priori geben[28]: „Nicht also kennen wir die Natur, sondern die Natur ist a priori, d. h. alles Einzelne in ihr ist zum Voraus bestimmt, durch das Ganze oder durch die Idee einer Natur überhaupt[29]."

Ein „System des transzendentalen Idealismus" ist auch für Schelling nicht möglich ohne die Zugrundelegung der Freiheit des menschlichen Subjekts. Freiheit ist für Schelling das Vermögen des „Guten und Bösen, das beides seinen Ursprung in Gott hat"[30] — insofern erscheint der Mensch als „Erlöser der Natur"[31], die in sich nichts kennt als mecha-

---

[22] Erster Entwurf eines Systems der Naturphilosophie, 17.

[23] Einleitung zu dem Entwurf eines Systems der Naturphilosophie, 272.

[24] Ebd., 114.

[25] Aphorismen zur Einleitung in die Naturphilosophie, 202 ff.

[26] Einleitung . . ., 271/272.

[27] Hartmann, 123.

[28] Einleitung . . ., 278.

[29] Ebd., 279.

[30] Philosophische Untersuchungen über das Wesen der menschlichen Freiheit und die damit zusammenhängenden Gegenstände, 352, 358 ff.

[31] Ebd., 411.

nische Kausalität. Er fordert, daß eine „zweite und gleichsam höhere" Natur über der ersten errichtet werden müsse, „in welcher ein Naturgesetz, aber ein ganz anderes als in der sichtbaren Natur herrscht, nämlich ein Naturgesetz zum Behuf der Freiheit" zu gelten habe[32].

Mit der gleichen strengen Notwendigkeit, mit der in der sinnlichen Natur Ursache und Wirkung aufeinanderfolgen, müsse in dieser zweiten Natur einem Anrecht auf die Freiheit augenblicklicher Widerspruch folgen. Als diese zweite Natur erkennt Schelling die *Rechtsverfassung* und in den Gesetzen dieser zweiten Natur die *Rechtsgesetze*[33].

So gelangt Schelling zu seiner „Neuen Deduktion des Naturrechts", dessen Inhalt aus der im Vorstehenden skizzierten Naturphilosophie, den Ansätzen zum transzendenten Idealismus und dem Identitätsdenken verständlich wird. Wie Kant geht er von der Unmöglichkeit aus, daß jedes moralische Wesen seine Freiheit behaupte, solange die unbedingten Freiheiten aller moralischen Wesen sich im empirischen Streben widersprechen[34].

Eine Einschränkung der Individualität ist also erforderlich. Hier sieht Schelling den Übergang von der *Moral*, deren Erstreben er dem Einzelwesen zuordnet, zur *Ethik*, „ein Gebot, das ein Reich moralischer Wesen voraussetzt und die Selbstheit aller Individuen durch die Forderung, die sie aus Individuen macht, sichert"[35]. Das Problem der Ethik besteht also darin, die Freiheit des Individuums durch die *allgemeine* Freiheit zu erhalten[36]. Seine Lösung ist nur dialektisch möglich: der Kantische kategorische Imperativ erhält bei Schelling die Form des Gebots, so zu handeln, wie alle übrigen handeln können, damit diese ebenfalls so handeln können wie ich handele[37]: ich gebe mir selbst den allgemeinen Willen als Gesetz auf, ich „werde allgemein"[38].

Recht aber, dessen Aufgabe es ist, die Beziehungen der Individuen untereinander zu regeln und die Freiheit des einzelnen, soweit möglich, sicherzustellen, muß notwendig, da es in seinem Grunde nur Beschränkungen enthält, *Zwangsrecht* sein. Die Ausübung von Zwang indessen zerstört die Sphäre der Freiheit und *tritt in die der Natur zurück*. Der Zwang Ausübende wird für den Menschen Objekt, das er heteronomisch durch Naturgesetze bestimmt, so daß jedes Recht notwendig Naturrecht wird, d. h. ein Recht, „das ich nach bloßen Naturge-

---

[32] System des transzendentalen Idealismus, 583.
[33] Ebd.
[34] Neue Deduktion des Naturrechts, 251, § 25.
[35] Ebd., 52, § 31.
[36] Edb., 253, § 36.
[37] Ebd., 254, § 41.
[38] Hierzu Hollerbach, Der Rechtsgedanke bei Schelling, 106.

setzen behaupte, und im Streit gegen welches jedes Wesen bloßes Naturwesen für mich ist"[39]. So gelangt Schelling schließlich zu der Erkenntnis, daß das Naturrecht in seiner Konsequenz (sofern es zum Zwangsrecht wird), *sich notwendig selbst zerstört*, d. h. alles Recht aufhebt, da das Letzte, dem es seine Erhaltung anvertraut, die physische Übermacht sei.

Was den Begriff der *„Natur"* im Verständnis des Naturrechts anbetrifft, so ist Schelling der konsequenteste der idealistischen Denker. Dies hängt möglicherweise mit seinem starken sprachphilosophischen Interesse zusammen[40], das ihn veranlaßte, den Terminus „Naturrecht" so wörtlich wie möglich zu nehmen. Zwar klingt in seinem Sprachgebrauch noch wiederholt das Verständnis von Naturrecht als dem Recht an, das aus der vernünftigen freiheitlichen Wesensstruktur des Menschen folgt[41]. Im eigentlichen Sinne versteht er es aber als Zwangsrecht mit *kausalem, naturgesetzlichem* Charakter, in seiner rationalistisch-mechanistischen Art der Freiheit, der Autonomie, dem Geist entgegengesetzt. An Stelle des Rechts entscheidet in der Natur nur noch physische Gewalt.

Wie Fichte vom Rechtsbegriff zu einer Ableitung des Urrechts, von diesem zum Zwangsrecht und schließlich zum Staatsrecht gelangt, das für ihn einen Teil des angewandten Naturrechts bildet, so klingt auch bei Schelling der Gedanke an, daß mit dem Verlust des Naturrechts auf der anderen Seite per Zwangsrecht *der Staat selbst* der Naturzustand des Menschen sein müsse[42]. Daher ist auch für Schelling der Staat eine zweite (höhere) Naturordnung, welche die Freiheit des Menschen zum Ziele hat[43].

Mit seltener Konsequenz hat also Schelling in seinem Rechtsdenken den kausalen, kosmischen Begriff der „Natur" zu Ende gedacht. Naturrecht trägt von nun an den Makel des der Freiheit entgegenstehenden Rechtes, sofern man „Natur" nicht begreift als aus eben dieser Freiheit des vernünftigen Wesen hergeleiteter Selbstbestimmung des Menschen, wie Kant, Fichte und schließlich auch Schelling es in der Weise einer Überhöhung der kosmischen Natur durch eine andere (zweite) „Natur" erkannt haben.

3. Hegel

Für Hegel stellt die *Natur* eine der vielen Entwicklungsstufen des absoluten Geistes dar. Im Gegensatz zu Kant, Fichte und Schelling

[39] Neue Deduktion ..., 278, § 161.

[40] Hierzu Hollerbach, 113 mit Nachweisen.

[41] Hollerbach, 113/114.

[42] A. A. Hollerbach, 117.

[43] Hollerbach, 260.

sieht er ihre Abgrenzung und Überhöhung durch die Vernunft nicht als eine Bewegung an, die sich im isolierten Subjekt vollzieht. Denken und Erkennen könne man nicht, wie Kant und Fichte meinten, als ein lediglich subjektives Setzen nehmen, jenseits dessen das Ding an sich grundsätzlich unerkennbar bleibe[44]. So könne auch die Vernunft nicht auf ein abstrakt Subjektives reduziert werden, demgegenüber die gesamte *objektive* Realität als ein außerhalb der Vernunft Seiendes erscheine[45].

Man hat hier von der Aufhebung individualistischer (Rechts-)Philosophie (insbesondere Kants) durch Gemeinschaftsphilosophie gesprochen[46] und Zweifel daran angemeldet, ob Hegel noch dem Idealismus zuzurechnen sei[47]. Im ersteren Falle wurde jedoch in dem sich immer wiederholenden Wechselspiel zwischen Absolutheit von Begriff und Geist einerseits und der stufenmäßig angelegten Bewußtseinswerdung in der Idee allzu rasch eine Verlagerung des Schwerpunktes vom Subjektiven zum Objektiven im gebräuchlichen Sinne vorgenommen, im letzteren Falle verkannt, daß Hegel konsequent dort weitergedacht hat, wo der Idealismus Kants, Fichtes und Schellings stehengeblieben war und — jedenfalls gegenüber den beiden Letztgenannten — erstmals ein System errichtet hat, das die idealistischen Denkansätze seiner Vorläufer folgerichtig zu Ende führte, wenn der Idealismus hierbei auch, freilich in höherem Sinne, aufgehoben wurde.

Alles Wirkliche ist bei Hegel *Begriff*, in ihm sind Unterschied und Widerspruch selbst geborgen, so daß es zum Bewußtwerden, zur Erlangung des Selbstbewußtseins und schließlich zur Erreichung der Vernunft lediglich der Entfaltung des Begriffs bedarf. Diese Entfaltung vollzieht sich stufenweise, in der bekannten Methode der Dialektik: der Setzung, Gegensetzung und Ineinssetzung. Movens dieser Entfaltung ist ein absolutes Wollen, und zwar das Wollen des Denkens, zu höchster Gewißheit seiner selbst zu gelangen: Sein als die sich wollende Selbstgewißheit. So verstanden, hat im Denken Hegels der Mensch nicht Vernunft, sondern die Vernunft hat *ihn*[48], denn sie bietet sich dar als

---

[44] Logik II, 444.

[45] Phänomenologie des Geistes, 181.

[46] Verdross, Abendländische Rechtsphilosophie, 158.

[47] Vgl. hierzu Seeberger, Hegel oder die Entwicklung des Geistes zur Freiheit, 89.

[48] Seeberger, 451 — denn was immer das Individuum in seinem Tun verfolgt, je und je tendiert der Geist zu seiner Selbstverwirklichung, auch und gerade mittels der privaten Eigenschaften der Individuen. Gleichsam in Überlistung des „inneren Menschen“ bewirkt die Vernunft, daß das Individuum im Verfolgen persönlicher Zwecke zugleich jederzeit das gemeinsame Prinzip realisiert. Dies ist die „List der Vernunft“ in der Geschichte — der Mensch dient dem Prinzip, ohne davon zu wissen.

Einheit sämtlicher ihr in der logischen Entwicklung vorausgegangener Stufen des sich entwickelnden Geistes[49]. Gleichwohl trägt der Mensch etwas von dieser einheitlichen allgemeinen Vernunft als Moment im Prozeß der Selbstgewißwerdung des Begriffes, als Idee, in sich: das Absolute ist auch bei ihm, so daß dessen Erkennen „Widerschein" des absoluten Selbst ist[50]. Und in der konkreten *subjektiven* Vernunft erlangen Seele, Bewußtsein, Intelligenz, Selbstbewußtsein, etc. — kurz: alle Stufen der Entwicklung des absoluten Geistes — auch ihre volle *Wirklichkeit.*

Hieraus ist der oft mißgedeutete Satz Hegels zu verstehen: „Was vernünftig ist, das ist wirklich; und was wirklich ist, das ist vernünftig[51]." Vernunft ist sowohl selbstbewußter Geist als auch vorhandene Wirklichkeit, aber nicht nebeneinander, sondern in einem Verhältnis der Entwicklung des Werdens zueinander stehend: „Was jene Vernunft von dieser scheidet und in ihr nicht die Befriedigung finden läßt, ist die Fessel irgendeines Abstraktums, das nicht zum Begriffe befreit ist[52]." Diese Befreiung zum Begriffe als höchste Stufe der Entwicklung des absoluten Seins, die letztlich nichts anderes ist als ein Werk des Begriffes selbst[53], ist als völliges „Zu-sich-kommen", als Erlangung von Wesenheit gleichzusetzen mit dem höchsten Ziel des Geistes und dem Endzweck der Welt, nämlich mit der Freiheit[54]. Diese Freiheit *ist* nicht, sie muß *werden*, sie ist dem Menschen eingeboren als „blind wirkender Telos"[55], als bloße Möglichkeit, und muß zu konkreter Wirklichkeit erhoben werden, was wiederum nur geschehen kann, wenn sich das Wissen ihrer bemächtigt, wenn der Geist zum Selbstbewußtsein von Freiheit gelangt[56]. Geschichte ist Fortschritt im Bewußtsein der Freiheit. Da bei Hegel die Freiheit des absoluten Geistes zugleich die Freiheit des Selbstbewußtseins ist, stellt eine Ordnung, die dem Gebrauchmachen von der Freiheit in der sozialen Welt Grenzen setzt, anders als bei Kant und Fichte, *keine* Beschränkung dar, sondern führt allererst, sofern dadurch der Begriff konkretisiert wird, zur Freiheit hin[57].

Diese einzigartige Verklammerung von Freiheit und Wirklichkeit ist ein entscheidendes Moment im Denken Hegels. Die unfreie, weil nicht zum Begriff gelangte, Wirklichkeit, das bloß Vorhandene, die

---

[49] Enzyklopädie, § 439.
[50] Heidegger, Hegels Begriff der Erfahrung, 120.
[51] Grundlinien der Philosophie des Rechts, 14.
[52] Ebd., 16.
[53] Ebd., 19.
[54] Vorl. üb. d. Phil. d. Weltgeschichte, Einleitung, 63, 174/175; Recht, 44 § 27.
[55] Seeberger, 592.
[56] Weltgeschichte, Einleitung, passim.
[57] Ebd., Einleitung, 117/118, 162/163.

„faule Existenz“, wie Hegel es einmal nennt[58], ist trotz der Mannigfaltigkeit ihrer Erscheinungsformen das unaufgeschlossene Reich der Finsternis[59]. Sie kann von der unmittelbaren Empfindung, der sinnlichen Gewißheit, der Wahrnehmung und dem reflektierenden Verstande nicht erfaßt werden[60], und erscheint so als die abstrakteste und ärmste Wahrheit, weil sie von dem, was sie weiß, nur dies auszusagen vermag: daß es ist und ihre Wahrheit allein das Sein der Sache enthält[61]. Das Bewußtsein ist hier isoliertes Ich, korrespondenz- und beziehungslos zum Begriff.

In dieser Sphäre ist die *Natur* zu suchen. Hegel bezeichnet sie als „entäußerten Geist“[62], als die „Idee ihres Andersseins“[63] — sie tritt gleichsam aus dem Geist heraus, bleibt aber von ihm abhängig, da sie unfrei, taube Notwendigkeit ist[64], die sich von ihren Gegenständen nicht freizusprechen vermag[65]. Ihre Wirklichkeit wird nicht geleugnet. Hegel stellt sie jedoch der Realität gegenüber, die hier mehr meint als bloße Übersetzung für Wirklichkeit[66]. In der Realität ist das wahrhaft Seiende anzutreffen, Realität ist *vernünftige* Wirklichkeit im oben erwähnten Sinne. So ist schließlich auch der Ausdruck „Naturrecht“ irreführend, da er die Zweideutigkeit enthält „ob das Recht als ein in unmittelbarer Naturweise vorhandenes, oder ob es so gemeint sei, wie es durch die Natur der Sache, d. i. den Begriff, sich bestimme ... In der Tat aber gründen sich das Recht und alle seine Bestimmungen allein auf die freie Persönlichkeit, eine Selbstbestimmung, welche vielmehr das Gegenteil der Naturbestimmung ist“[67]. So steht die Natur der Freiheit und dem Begriff des Geistes überhaupt entgegen[68], ihr Zustand ist der der Gewalttätigkeit und des Unrechts. Bedeutung kann sie nur erhalten durch vernünftige, intellektuelle, sittliche Überhöhung. Dies wiederum geschieht im unendlichen Prozeß der Erlangung des Selbstbewußtseins des Weltgeistes in der Verwirklichung der menschlichen Freiheit, deren Idee der Staat ist[69].

---

[58] Ebd., Einleitung, 55.
[59] Logik II, 480; Seeberger, 145.
[60] Ästhetik, 12.
[61] Phänomenologie des Geistes, 79.
[62] Ebd., 563.
[63] Enzyklopädie, 51, § 18.
[64] Nürnberger Schriften, 143.
[65] Vgl. Heidegger, aaO., 136.
[66] Phänomenologie, 67.
[67] System der Philosophie, 390 (§ 502).
[68] Recht, 39.
[69] Ebd., 67.

V. Zusammenfassung

Im Vorstehenden sollte aufgezeigt werden, wie der materielle Gehalt dessen, was unter „Natur" verstanden wurde, sich innerhalb von eineinhalb Jahrtausenden gewandelt hatte. Diese Veränderung vollzog sich demgemäß auch im Verständnis von *Naturrecht,* denn seine Abhängigkeit von der „Natur"-Vorstellung ist evident[1].

Natur war in der *nachplatonischen* Zeit gottgleiches oder doch gottähnliches Abbild des ewigen, alles menschliche Sein überdauernden, Gesetzes, Gestalt unendlicher Wesenheit überhaupt, bewegende Kraft des Stoffes, Weltvernunft, Musterordnung, Ausdruck der höchsten Wahrheit, allgemeinverbindlich — eine lex aeterna, an der der Mensch *unmittelbar* teilhatte.

Natur war einige Jahrhunderte später dem Menschen entrückter, der Mensch erkannte sich als Geschöpf und Geschöpfter Gottes — wie den Abdruck eines fernen Bildes trug er eine Vorstellung von der ordo naturalis bei sich, von einer anderen lex aeterna, hinter der er jetzt weit zurückblieb. Christliches Wertdenken beherrschte das Verhältnis des Menschen zu Gott, zur Natur — in den Anschauungen der Stufenlehre des Thomas von Aquin, nach denen vom unbeseelten Leben über Pflanze, Tier, Mensch, Engel, Gott das Innesein in und gleichzeitig das Wahrwerden und Gewahrwerden der Natur sich ereignet, kommt dies zum Ausdruck.

Natur war in diesem ihrem Entrücktsein für den Menschen kleiner geworden, unbedeutender. Das ihr anhaftende Universale mußte schließlich nach langem Ringen hinter die pure Wirklichkeit der Dinge zurücktreten, die den Menschen je und je umgaben. Für das Naturrecht bedeutete dies: sein Inhalt kam von „oben" her, von Gott, nicht von *„unten"*, von der Natur — Natur war „herabgeholt" worden.

Innerhalb der Veränderungen, des mehrfachen Umbruchs, den der Begriff „Natur" in der neuzeitlichen geistesgeschichtlichen Entwicklung durchzumachen hatte, ist hier ein vorläufiger Abschluß zu sehen. Vor-

---

[1] Vgl. hierzu die von Erik Wolf im I. Kapitel seines Buches „Das Problem der Naturrechtslehre" aufgestellten 12 Thesen, in denen die Abhängigkeit des Naturrechtsgedankens vom Begriff der Natur eingehend dargestellt ist. Freilich ist im II. Kapitel umgekehrt die Abhängigkeit des Naturrechtsgedankens vom Begriff des *Rechts* aufgezeigt. Hier handelt es sich jedoch um die verschiedenen Weisen des „Ankommens" von Naturrecht, des „Eingegliedert-Werdens" in dasjenige Recht, das sich vom Naturrecht unterscheidet, sei es nun positives Recht, Ordnungsgefüge, Gerechtigkeit, Nützlichkeit, Sicherheit, Menschlichkeit u. a. „Natur" ist *eher* da, und sie ist *immer* da, folglich auch das Naturrecht, und zwar streng angewiesen auf dasjenige, das unter „Natur" je verstanden wird. Seine *Ausdeutung* hingegen unterliegt den Kriterien des jeweiligen Normengefüges, zu dem Naturrecht als abgegrenzt *geleugneter* oder *ergänzender* Bereich hinzutritt.

läufig deswegen, weil eine umgekehrte Bewegung nunmehr in Gang gebracht wird: dasjenige, das den Menschen bisher geleitet hatte, das ihm als das Nicht-Angreifbare erschienen war, bietet sich ihm jetzt als etwas an, an dem er nicht länger nur passiv teilhat.

Der Mensch glaubt nämlich, endlich den wirklichen *Grund*, den Ursprung der Natur gefunden zu haben. Indessen ging dieser Ursprung gerade mit jener Scheinerkenntnis *verloren*. Wenn Kant am Ende dieser Epoche feststellen konnte: „Bisher nahm man an, alle unsere Erkenntnis müsse sich nach den Gegenständen richten: aber alle Versuche, über sie a priori etwas durch Begriffe auszumachen, wodurch unsere Erkenntnis erweitert würde, gingen unter dieser Voraussetzung zunichte. Man versuche es daher einmal, ob wir nicht in den Aufgaben der Metaphysik damit besser fortkommen, daß wir annehmen, *die Gegenstände müssen sich nach unserer Erkenntnis richten* ...[2] oder: Die Naturforscher müssen „... die Natur nötigen ...", auf ihre Fragen zu antworten, *nicht aber sich von ihr allein gleichsam am Leitband gängeln lassen*[3] — wenn Kant diese Feststellungen trifft, so gibt er damit dem entscheidenden Umbruch Ausdruck, der im Verständnis von „Natur" eingetreten war.

Eingeleitet worden war diese neue Sicht durch das *mathematische* Begreifen der Welt, das seinen eigenen Charakter darin hatte, daß den Dingen *vor* ihrer Befragung bereits ein Entwurf des Seienden, der Welt, der Natur, „untergeschoben" wurde, so daß sich die Antwort stets im Rahmen dieses Entwurfs halten mußte. Das Ergebnis bewegte sich so ausschließlich in der Ebene von Stimmigkeit und Unstimmigkeit, der Durchbruch zur Wahrheit indessen war verwehrt.

Höchstes Ziel des Denkens war das *System* geworden, möglichst ein absolutes — ein einzelnes Ding, ursprünglich ein Natur-Ding, zählte nur noch, soweit es sich in eines der Systeme *eingliedern* ließ per Zahl, Maß oder Gewicht. Die reine mathematische Erkenntnis wurde ihrer leichten Begreiflichkeit für den menschlichen Intellekt wegen schlechthin für die Selbstgewißheit der Natur gehalten[4].

Die auf diese Weise aus der Vernunft geborene neue „Natur" wurde bald auch Grundlage *geisteswissenschaftlicher* Entwürfe. Descartes war es, der zuerst jenen Punkt außerhalb des Seienden, des Weltganzen, der Natur, fand. Nach anfänglichen ernstesten Zweifeln („Ich glaubte ..., sie [sc. die mathematischen Wissenschaften] fänden nur in den mechanischen Künsten Verwendung ...") entdeckt er jenes *mathemata*,

---

[2] Kritik der reinen Vernunft, Vorrede zur zweiten Aufl, XVI (Hervorhebung von mir); vgl. auch oben (III).

[3] aaO., XIII (Hervorhebung von mir), vgl. oben (III).

[4] Vgl. oben (II, 1 — Galilei).

das als das Grundlegende, das Prinzip, der Entwurf des Metaphysischen gelten konnte: die Selbstgewißheit des Ich. So kommt er alsbald zu der Einsicht, daß die Erkenntnis der Dinge vom Verstand abhängig sei, nicht umgekehrt dieser von den Dingen.

Nunmehr hatte also der Mensch die Natur fest am Leitbande, um mit Kant zu reden (freilich vorerst noch unbewußt — „gebundene Vernunft"). Mit dem Herüberholen des *Systems* von den Naturwissenschaften in die Geisteswissenschaften bedurfte es seitens der Jurisprudenz nur noch eines weiteren Schrittes, um den Versuch zu unternehmen, *auch das Recht* in ein System der Ordnung zu bringen. Oldendorp, Biel, Althusius, Grotius, Pufendorf entwickelten Naturrechtssysteme auf „mathematischer" Basis.

„Natur" hatte sich angeschickt, für die menschliche Vernunft „verfügbar" zu werden, war dabei jedoch vorerst weitgehend noch im kosmischen Bereich verblieben. Kant schließlich befreite die Vernunft zu sich selbst. In jenem Bereich, in dem das Naturrecht anzusiedeln ist, galt fortan die Freiheit, die *Autonomie* des Willens als das alleinige Prinzip aller moralischen Gesetze und der ihnen gemäßen Pflichten. Kant erhellte das Dunkel: mit den bloß empirischen Voraussetzungen menschlicher Vernunft könne nichts erreicht werden, entscheidend, auch für das, was unter „Natur" verstanden werde, sei der Ansatz eines apriorischen „Bestecks".

Auf einem derart großartigen Denkansatz konnte nunmehr das System Naturrecht weiter auf- und ausgebaut werden. Im Rahmen der idealistischen Philosophie begann es einen festen Platz einzunehmen, von dem aus es bis in die Neuzeit seinen Einfluß geltend macht: als Entwurf einer vernünftigen Selbstbestimmung nach allgemeinen Gesetzen der Freiheit.

VI. Die Verwirklichung des neuen „Natur"rechts

Mit der Aufzeichnung des in den Denkansätzen Kants, Fichtes, Schellings und Hegels deutlich gewordenen Umbruchs des Verständnisses von „Natur" sollte in etwa die Richtung gewiesen werden, in der nun in der Theorie und Praxis des Rechts die Handhabung *naturrechtlichen* Gedankenguts erfolgte.

Naturrecht, systematisiert und gespeist aus der menschlichen Vernunft, begann, alles positive Recht als dessen „ratio" zu durchziehen, es wurde zur regula richterlicher Entscheidung, man konnte es anwenden: es wurde *konkret*. Es begann eine *systematische Neuordnung des Rechtsstoffes*[1].

[1] Wieacker, Privatrechtsgeschichte der Neuzeit, 323.

In den Kodifizierungen jener Zeit bildete die „natürliche menschliche Vernunft" die Grundlage jeglicher Normierung.

Nach der bayerischen Privatrechtsgesetzgebung[2] war es vor allem die *preußische*, an deren Ziel 1786 dem König der „Entwurf eines Allgemeinen Gesetzbuches für die Preußischen Staaten" vorgelegt wurde. Es würde an dieser Stelle zu weit führen, auf Einzelheiten einzugehen, die die Herkunft dieses Gesetzbuches aus dem neuen Naturverständnis heraus belegen. Seine „gegliederte Architektur war methodisch erst durch die vernunftrechtliche Anthropologie ermöglicht worden", wie Wieacker in einer Würdigung treffend feststellt und damit das Systemhafte der Gesetzgebung hervorhebt[3].

Dem neuen naturrechtlichen System folgen schließlich auch das *österreichische* „Allgemeine Bürgerliche Gesetzbuch für die deutschen Erblande" von 1811 sowie *Frankreichs* große Gesetzbücher, der Code civil von 1804, der Code de commerce (1806), der Code de procédure civile (1807) sowie der Code pénal (1810).

Diese Naturrechtsgesetzbücher stellten „Triumphe einer praktisch-moralischen Rechtskultur" dar[4], sie waren von der Erkenntnis getragen, daß der Mensch dieses schon immer den Hintergrund aller Kodifikationen ausmachende *ursprünglichste* aller Rechte, das *Naturrecht*, endlich in den Griff bekommen hatte, daß es verfügbar geworden war, weil es auf nichts anderem gründete als auf der Vernünftigkeit, der *Vernunft des Menschen*, der nicht länger Knecht einer kosmischen Allmacht Natur war, der sich vielmehr seiner eigenen Teilhabe an dieser Natur bewußt geworden war und seine Vorstellungen von Recht und Unrecht auf der Einsicht, daß es eine Autonomie der Vernunft gab, rückbeziehen konnte[5].

Einzelne juristische Schriftsteller beriefen sich in ihren Naturrechtslehrbüchern immer wieder ausdrücklich auf die ethischen Grundlagen menschlichen Handelns, wie sie in der Philosophie Kants erscheinen — dies sei hier erwähnt, um den sonst zumeist verborgenen Bezug der Philosophie zur Rechtswissenschaft gerade auch in jener für die weitere Entwicklung der Jurisprudenz so wichtigen zeitlichen Periode herauszustellen.

Eine unmittelbare Anwendung Kantischen Denkens auf Recht und Naturrecht wird etwa bei Theodor Schmalz deutlich, der von sich selbst sagte, daß er der erste sei, der die Grundsätze der Kantischen Philosophie auf das Naturrecht angewandt habe[6]. Er stellt als obersten Grundsatz des Naturrechts das Gebot heraus, daß die Menschheit in anderen Menschen nie

---

[2] Hierzu Wieacker, 326 f.

[3] Ebd., 333.

[4] Wieacker, 348.

[5] Ausführlich hierzu: Wieacker, 19.

[6] Schmalz, Das reine Naturrecht, 12.

als bloßes Mittel behandelt werden dürfe, da nur auf diese Weise vernünftige Wesen in Freiheit nebeneinander bestehen könnten[7].

Deutlicher noch argumentiert Clemens August von Droste-Hülshoff: „Naturrecht ist diejenige Befugnis nach eigener Wahl zu thun oder zu lassen, welche dem Menschen bloß um seiner ihm eigentümlichen Menschennatur willen und durch dieselbe unmittelbar zusteht, ohne alle Rücksicht darauf, was ihm etwa von außenher faktisch als Recht möge eingeräumt, oder von ihm selbst als solches faktisch anerkannt werden oder nicht[8]."

[7] Ebd., 43.

[8] Lehrbuch des Naturrechts oder der Rechtsphilosophie, 4.

Zweites Kapitel

Die Argumentation aus der Natur der Sache

I. Die „Selbstmeldung" des Begriffs in der zweiten Hälfte des 18. Jahrhunderts

Etwa seit der Mitte des 18. Jahrhunderts findet sich in den Lehrbüchern des materiellen und formellen Rechts, in Gutachten, in Urteilen und Beweisführungen zunächst vereinzelt, dann häufiger, der Begriff der *„Natur der Sache"*.

Bislang wurde vergeblich nach einem Grund für dieses beinahe plötzliche Erscheinen dieser „Formel" gesucht. In den einschlägigen Schriften jener Zeit über die Grundlagen der Rechtswissenschaft findet sich keinerlei Erklärung hierfür, auch wird weder eine Definition des Begriffs gegeben noch eine Analyse versucht. Ebenso fehlt jegliche Bezugnahme auf den Gebrauch der Formel im Altertum oder im Mittelalter.

An dieser Rätselhaftigkeit sind neuere Deutungsversuche der Denkform der „Natur der Sache" gescheitert. Stets wurde sie aus der *heutigen* Sicht heraus interpretiert. Damit ging ihr jene Gemäßheit verloren, die einzig durch eine Deutung vor dem Hintergrund der *damaligen* Zeit, nämlich der zweiten Hälfte des 18. und ersten Hälfte des 19. Jahrhunderts, hätte erkannt werden können.

Bevor an dieser Stelle der Versuch einer Klärung unternommen werden soll, erscheint es angebracht, im nachfolgenden Fundstellen aufzuzeigen, beispielhaft freilich nur, in denen der Begriff der „Natur der Sache" angewendet wurde. Zum besseren Verständnis der sich anschließenden Deutung ist eine Anzahl von Texten wörtlich wiedergegeben, da sich allererst aus dem genauen Zusammenhang und der Wortfügung die Motivation der Anwendung erkennen läßt. Wenn dabei im folgenden eine Zäsur gemacht wird zwischen dem Auftauchen des Begriffs der Natur der Sache *vor* und *seit* der Epoche der *historischen Rechtsschule*, so soll damit keine strenge zeitliche Trennung gemeint sein. Das ist schon deswegen unmöglich, weil der Beginn oder besser: das „Wiedererwachen" des geschichtlichen Bewußtseins und in einer seiner Ausgestaltungen das Aufkommen dessen, das später als die historische Rechtsschule bezeichnet wurde, zeitlich als noch weitgehend ungesichert gilt[1]. So sind auch bei den folgenden Beispielen Überschneidungen nicht ausgeschlossen.

Die Zäsur erscheint indessen aus einem anderen Gesichtspunkt geboten. Wie zu zeigen sein wird, weisen einige Elemente geschichtlichen Verstehens die gleichen Charakteristika auf, die den Begriff der Natur der Sache kennzeichnen.

So mag die Herausstellung dieser Elemente vielleicht eine Hilfe bei dem Versuch der Deutung dieser Denkform zu geben. Der Frage, inwieweit hier Zusammenhänge bereits vom Ursprung her vorliegen, kann im Rahmen dieser Untersuchung nicht nachgegangen werden. Sicher ist jedenfalls, daß die Anwendung des Natur der Sache-Begriffs in der historischen Rechtsschule, wie sie hier zeitlich umgrenzt wird, eine nicht unerhebliche Steigerung erfahren hat.

Um das Jahr 1770 etwa taucht, soweit bisher festgestellt werden konnte, erstmalig der Begriff der „Natur der Sache" auf. Unlängst hat Heinrich Marx „die juristische Methode der Rechtsfindung aus der Natur der Sache bei den Göttinger Germanisten Johann Stephan Pütter und Justus Friedrich Runde" in einer Untersuchung gleichen Titels herausgestellt. Einige dort nachgewiesene Beispiele seien hier herangezogen.

Pütter beschäftigte sich u. a. mit der Frage, ob bestimmte Nutzungsrechte, die von einer Sache ausgingen, dem Landesherrn als Regal oder dem Eigentümer der Sache als privates Recht zustünden. Um konkret zu werden: in einem Fall ging es um die an Häuserwänden sich bildenden Beschläge von Salpeter, deren Gewinnung vom Landesherrn als Regal in Anspruch genommen wurde. Pütter hielt diesen Anspruch für nicht gerechtfertigt und berief sich dabei auf die Natur der Sache[2].

Er ging von dem Naturvorgang der Salpetersäurebildung aus und folgerte, daß nach der Natur der Sache und kraft allgemeiner Grundsätze der Salpeter nichts in sich habe, was ihn zum Regale machen könnte. „Der Salpeterbeschlag, der sich von selbst an Wänden ansetzt, oder sonst in Gebäuden oder Grundstücken hervortut, kann an sich nicht anders als für ein Zubehör des Eigentums angesehen werden[3]." Zutreffend bemerkt Marx, daß das für das Recht hier entscheidende Merkmal ganz offenbar die enge räumliche Verbindung sei, die zwischen dem Salpeterbeschlag und den Hauswänden bestehe[4].

[1] Vgl. unten (2. Kap. II).

[2] Pütter, Erörterungen und Beispiele des Deutschen Staats- und Fürstenrechts, 3. Band 27 ff. (17. Erörterung); Marx, 13 f.

[3] Pütter, 31.

[4] Ebd., 14.

In anderen von Marx herausgestellten Beispielen bei Justus Friedrich Runde geht es gleichfalls um Nutzungsrechte, so etwa um die Frage, ob das Recht zum Fangen von Fischottern dem Jagd- oder dem Fischereiberechtigten zustehe. Runde bejaht letzteres, wiederum unter Berufung auf die Natur der Sache[5]. Entscheidend sei die *Lebensweise* des Tieres, um dessen Bejagbarkeit es hier gehe: der Fischotter halte sich *mehr im Wasser* als auf dem Lande auf, er müsse daher, so gut wie Fische, als ein Zubehör des Flusses, der Weiher und Seen, worin er sich bewege, betrachtet werden[6]. Wiederum ist hier neben der räumlichen Zugehörigkeit entscheidend, daß der Fischotter sich im Wasser und damit auf Kosten des Fischereiberechtigten seine Nahrung sucht, dem zum Ausgleich dafür das Jagdrecht zugestanden werden müsse[7]. „Eben der Grund, welcher nach der Natur der Sache den Eigentümer des Waldes berechtigt, das Wildpret zu fangen oder zu schießen, welches seinen Stand im Wald hat und von den Früchten und Zubehörungen desselben feist geworden ist, spricht auch dem Eigentümer des Fischwassers den ausschließlichen Otternfang zu[8]."

Ähnliche Beispiele finden sich — wie sie auch Marx nachweist[9] — in Rundes Schrift „Grundsätze des gemeinen deutschen Privatrechts", etwa hinsichtlich der Berechtigung, Wassermühlen anzulegen. „Zu den Benutzungen der Flüsse gehören mancherlei Gerechtsame. Das Recht Mühlen anzulegen, ist das erste, welches hier in Betracht kommt. In der Natur der Sache liegt kein Grund zur Behauptung der Regalität dieses Rechts. Wenn also nicht durch besondere Verfassung eines Landes hierin die natürliche Freiheit eingeschränkt ist: so gibt bei kleinen Bächen schon das Eigentum die Befugnis, Mühlen anzulegen . . .[10]."

Weiterhin wird aus der „Natur der Sache" abgeleitet, Bernstein zu gewinnen, Gold zu waschen[11], Salzquellen zu nutzen[12] etc. Die Grundsätze des Forstrechts werden, soweit nicht besondere Forstordnungen etwas ausdrücklich regeln, ebenso „aus dem Herkommen und der Natur der Sache hergeleitet"[13], wie die der elterlichen Gewalt[14].

---

[5] Runde, Beyträge zur Erläuterung rechtlicher Gegenstände, 2. Bd., 451 ff. (XI.); Marx, 15 f.

[6] Runde, 461.

[7] Marx, 15.

[8] Runde, 463 f.

[9] Ebd., 16.

[10] Ebd., 78, § 103.

[11] Ebd., 81/82, § 111.

[12] Ebd., 119, § 175.

[13] Ebd., 97, § 139.

[14] Ebd., 473/474, § 614.

Diese Beispiele ließen sich beliebig vermehren. Handelt es sich hierbei auch um *konkreteste* Fälle der Anwendung des Natur der Sache-Begriffs, weil „Naturalien" (i. S. des Radbruch'schen Wortgebrauchs) eine Rolle spielen, so zeigt Marx Rechtsfindungen aus der Natur der Sache bei Pütter und Runde ebenso auf in — wie er es nennt — Lebensverhältnissen[15], in der öffentlichen Ordnung[16] und in Rechtsinstituten[17]. So wird etwa das Problem der Regredienterbschaft von Pütter mit Hilfe der „Natur der Sache" gelöst.

Aufgrund des Vorrechtes des Mannesstammes bei der Erbfolge in adligen Familien hatten die Töchter bei ihrer Verheiratung einen Erbverzicht zu erklären, der dahingehend eingeschränkt war, daß im Falle des Aussterbens der männlichen Linie das Erbrecht der weiblichen Familienmitglieder in vollem Umfange wieder eintreten sollte. Problematisch war dabei, wer in dem zuletzt genannten Falle unmittelbar erbberechtigt sein sollte, wenn der letzte männliche Inhaber der Familiengüter Töchter hinterließ: diese (Erbtöchter) oder ihnen generationsmäßig vorgehende weibliche Familienmitglieder (Tanten oder Schwestern des letzten Familienhaupts) und deren Nachkommen, deren Verzichterklärung infolge der Einschränkung nunmehr hinfällig geworden war.

Pütter bejaht die zuletzt genannte Alternative, und zwar wiederum unter Berufung auf die Natur der Sache: „Dann liegt auch hiervon ein unumstößlicher Grund in der Natur der Sache, da die Ordnung eben darin besteht, daß, weil nicht alle zugleich und auf einmal im Besitze der Güter sein können, einer auf den anderen warten müsse. Und da hier nichts als der Tod das Ziel abgeben kann, welches einer vom anderen abwarten muß, so ist nichts natürlicher, als daß bei einem jeden Successionsfall immer auf den Letztverstorbenen gesehen, mithin nach dem Verhältnis gegen denselben die Successionsordnung einzig und allein bestimmt werde[18]." Marx sieht den in Pütters Folgerung aus der Natur der Sache enthaltenen Gesichtspunkt darin, daß es deshalb sinnvoll sei, vor allen anderen weiblichen Familienmitgliedern die Töchter des bisherigen Inhabers der Familiengüter erben zu lassen, weil so am ehesten die der *Erhaltung der Güter* förderliche Kontinuität der Nachfolge gewahrt wird, die darin bestehe, daß die Familiengüter mit dem Tode des jeweiligen Eigentümers auf dessen Nachkommen übergehen[19]. Indessen dürfte das Schwergewicht auf der Überlegung ge-

---

[15] Ebd., 17 ff.

[16] Ebd., 35 ff.

[17] Ebd., 38 ff.

[18] Pütter, Auserlesene Rechtsfälle, 2. Bd. 1. Theil (CLXXXIII. Deductio, 10 § 12); „eine ähnliche Entscheidung (in einem Gutachten, über die künftige Erbfolge in der Herrschaft Jever)", ebenfalls die Regredienterbschaft angehend, trifft v. Selchow unter Berufung auf die „Natur der Sache" (Neue Rechtsfälle 3. Bd., 242 f.).

[19] Pütter, 19.

ruht haben, daß einer Erhaltung der Güter mehr gedient sei, wenn weitgehend eine Zersplitterung der Berechtigung an ihnen dadurch verhindert würde, daß — wie es der Regelfall gewesen sein wird — statt einer größeren Zahl weiblicher Angehöriger verschiedener Generationen nur die unmittelbaren Abkömmlinge des verstorbenen letzten männlichen Nachkommens zur Erbfolge berufen würden. Als tragender Gesichtspunkt erscheint in jedem Fall die Notwendigkeit einer weitreichenden Erhaltung des Besitztums[20].

Auf der gleichen Ebene liegt das von Marx ebenfalls herausgestellte Beispiel der Anerkennung einer erbvertraglichen Regelung, die Pütter wiederum auf die Natur der Sache stützte[21]. Dem Gutachten lag folgender Sachverhalt zu Grunde:

> Drei Schwestern hatten einen gemeinsamen Haushalt geführt und auf Grund dieser Tatsache einen Erbvertrag geschlossen, nach dessen Inhalt jeweils die Überlebende(n) von ihnen die Vorversterbende beerben sollte(n); andere Erbberechtigte sollten bis zum Ableben der letzten der drei Geschwister von der Erbschaft ausgeschlossen sein.

Pütter erkannte diese, dem geltenden römisch-gemeinen Recht fremde, vertragliche Regelung an, indem er ihre Rechtswirksamkeit bezeichnenderweise[22] aus dem gemeinen deutschen Privatrecht behauptete[23] und sie aus der Natur der Sache begründete. Er sah in einer Konsolidation, wie sie durch diesen Erbvertrag erreicht wurde, eine gerechte, der „Natur der Gemeinschaft“[24] der drei Schwestern entsprechende, Regelung. Marx faßt es so zusammen: „Bei einer so engen Vereingiung der Güter, wie sie hier als Grundlage einer Lebensgemeinschaft erfolgt ist, muß jeder Aufteilung und Auseinandersetzung, solange auch nur eine der Schwestern das Gemeinschaftsgut weiter nutzt, unzweckmäßig und sinnwidrig erscheinen. Sie würde das zerreißen, was die Vertragschließenden als gemeinsame Grundlage ihrer Lebensgemeinschaft bis zum Tode der Letztversterbenden betrachtet wissen wollten und würde somit der ‚Natur dieser Gemeinschaft‘ widersprechen. Nur ein Erbvertrag, wie er von den drei Schwestern geschlossen wurde, ist geeignet, solche unsinnigen Folgen von dieser Gemeinschaft abzuwenden[25].“

Diese Beispiele der Rechtsfindung aus der Natur der Sache in Anwendung auf — wie Marx es nennt — „Lebensverhältnisse“ ließen

---

[20] Ähnlich zu dieser Frage ein weiteres Beispiel bei Pütter, 67 ff.

[21] Pütter, 3. Band, 1. Theil, 207 ff.

[22] Vgl. unten (2. Kap. II).

[23] Pütter, 216, 218.

[24] Ebd., 222.

[25] Ebd., 21.

sich aus den Schriften Pütters und Rundes noch beliebig vermehren[26]. Aufgegriffen werden sollen hier zur Veranschaulichung noch einige Fälle, in denen die *öffentliche Ordnung* bzw. ein *Rechtsinstitut* die Grundlage für die Argumentation aus der Natur der Sache bilden.

In einem im Jahre 1797 im Namen der Göttinger Juristenfakultät abgefaßten Responsium[27] steht die Frage zur Entscheidung an, ob ein Richter auch befugt sei, außerhalb des ihm zugewiesenen räumlichen Amtsbereichs tätig zu werden. Pütter bejahte einschränkend: aus der Natur der Sache ergebe sich, daß der Richter dann seine Kompetenz nicht überschreitet, wenn er außerhalb seines Amtsbereichs an *privaten* Rechtsgeschäften mitwirke, etwa durch Beurkundung oder Testamentserrichtung. Die dadurch gesteigerte Beweiskraft der Urkunde könne von *jedem* Richter bewirkt werden, nicht dagegen die *Entscheidung* in einem *Rechtsstreit*. Der leitende Gedanke hierbei kann nach Pütters Ausführungen nur der gewesen sein, daß einmal richterliche Willkür ausgeschaltet werden sollte, zum anderen aber die bereits in den Tatbestand einer Entscheidung eingeflossenen notativen Elemente, die unmittelbar aus der Eingrenzung des Gerichtskreises entstammen, bei der Rechtsgestaltung nicht verloren gehen sollten.

Zu den Fällen, in denen (nach Marx) *Rechtsinstitute* als Grundlage für die Rechtsfindung aus der Natur der Sache anerkannt werden, sei Runde zitiert, der zum Beispiel aus der „Natur der Allmende" folgert, daß ihre Auflösung nur durch einstimmigen und nicht durch Mehrheitsbeschluß der Beteiligten erfolgen könne[28], da die Allmende allen gemeinschaftlich gehöre und der einzelne Teilhaber sich kein Recht an einem Allmende-Anteil anmaßen könne. Ebenso folgert er an anderer Stelle aus der Natur der ehelichen Gütergemeinschaft, daß kein Ehegatte nach der Eheschließung ohne den anderen über einen zum Gesamtgut gehörenden Gegenstand verfügen könne[29]. Dabei wird nun gleichsam innerhalb dieses Naturbegriffs die Ehe als *eine* „moralische Person" fingiert.

Ähnliche Beispiele finden sich bei *Danz*[30]. In seinem „Handbuch des heutigen teutschen Privatrechts" heißt es etwa zum Brückenrecht, daß

---

[26] Vgl. die von Marx angeführten — den hier herausgegriffenen im wesentlichen entsprechenden — Fälle auf den Seiten 22 - 35 seiner Untersuchung.

[27] Pütter, 4. Bd. 1. Theil, 30 ff.

[28] Beyträge zur Erläuterung rechtlicher Gegenstände, 1. Bd., 3 ff., 21 ff., 25 f.

[29] Ebd., 2. Bd., 420 ff.

[30] Danz wird neben Pütter, v. Selchow, Rudloff, Tafinger u. a. zur sog. jüngeren „Analogistenschule" gerechnet — vgl. hierzu statt vieler: Maurenbrecher, Lehrbuch des heutigen gemeinen deutschen Rechts, Erste Abt. Einl. 106 ff., der „nach der verschiedenen Art und Weise, das Recht zu be-

das Brückengeld „der Natur der Sache nach" stets demjenigen zufalle, dem die Last der Unterhaltung aufliege, wobei jedoch hinsichtlich der Höhe in jedem Falle die landesherrliche Oberaufsicht und Polizeigewalt um so angebrachter sei, je größer die Gefahr eines jeden Mißbrauchs hier in bezug auf Handel und Wandel und damit auf die öffentliche Wohlfahrt sei[31]. Der gleiche Abschnitt enthält eine ebenfalls aus „natürlicher Weise" gefolgerte Verkehrsregelung für die Benutzung einer Brücke: „Kommen mehrere Passierende auf einer Brücke zusammen, so weicht der Fußgänger dem Reitenden, der Reiter dem Wagen, der leere Wagen dem belasteten; kommen aber zwei Wagen so zusammen, daß einer, wegen Enge des Raumes, notwendig zurückgestoßen werden muß, so gebührt demjenigen billig der Vorzug, der die Brücke zuerst befahren hat."

Zur Fischereigerechtigkeit bemerkt Danz, daß es der „Natur der Sache widerspricht, wenn man Fische im allgemeinen für herrenlose Dinge erklärt, und endlich, daß die Kaiser nicht immer, wenn sie über Rechte und Güter disponierten, in der Eigenschaft als Regenten, sondern häufig als Eigentümer handelten", so daß also die Fischereigerechtigkeit der Natur der Sache nach „keineswegs ein Hoheitsrecht, sondern vielmehr lediglich ein Ausfluß des Eigentums" sei[32].

---

handeln", drei Schulen der Germanisten unterscheidet: die *alte* Schule der *Analogisten* (wiederum unterteilt in drei Klassen), die *mittlere* der *spekulativen* Methode der Aprioristen und die *neueste*, die sich dadurch auszeichnet, daß in ihr „die einzig richtige Art, das deutsche Recht zu behandeln, eingeschlagen worden" ist, nämlich: „die Natur der Sache auf geschichtlichem Wege aufsuchen" (107). Auf diese Unterscheidung wird an anderer Stelle noch einzugehen sein. Hier genügt der Hinweis auf den Methodenstreit, in dem Danz selbst zum Wesen der Analogie folgendes sagt: „Wie gelangen wir aber nun zu dieser objektiven allgemeinen Kenntnis der einzelnen Rechtslehren? A priori läßt sich bei einer positiven Wissenschaft, deren Kenntnis aus Tatsachen gegründet sein muß, die Natur der einzelnen deutschen Rechtsinstitute nicht festsetzen, sondern allein aus der Vergleichung der positiven Erkenntnisquellen, auf welche uns die historische Kenntnis des deutschen Rechts von den ältesten bis auf die neuesten Zeiten hinweist. Die Analogie des deutschen Rechts muß uns also lehren, die Natur eines jeden Instituts so zu untersuchen, daß wir die ursprüngliche Beschaffenheit desselben in seiner einfachen Gestalt und seine Fortschritte im ganzen, nach Absonderung aller der partikulären Bestimmungen, welche dasselbe in den verschiedenen deutschen Rechtsmonumenten erhalten hat, bis auf die Zeit seiner völligen Ausbildung hin, kennen lernen." (Handbuch des heutigen deutschen Privatrechts I, 321/322.) Analogie bedeutet hier schlicht einen Test von Rechtsquellen im weitesten Sinne, Gewohnheitsrecht, Rechtsbrauch, Vernunftrecht, Herkommen — wie immer man es auch nennen mag — am geltenden Recht. Man wagte nicht, es gleichrangig *neben* dieses zu stellen — so gesehen, bedeutete die Analogie mehr eine Verlegenheit, ein erster zögernder Schritt, sich die Einsicht in den Mangel an Geschicklichkeit, an Flexibilität des positiven modifizierten „Vernunft"-rechts zu verschaffen.

[31] § 109, 419/420.

[32] Ebd., § 110, 421.

Wie ein roter Faden zieht sich die Argumentation aus der Natur der Sache durch die weiteren Kapitel. So heißt es etwa im Deichrecht: „In dem Falle ermangelnder positiver Entscheidungsnormen endlich bleibt auch hier nichts anderes übrig, als aus der Natur der Sache, dem Wesen und der Hauptabsicht des ganzen Deichwesens die nötigen Bestimmungen abzuleiten[33]." Natur der Sache steht hier in einer Breite vom Quell der Gewohnheitsrechte[34] bis zum Zweck einer Institution[35]. Die Verleihung des Zwangsrechts (gegenüber einem Käufer) bei rechtmäßig erlangtem Monopol[36], die verschiedenen Arten des Rentenkaufs[37], die Steuerregalität[38], das „am Rittergute anklebende" Recht der Landtagsfähigkeit[39], die Merkmale des bäuerlichen Erbrechts[40], die Leibeigenschaft[41], der Ausschluß der Teilnahme der Frau an der ehelichen Errungenschaft[42] und vieles mehr[43] werden in der rechtlichen Wesenheit aus der Natur der Sache abgeleitet.

Immer wieder wird auf die Beweisführung aus der „Natur der Sache" mit dem ausdrücklichen Hinweis zurückgegriffen, daß es insoweit an einer positiv-rechtlichen Regelung mangele. So heißt es etwa bei Gönner in einem Gutachten über die Frage, ob es (aus Kostenersparnisgründen für den Beschwerten) angebracht sei, gegen Erkenntnisse des bischöflichen Vikariats in Consistorialsachen eine eigene Instanz im Bistum Bamberg anzuordnen: „Auch unter den Rechten eines exemten Bischofs finde ich die Befugnis, seinen Diöcesanen ein Surrogat der Metropolitaninstanz herzustellen, einer besondern Auszeichnung wert und in der Natur der Sache fest begründet, wenn man auch für sie ein besonderes Gesetz anzuführen nicht vermag[44]."

Begründend für die Erkenntnis, daß auch in der *Prozessualistik* die „Natur der Sache" als Rechtsquelle anzusehen sei, ist offenbar die „Theorie des gerichtlichen Verfahrens in bürgerlichen Rechtsstreitig-

[33] Ebd., § 113, 429; ähnlich Runde, Grundsätze des allgemeinen deutschen Privatrechts, 83 § 113.

[34] Ebd.

[35] Ebd., § 115, 436.

[36] Ebd., 2. Bd. (1797) § 196, 224.

[37] Ebd., § 203 b, 271.

[38] Ebd., 3. Bd. (1797) § 325, 194.

[39] Ebd., 4. Bd. (1798) § 412, 246.

[40] Ebd., 5. Bd. (1799) § 519, 297.

[41] Ebd., 6. Bd. (1800) § 539, 27.

[42] Ebd., 7. Bd. (1801) § 611, 50.

[43] Auch in den nach dem Tode von Danz von Ludwig Friedrich Griesinger herausgegebenen letzten drei Bänden (1807 - 1823).

[44] Auserlesene Rechtsfälle und Ausarbeitungen 2. Bd., 295 — weitere Beispiele bei Gönner etwa aaO., 1. Bd., 332; 3. Bd., 406; 4. Bd., 124 und passim.

keiten" von Grolmann[45]. Er unterscheidet zwischen unmittelbaren und mittelbaren gesetzlichen Quellen und sagt über letztere: „Unter den mittelbar gesetzlichen Quellen verdient eine Hauptstelle die *Natur der Sache*, d. h. hier: die aus dem Wesen und dem Zweck eines Instituts abzuleitenden Regeln; denn wo die Gesetze selbst nichts genauer bestimmen, da haben sie notwendig mit dem Wesen eines von ihnen gebilligten Instituts, alles das, was hieraus gefolgert werden muß, stillschweigend gebilligt, und mit der Anerkennung eines bestimmten Zweckes einer Handlung oder Einrichtung die Gültigkeit der aus der Analyse des gebilligten Zwecks abzuleitenden Regeln anerkannt[46]." So folgert er hinsichtlich der Zuständigkeit der Gerichte: es sei eine aus der Natur entnommene Grundregel, daß nach dem zuständigen Gerichte des Beklagten gefragt werden könne[47].

Bei v. Bayer heißt es: „Zur Ergänzung der in den bisher aufgezählten Quellen enthaltenen Bestimmungen muß nicht selten auch die *Natur der Sache* zu Hilfe genommen werden, d. h. das, was mit praktischer Konsequenz aus einem positiven Rechtsinstitute hervorgeht. Wenn nämlich das Gesetz zwar den Zweck einer Einrichtung angibt, aber die Mittel zur Erreichung dieses Zweckes unberührt läßt, oder den Umfang nicht bestimmt, in welchem die Einrichtung angewandt werden soll, so müssen dort die Mittel, hier die Grenzen des Instituts aus dem Begriffe und Zwecke desselben durch freie Reflexion ermittelt werden, weil außerdem die Absicht des Gesetzes nicht zur wirklichen Ausführung gebracht werden könnte. Insofern bei dieser Operation weder dem Gesetze ein willkürlicher Zweck untergelegt, noch der klaren Vorschrift des Gesetzes aus subjektiven Billigkeitsrücksichten Abbruch getan wird, läßt sich dagegen gewiß nichts erinnern[48]."

In seinem Kommentar zur „Allgemeinen Gerichts-Ordnung für die preußischen Staaten" schreibt Graevell: „... allein in Ansehung der Art und Weise, wie darnach die Prozesse durchgeführt werden, findet ein Unterschied statt, je nachdem dabei die Prozeßordnung auf die gewöhnliche Beschaffenheit der Rechtshändel gesehen, oder auf die eigentümlichen Eigenschaften einiger besonderen Arten Bedacht zu nehmen Veranlassung gefunden hat, sei es, weil das Gesetz selbst gewisse Tatumstände ausgezeichnet hat, auf welche allein es dabei ankommen

[45] Hierzu: Dreier, Zum Begriff der Natur der Sache, 40 f. — in der Tat ist in vorher erschienenen Lehrbüchern des Zivilprozeßrechts, soweit ersichtlich, von diesem Begriff noch nicht die Rede — dagegen wird (bezeichnenderweise) bei Fehlen ausdrücklicher gesetzlicher Bestimmungen gelegentlich aus der „gesunden Vernunft" argumentiert (so etwa bei Claproth, Einleitung in den ordentlichen bürgerlichen Prozeß, 1. Th. 2. Abt., § 104, 13).

[46] Grolmann, § 11, 11/12.

[47] Ebd., § 34, 40 und passim.

[48] Vorträge über den gemeinen ordentlichen Civilprozeß, 28.

soll, oder weil die einfachere Natur solcher Rechtsgeschäfte auch ein einfacheres Verfahren bei deren Untersuchung zuläßt, oder endlich, weil das gemeine Beste entweder eine außerordentliche Vorsicht bei gewissen Gerichtshandlungen in Beziehung auf die Eigentümlichkeit mancher Rechtsverhältnisse rätlich macht, oder umgekehrt eine vorzügliche Beschleunigung der Aufhebung der Rechtsungewißheit in gewissen Angelegenheiten gebietet, so daß den Parteien die außerdem bewilligten Fristen und Mittel zur Beobachtung ihrer Rechtsnotdurft nicht in vollem Maße gestattet werden können, sondern nur soviel, als sie von ihrem Rechte alsbald liquid zu machen im Stande sind. Dabei verursacht die Natur der Dinge noch einen fernerweiten Unterschied, je nachdem nämlich eine Wiederveränderung des einmal auf richterliche Verfügung eingeführten Zustandes physisch oder moralisch möglich ist oder nicht. ... Aus allen diesen Ursachen hat die Prozeßordnung, außer dem ordentlichen Prozesse, noch verschiedene Arten von summarischen Prozessen eingeführt, welche in dem Inbegriffe der Regeln bestehen, welche bei den Rechtsangelegenheiten beobachtet werden sollen, für welche sie aufgestellt sind[49]."

Auch im *Strafrecht* wird mit dem Begriff der „Natur der Sache" gearbeitet. Statt vieler stehe hier vor allem Gallus Aloys Kleinschrod. Berühmt geworden ist — in diesem Zusammenhang schon durch seinen Titel — sein 1793 bis 1796 erschienenes Werk: „Systematische Entwicklung der Grundbegriffe und Grundwahrheiten des peinlichen Rechts nach der *Natur der Sache* und der positiven Gesetzgebung."

Dem Titel seines Werkes nach stellt Kleinschrod die Natur der Sache *neben* die positive Gesetzgebung. In der Vorrede zur ersten Ausgabe (1793) heißt es, daß das Studium des peinlichen Rechts gewinne, wenn man „Natur der Sache und positive Gesetzgebung vereinigt, und ihr gegenseitiges Verhältnis festsetzt"[50]. Ebensowenig, schreibt Kleinschrod weiter, wie er sich einen Philosophen zum Kritiker wünsche[51], ersehne er sich dazu einen bloßen Rechtsgelehrten. Diesem nämlich seien nur seine Gesetze heilig, „sie mögen schlecht und unvollständig sein ..., da dieser es für gefährlich hält, die Natur der Sache zu Rate zu ziehen, wo

---

[49] Graevell, Praktischer Kommentar zur allgemeinen Gerichts-Ordnung für die preußischen Staaten, Erster Band § 35, 116/117 — vgl. weitere Beispiele, in denen aus der Natur der Sache gefolgert wird: § 34, 112; § 60, 226, wo mangels „näherer Bestimmung" die Zuständigkeit für den dinglichen Gerichtsstand der „Natur der Sache" nach bei demjenigen Richter gesehen wird, der die Macht besitzt, das für Recht Erkannte zu erzwingen, ferner: passim in den Bänden II - VI.

[50] Ebd., 3.

[51] Weil dieser nämlich „Kantische Grundsätze und Kunstwörter" vermissen könne, 4.

die positive Gesetzgebung spricht: so wird er natürlicherweise die Untersuchungen über die Natur der Sache mir nicht vorgeben, sondern mich diktatorisch auf die Caroline hinverweisen"[52].

So fehle es z. B. in den gesetzlichen Bestimmungen[53] an einer Vorschrift über die Strafbarkeit des dolus indirectus. Kleinschrod prüft, ob eine solche aus der Natur der Sache gefolgert werden könne[54]. In den §§ 20 bis 22 seines Lehrbuchs kommt er alsdann zu der Feststellung, daß es die Strafbarkeit eines dolus directus eventualis gebe, wenn der Täter mit Überlegung handelt, dieselbe bestimmt voraussah und zu seinem Plane tauglich fand — einen indirekten dolus „im gewöhnlichen Verstande" aber verneinte er.

Vergeblich ist im Zusammenhang mit Einzelfällen die Suche nach Begriffen wie „Natur", „Sache" oder gar nach „Natur der Sache" außer in der Überschrift über § 20 und in dessen erstem Satz[55] — danach, sowie in den sich anschließenden §§ 21 und 22 ist vom „gesunden Menschenverstand" die Rede, vom „gewöhnlichen Lauf der Dinge"[56] etc. Deutlich wird nur immer wieder abgegrenzt zwischen positivem Recht und „Natur der Sache". —

Das geschieht noch an mehreren Stellen des Buches, mitunter wird aber auch der Einklang beider festgestellt: „Die Natur der Sache" und die Gesetze machen es mir zur Pflicht, bei meinen Handlungen vorsichtig zu sein und nachzudenken, ob sie erlaubt seien oder nicht[57]." Auch die Prüfung, inwieweit das Lebensalter des Täters seine Zurechnungsfähigkeit beeinflußt — im Ergebnis weitgehend übereinstimmend — erfolgt gesondert nach der Natur der Sache und den positiven Gesetzen[58]. Ausdrücklich heißt es wenig später (§ 94) unter der Überschrift „Positive rechtliche Grundsätze in Ansehung weiblicher Missetaten": „Die positive Gesetzgebung enthält Grundsätze, die, wie ich glaube, in der Natur der Sache gegründet sind[59]."

Die Beispiele ließen sich noch um einige weitere aus dem angeführten Werk vermehren. Für die vorliegende Untersuchung genügen sie jedoch, um deutlich zu machen, in welchem Beziehungszusammenhang hier Natur der Sache verstanden wird.

---

[52] Ebd., 4/5.
[53] Vgl. ebd., § 19, 49 ff.
[54] Ebd., § 20.
[55] Ebd., 53.
[56] Ebd., 54.
[57] Ebd., 65.
[58] Ebd., §§ 89 - 190, 177 ff.
[59] Ebd., 183.

Die vorerwähnten Fälle sind — allerdings unter dem Gesichtspunkt des *Typischen* — beispielhaft aus der Fülle derjenigen Literatur herausgestellt, in der seit etwa dem letzten Drittel des 18. Jahrhunderts der Begriff der Natur der Sache namentlich genannt wird — freilich ohne Erklärung, was eigentlich darunter zu verstehen sei[60].

II. Natur der Sache und die historische Rechtsschule

Ohne dem Versuch einer Deutung des „Natur der Sache"-Begriffs vorgreifen zu wollen, sollen zum Verständnis des Folgenden einige seiner Merkmale, wie sie sich in den angeführten Beispielen gezeigt haben, hervorgehoben werden.

Man argumentierte unter anderem stets dann aus der Natur der Sache, wenn andere Rechtsquellen nicht herangezogen werden konnten. Diese anderen Rechtsquellen waren im wesentlichen neben dem positiven Recht das Gewohnheitsrecht und das Natur- oder, wie es in einigen Lehrbüchern genannt wurde, Vernunftrecht. Wie bereits erwähnt, waren die Bestimmungen des positiven Rechts weitgehend Ausflüsse des „neuen" Naturrechtsdenkens oder wurden im Hinblick auf dieses interpretiert, so daß allen das Gewohnheitsrecht eine gesonderte Stellung einnahm.

Aus Mangel an Möglichkeiten, sich bei der Rechtsfindung an vorhandenen Normen oder hergebrachter Übung zu orientieren, mußte nun in einigen Fällen versucht werden, unter Heranziehung *konkreter vorgegebener* Sachverhalte eine gerechte Entscheidung zu finden. Sprachlich fand dies oft darin seinen Ausdruck, daß man etwas unmittelbar aus der Natur des Streitobjekts selber oder einer über- oder zugeordneten Institution folgerte, etwa aus der „Natur der Lebensgemeinschaft", aus der „Natur der Allmende" oder aus der „Natur des Deichwesens". Die strenge Einbeziehung von Geschehens*wirklichkeit* zählt in der vorläufigen Sicht somit zu den Merkmalen des Begriffs der „Natur der Sache". Ob und inwieweit hierbei eine subjektive „Beteiligung" eine Rolle spielt, mag zunächst dahingestellt bleiben.

Der Begriff der Natur der Sache mußte daher dort nahrhaften Boden finden, wo sich wissenschaftliche Bemühungen, gerade auch im wei-

[60] Weitere zahlreiche Beispiele finden sich — hervorragend zusammengetragen — vor allem bei Dreier, 35 ff. — etwa J. G. H. Feder, Grundlehren zur Kenntnis des menschlichen Willens und der natürlichen Gesetze des Rechtsverhaltens (3. Aufl.) 1789; A. F. H. Posse, Abhandlungen einiger vorzüglicher Gegenstände des deutschen Staats- und Privatrechts, 1802 u. a.; zu den Prozessualisten noch: N. Th. Gönner, Handbuch des gemeinen deutschen Prozesses (2. Aufl.) 1804; J. Th. B. von Linde, Lehrbuch des deutschen gemeinen Civilprozesses (7. Aufl.) 1850; Th. Brackenhoeft, Erörterungen über die Materie des allgemeinen Theils von Linde's Lehrbuch des gemeinen deutschen Civilprocesses (1842) u. a.; eingehend hierzu Dreier, 41.

testen Sinne *naturrechtliche,* der Frage der *Wirklichkeit* zuwandten. In der Hochzeit des Vernunftsrechts bildete sie stets den unterlegenen Part — eine gewisse Eigengesetzlichkeit ihrer war bis dahin nicht als „denkwürdig" anerkannt worden. Das änderte sich, als die Beziehung der Rechtsnorm zur gesellschaftlichen Wirklichkeit erstmals im Selbstverständnis der Rechtswissenschaft auftrat: in der *historischen Rechtsschule.*

Die Handhabung des Begriffs der „Natur der Sache", sein Gebrauch bei juristischen Argumentationen, seine Erwähnung in der Rechtsquellen-Lehre, in der Methodik, setzt dann auch in verstärktem Maße um die Wende des 18. zum 19. Jahrhundert ein.

Zum besseren Verständnis des später folgenden Versuches einer Deutung dessen, das sich je und je hinter der Denkform der „Natur der Sache" verbarg, seien vor Anführung einiger Beispiele kurz die wichtigsten Strukturen des historischen Rechtsdenkens, insbesondere in ihm verwendete Begriffe und sein Verhältnis zur *Systematik* des ihm vorausgegangenen Naturrechts aufgezeigt.

Wieacker spricht davon, daß eine präzise Charakteristik der Ursprünge, Absichten und Resultate der historischen Rechtsschule zu den schwierigsten Aufgaben geistesgeschichtlicher Interpretation gehöre[1]. Es ist nicht das Anliegen dieser Untersuchung, diese Frage zu vertiefen oder gar nach Erklärungen zu suchen.

Hier interessieren die mutmaßlichen Anfänge historischen Bewußtwerdens nur insoweit, als sie etwa im Zusammenhang mit dem Begriff der Natur der Sache über *seine* Anwendung etwas auszusagen vermögen.

Die Herausforderung historischer Besinnung ist ohne Zweifel letztlich von der Geschichtsfeindlichkeit des Vernunftdenkens mit dem Menschen in seiner Rolle als dem „Gesetzgeber der Natur" selbst ausgegangen: es galt, die vom Idealismus „herabgewürdigte" Empirie in Schutz zu nehmen. Bei Theodor Litt heißt es, daß das Wesen der geschichtlichen Selbstbesonderung sich erst im Gegensatz zu der Konstanz des in ungeschichtlicher Gleichförmigkeit Beharrenden erhelle[2]. Thematisch vollzieht sich diese Hinwendung zum konkret Daseienden in zwei Stufen: einmal im Begreifen der Substanz (nicht der „Idee"!) des Rechts als eines Produktes *konkreter natürlicher* und *gesellschaftlicher Verhältnisse* und sodann — später — in der Entdeckung des den geschichtlichen Erscheinungen immanenten Schöpfungssinnes[3].

---

[1] Wandlungen im Bilde der historischen Rechtsschule, Vorbem. 3.

[2] Die Wiedererweckung des geschichtlichen Bewußtseins, 23.

[3] Wieacker, 355.

Es hat an Bemühungen nicht gefehlt, nach dem Ursprung des im 18. Jahrhundert aufkommenden geschichtlichen Bewußtseins zu fragen — indessen konnte eine befriedigende Antwort nicht gegeben werden, soweit alles Fragen wiederum im *geschichtlichen* Bereich verharrte und auf eine *geschichtliche* Lösung der Frage aus war. Zu Recht bemerkt Leo Strauss, daß das schlichte historische Verstehen, wie später der Historismus, den Fehler beging, sich als Basis wiederum die *Geschichte* zu suchen. Der Ortung des Ursprungs habe vielmehr eine *philosophische* Analyse vorauszugehen, aus der heraus klar werde, „daß alles menschliche Denken von einem launischen und dunklen Schicksal abhängt und nicht von einleuchtenden Prinzipien, die allen Menschen als Menschen zugänglich sind" — der erste Schritt müsse daher in einer „Kritik der Vernunft" gesehen werden[4].

Tiefer noch hat es Theodor Litt erkannt, dessen Verdienst es ist, auf die *dienende* Funktion in der Methode der Geschichtswissenschaft hingewiesen zu haben. Er hat sie in Gegenüberstellung zur Methode der (neuzeitlichen) Naturwissenschaften erarbeitet, denen er jene Erkenntnisleistung, „die aus dem ursprünglichen Verhältnis der Menschen zur Natur mit der ruhigen Selbstverständlichkeit heranwächst, mit der aus der Knospe sich die Pflanze herausentwickelt", abspricht[5]. Im Begriff dieses „ursprünglichen Verhältnisses", von dem hier die Rede ist, und das Litt als dasjenige einer „lebendigen Partnerschaft" kennzeichnet, das seinen wechselvollen Inhalt in der Begegnung mit anschaulich erfahrener „bald zu freundlicher Hilfeleistung erbötiger, bald zu feindseliger Gegenwirkung ausholender *Wirklichkeit*"[6] gewinnt[7], klingt das Verstehen der „physis" des griechischen Denkens an. Demgegenüber ist nun — wie auch in dieser Arbeit darzulegen versucht wird — jene in rechnender Erkenntnis gewonnene „Natur" der neuzeitlichen Naturwissenschaften die *schlichte „Verneinung" der vorerwähnten „physis":* „anhebend mit der Verleugnung der in der erlebten Natur sich darbietenden Sinnesqualitäten, deren Unterschiede einer quantifizierenden Nivellierung zum Opfer fallen, bringt sie alle die Stimmungen, Tönungen, alle die positiven und negativen Wertakzente, durch welche die noch nicht der Wissenschaft ausgelieferte Natur den Menschen anspricht, ohne Rest zum Verschwinden"[8].

Demgegenüber erkennt Litt in der geschichtlichen „Wissenschaft" ein Denkbemühen, das zum eigentlichen Auftrag die Wahrung dessen hat, das durch jene „rechnende Naturwissenschaft" gerade verdrängt wird.

---

[4] Naturrecht und Geschichte, 21.

[5] Ebd., 63.

[6] Hervorhebung von mir.

[7] Ebd., 63.

[8] Litt, 63.

Ihren Standort sieht er bestimmt durch die von einer bestimmten Sicht her betrachtete „Weltverbundenheit“, deren Individualisierungskomponente darin besteht, daß der just an dieser Stelle Postierte von seiner Stelle aus Verbindungen wahrnimmt, die nur ihm erscheinen — jenes, das Leo Strauss als Notwendigkeit der Annahme eines „absoluten Augenblicks“ bezeichnet[9]. So folgert Litt, daß die geschichtliche Wissenschaft nicht ein Objekt zu konstruieren habe, welches allererst einer Wirklichkeit abzugewinnen wäre — daß sie vielmehr *dem Verstehen einer Wirklichkeit an die Hand zu gehen habe,* „die durch ihre anschauliche Selbstdarstellung dem ihr nahenden Geist Widerstand zu leisten keinen Grund hat, weil sie durch seine Bemühung nicht nur nicht ausgelöscht, sondern bewahrt, mit liebender Teilnahme ergriffen, ja zu neuem Leben erweckt werden soll“[10].

Mit der Herausstellung dieser dienenden Funktion der Methode geschichtlicher Wissenschaft sind nicht nur die Schranken des Historismus selbst aufgezeigt, es ist — und das wiegt schwerer — die Struktur geschichtlichen Angangs und geschichtlichen Bewußtseins deutlich geworden: hier kann nicht von einer „Weltanschauung“ die Rede sein, die sich selbst wiederum etwa in Ablösung einer anderen und in Vorbereitung einer kommenden „geschichtlich“ einreihen läßt, vielmehr geht es hier um eine *Verhaltensweise* des Menschen in der Welt, in *seiner* Welt, inmitten der er sich vorfindet, als Ort des ihm ebenhier begegnenden anderen Seienden und Andersseienden. So muß auch die eingangs dieses Abschnittes erwähnte Frage nach dem chronologischen *Ursprung* des Historismus ins Leere gehen — geschichtliches Bewußtsein ist je und je dem menschlichen Geist eigen gewesen, ist ein ihm immanentes Vermögen, Sein und Seiendem zu begegnen.

Die Frage konnte also allenfalls dahingehen, wann dem Menschen diese Möglichkeit historischer Betrachtungsweise derart ins Bewußtsein gerückt wurde, daß sie als *Zeit*erscheinung eine tragende Rolle zu spielen begann, wobei hier nur das Einsetzen (etwa) im 18. Jahrhundert interessieren soll. Zweifelhaft erscheint, ob man als Entstehungsursache für die Bewußtwerdung, genauer: für das Hervortreten der historischen Schule mit Leo Strauss die „Reaktion auf die Französische Revolution“ und auf die Doktrinen des Naturrechts, den gewaltsamen Bruch mit der Vergangenheit ansehen kann[11]. Ein solcher „Bruch“ muß wohl schon in einem früheren Zeitpunkt, weil eigentlich einem anderen Motiv entsprungen, angenommen werden, und es ist auch hier eher Theodor Litt zuzustimmen, der den Augenblick des „Völlig-zu-sich-selbst-Kommens“

---

[9] Ebd., 31.

[10] Ebd., 65.

[11] Naturrecht und Geschichte, 14.

des geschichtlichen Bewußtseins (freilich auch im Laufe des 18. Jahrhunderts) in der Entwicklung des Angehens „wider den Imperialismus der mathematischen Naturwissenschaft, dieses vollkommensten Geschöpfs der *Methode*" eingelagert sieht[12], wobei er zutreffend sogleich einschränkt, daß man hier eigentlich nicht von einer „Geburtsstunde" sprechen könne, da das „Erwachen" (Welzel[13]) des historischen Verständnisses „aus dem Schoße der vorwissenschaftlichen Erinnerung[14] als ihre Vollendung" hervorgetreten sei[15].

Für die vorliegende Untersuchung können folgende Feststellungen genügen: Spuren dieses erwachenden historischen Bewußtseins sind u. a. bei Shaftesbury, Leibniz, Vico (nach Meinecke „Vorbereiter") zu finden.

Shaftesbury's „Harmonie"-Gedanken, sein Bemühen, weg von dem einheitlichen (Locke!) transzendentalen Aspekt die Dinge der Welt, Gutes und Schlechtes nebeneinander in einer Ganzheit zu sehen[16], seine induktive Zusammenschau, deren Rechtfertigung und Gesetzmäßigkeit er „in den Verhältnissen der Dinge selbst" (inward form and structure, inward constitution, inward order, inward worth and liberty, inward sentiments and principles) erblickt[17], lassen ein „Dämmern" des historischen Bewußtwerdens erkennen.

Bei Leibniz ist es die Individualitätsidee, die den gedanklichen Weg für ein geschichtsbedingtes Verständnis ebnet. „Pono igitur, omne individuum sua tota Entita individuatur" steht schon in seiner Leipziger Disputation aus dem Jahre 1663 (De principio individui)[18]. Von hier aus war es nur ein Schritt zu seiner Monadenlehre. In seinen „Nouveaux Essais"[19] heißt es, daß nur derjenige, der das Unendliche zu begreifen imstande sei, auch die Erkenntnis des Prinzips der *Individuatio* dieser oder jener Sache besitzen könne, was eine Folge des *wechselseitigen Zusammenhanges* aller Dinge des Weltalls sei. Hier wird die Verwandtheit mit dem Gedankengut Shaftesbury's deutlich, dessen „Characteristics" Leibniz rezensierte, und zu dessen „Inquiry" und den „Moralists" er ebenfalls Stellung nahm[20]. Freilich hat er „das Größte, was er dem kommenden Jahrhundert übermachte"[21], den Individualitätsgedanken, nicht zu Ende zu denken vermocht. Daran hinderten ihn zu seiner Zeit noch die Bestrebungen, zeitlose Gesetzlichkeiten zu finden, und die peinliche Besorgnis, in dem von den exakten Naturwissenschaften in die Welt gesetzten Vernunftssystem keine „Nahtstellen" sichtbar werden zu lassen. Zu Recht hebt jedoch Meinecke die Fülle der geschichtlichen Interessen dieses Denkers hervor sowie den *de-*

---

[12] Ebd., 72.

[13] Naturrecht und materiale Gerechtigkeit, 173.

[14] Hier in der tiefsten und eigentlichen Bedeutung des Wortes als: *Er-innerung.*

[15] Litt, 73.

[16] Vgl. Shaftesbury, Die Moralisten, 58, 59, 63 ff.

[17] Hierzu Meinecke, Die Entsehung des Historismus, 19 und vorher.

[18] Nach Meinecke, ebd.

[19] III, 3 (zit. nach Meinecke, 24).

[20] Vgl. Anhang II zu: Shaftesbury, Die Moralisten, 171, 172.

[21] Meinecke, 44.

terministischen Charakter seiner Monadenlehre[22], der bereits ein wichtiges Element des späteren historischen Bewußtseins verkörpert: das Geschick, die Geworfenheit, als Ansatzpunkt und Rechtfertigung der „Endlichkeit" im Unendlichen.

In seinen „Ideen zur Geschichte der Philosophie der Menschheit" schreibt Herder, das Hauptgesetz, das bei allen großen Erscheinungen der Geschichte deutlich werde, sei dieses, daß „allenthalben auf unserer Erde werde, was auf ihr werden kann, teils nach Lage und Bedürfnis des Orts, teils nach Umständen und Gelegenheiten der Zeit, teils nach dem angeborenen oder sich erzeugenden Charakter der Völker"[23]. „Lebendige Menschenkräfte" nennt er die Triebfeder der Menschengeschichte[24].

Und zur Überleitung auf die Aussagen der historischen Rechtsschule im engeren Sinne sei schließlich *Montesquieu* erwähnt: in seinem berühmten Werk „Vom Geist der Gesetze", das mit dem oft zitierten Satz beginnt: Les lois dans la signification la plus étendue sont les rapports nécessaires qui dérivent de la nature des choses, nimmt der „politische Empiriker"[25] den Kampf gegen den dogmatischen Rationalismus auf. Seine Sorge ist die Inkongruenz von Recht und Gesetzgebung mit der Natur der Sache. Dabei ist Sache für ihn naturale (Klima, Bodenbeschaffenheit etc.), soziale (Handel[26], Sitte, Neigung, Religion), staatliche und rechtliche (Regierungsform, Freiheit etc.) Gegebenheit[27]. Wenngleich, wie Forsthoff zutreffend feststellt[28], in den vieldeutigen Ausführungen Montesquieus ein undurchschaubares Verhältnis des Naturgesetzes zum Willen Gottes waltet, so können doch Anfänge dafür erkannt werden, daß der göttlichen Vernunft eine menschlich-natürliche gegenübertritt, die im empirischen Denken der Zeit (Thomas Hobbes, John Locke, Descartes, Spinoza — mit der extremen Feststellung des „deus sive natura") sich zunächst jedenfalls an den Sachgegebenheiten und Sachverhalten der Alltäglichkeit orientiert. Der Sitte kommt gesteigerte Bedeutung zu: „Wenn ein Volk gute Sitten hat, so können die Gesetze einfach sein[29]."

So war die Besinnung auf die Geschichtlichkeit des individuellen Daseins, darüber hinaus des *Volkes* und seines Daseins als Träger einer Epoche eng verbunden mit der Auffassung von der Geschichtlichkeit auch des *Rechts*. Thieme spricht davon, daß dem ausgehenden 18. Jahr-

---

[22] Ebd., 44.

[23] Ebd., 398.

[24] Ebd.

[25] So Forsthoff in der Einleitung der deutschen Übersetzung, XVIII.

[26] Vgl. Vom Geist der Gesetze, Bd. II, 3 ff., wo vom „Geist des Handelns" die Rede ist.

[27] Hierzu Radbruch, Die Denkform der „Natur der Sache", 26.

[28] Montesquieu, XVII.

[29] Montesquieu, I, 429.

hundert als oberster Wert die *Volkstümlichkeit* des Rechts erscheine[30], Wieacker davon, daß die historische Rechtsschule im Recht dieser Zeit eine Hervorbringung des Volksgeistes sah[31]. Recht war nicht länger rationales Ergebnis staatlicher Gesetzgebung, es wurde vielmehr *irrational* in positivem Sinne, besser: unbewußt als von der Lebendigkeit des Ganzen getragen, hingestellt[32]. Wieacker[33] weist nach, daß nicht nur die Wesensinhalte von „Volkslied“, „Volksepos“, „Volksreligion“ etc. nachhaltig insbesondere auf den *germanistischen* Zweig der historischen Schule eingewirkt haben, sondern daß durch das Erwachen der Reflexion auf die Geschichtlichkeit der eigenen Existenz in der Rechtswissenschaft ein Prozeß eingeleitet wurde, der bis heute nicht abgeklungen ist: nämlich die Beziehung „des Sollens auf das geschichtliche Sein, der Rechtsnorm auf die gesellschaftliche *Wirklichkeit*“[34], deren Bewußtwerdung „die alte Autorität des Corpus Juris und der zweidimensionale Rationalismus des Naturrechts bisher verwehrt hatten“[35].

Freilich vollzieht sich hier nicht ein absoluter „Bruch“, so daß auch eine exakte chronologische Abfolge der Denkstadien nicht aufgezeichnet werden kann. Ein Für und Wider findet sich selbst in den Gestalten einzelner Philosophen und Juristen[36] — der ganzen, letztlich „umschlagenden“ Entwicklung wird man auch hier allenfalls dann gerecht, wenn man von einer gewissen Überspannung rationalistisch-idealistischen Denkens ausgeht, das einerseits die (diesmal nun ganz andere) *„induktive“* Betrachtungsweise (etwa Feuerbach) herausgefordert, zum anderen eine, vom romantischen Bewußtsein der Zeit[37] geförderte Besinnung auf die Verbindlichkeit des Endlichen erweckt hatte. Daher verhält es sich auch nicht so, daß in der historischen Rechtsschule und ihrer Ausgestaltung und Weiterführung im sog. Pandektismus und Positivismus — wie noch zu zeigen sein wird — jegliches naturrechtliches Denken „ausgekehrt“ wurde. Das durch die Kantische Freiheits-Setzung „gesäuberte“ (gebundene) Naturrecht im Kleide des „Vernunft“rechts der Aufklärungsepoche spielte durchaus — und sei es später im starren Positivismus in der Form der Leugnung — eine gewisse Rolle. Freilich — und dies ist für die hier angestellte Untersuchung von entscheidender Bedeutung — unter wesentlich anderen Vorzeichen, die sich

---

[30] Thieme, Die Zeit des späten Naturrechts, 207.

[31] Ebd., 357.

[32] Wieacker, 358.

[33] Ebd., 358 ff.

[34] Hervorhebung von mir.

[35] Wieacker, 358.

[36] Beispielhaft hierfür der Streit, ob v. Savigny den Klassikern oder den Romantikern zuzurechnen sei — Wieacker, 359.

[37] Zu dessen noch immer ungeklärtem Verhältnis zur historischen Rechtsschule vgl. Wieacker, 360 ff.

sprachlich gerade im Begriff der „Natur der Sache“ kundtun oder verbergen.

Wieacker sprach noch in der ersten Auflage seiner „Privatrechtsgeschichte der Neuzeit“ (1952) in diesem Zusammenhang vom „Kryptonaturrecht“[38], hält diese Bezeichnung jedoch in der zweiten Auflage (1967) für „insofern unzutreffend, als Savigny selbst die Grundpostulate des theoretischen Vernunftrechts, die Möglichkeit unbedingter Gerechtigkeit und die totale Systematisierbarkeit der Rechtsordnung, offenbar nicht in Zweifel gezogen hat“[39]. Er führt diese Korrigierung der Auffassung auf das Ergebnis neuerer Forschungen zurück[40]. Dies erscheint symptomatisch dafür, daß in der evolutionären Wende jener Zeit, wie wohl stets in der geistesgeschichtlichen Entwicklung, keine unmittelbare „Ablösung“ stattgefunden hat. Tendenz nach und herkömmliche Einsicht in die Notwendigkeit einer Systematisierung, die dann ja auch im Positivismus wiederum einen gewissen Höhepunkt erreicht, lassen die historische Schule, das wache geschichtliche Bewußtsein überhaupt, eher als eine Durchgangsstation erscheinen, die in den Jahren zwischen 1770 und 1830 sich teilweise allerdings so verstärkt, daß in der sie eigentlich überspielenden Form so etwas wie eine Dogmatik entstehen konnte, der Historismus nämlich. Freilich hatte das geschichtliche Denken in seiner *wesentlichen* Funktion sich dabei schon selbst aufgegeben. Insoweit braucht also der Historismus hier nicht zu interessieren, da er nur die *mittelbare* Reaktion auf den Rationalismus des 17. und angehenden 18. Jahrhunderts ist, wohl aber das „schlichte“ historische Denken, dessen weithin unentdeckte Wurzeln irgendwo mit denen des Aufkommens von Folgerungen aus der „Natur der Sache“ zusammenzufallen scheinen: „still wirkender Volksgeist“, „innere, still wirkende Kräfte“[41], organischer Entwicklungsgedanke[42], Begriffe beinahe mythischen Charakters, die das Wesen des Rechtes jener Zeit kennzeichnen, und Bedeutungen der „Natur der Sache“, von denen die bezeichnendste wohl die ist: „das, das sich so von selbst macht“[43], liegen offensichtlich dicht beieinander.

Im Nachfolgenden soll nun, beispielhaft freilich nur, aber doch auf Herausstellung des Wesentlichen bedacht, aufgezeigt werden, an welchen Stellen im einzelnen bei den der historischen Rechtsschule zugeordneten Denkern die „Natur der Sache“ als eigenständige rechtliche Denkform auftritt.

Vorweg ist noch darauf hinzuweisen, daß sie im wesentlichen im *germanistischen* Rechtsdenken anzutreffen ist. Das Wiedererstehen des deutschen Rechts bedurfte gegenüber der vorherrschenden Romanistik im besonderen der Berufung auf die Natur der Sache im Zusammenhang mit der Aufrechterhaltung überkommener deutscher Rechtsinstitutio-

---

[38] 228.

[39] Ebd., 372/373 Anm. 84.

[40] Nachweise ebd.

[41] v. Savigny, System des heutigen Römischen Rechts, Bd. 1, 55.

[42] Wieacker, 362 mit Nachweisen.

[43] Vgl. unten.

nen, „die nicht ohne Gewaltsamkeit unter das romanistische Begriffssystem subsumiert werden konnten"[44].

„Natur der Sache" erscheint hier, wie im folgenden aufzuweisen sein wird und wie es aus der Anwendung dieser Denkform in den oben erwähnten Beispielen bereits erhellte, *realitäts*bezogen in der Weise, daß *Wirklichkeit* sich meldet, *als von der Vernunft* und ihren *Systemen nicht erreicht.*

Den *romanistischen* Zweig der historischen Rechtsschule, aus dem sich schon früh die Pandektenwissenschaft herausschält, beherrscht die Wissenschaft vom römischen Recht[45], und zwar in einer Weise, die schlechthin daneben andere Rechtsquellen nicht zuläßt. Daß Richter und Rechtsgelehrte dennoch mit den ihnen zur Verfügung stehenden Gesetzen nicht vollends auskamen, ist dessen ungeachtet auch den romanistischen Rechtsdenkern der historischen Rechtsschule einleuchtend. Es mußte indsesen als verwegen gelten, neben dem nahezu perfekten „positiven" Recht andere Rechtsquellen anzunehmen. Nachstehend wird im Einzelnen aufzuzeigen sein, in welche Verlegenheit die Autoren der „Systeme ..." und „Geschichten des römischen Rechts", der „Pandekten" gerieten, wenn sie zum Ausdruck bringen wollten, wie diese „Lücken" zu füllen seien. Nahe lag es, zur römischen „aequitas" Zuflucht zu nehmen, einige aber bekannten sich doch zur Natur der Sache. Freilich schafften auch sie in der Regel nicht den „Sprung" vom systematisierten Rechtsstoff zur *Wirklichkeit,* zum Lebenssachverhalt, so daß die Denkform der Natur der Sache auch hier sich oft nur *funktionell* zu melden schien, nämlich als Mittel der Analogie[46].

Schon bei Gustav Hugo, der als Begründer der historischen Rechtsschule angesehen wird, erfährt das Vernunftrecht (das *System*) Kritik vom Standpunkt des pragmatischen Empirismus. Hugo wollte „induktives" Naturrecht gegenüber „deduktivem" Vernunftrecht schaffen[47]. In seinem „Lehrbuch eines zivilistischen Cursus" heißt es, daß das Naturrecht gegenüber den realen Gegebenheiten keine zureichenden Maßstäbe für das Richtige und Zweckmäßige biete[48]. Schließlich sei es ein Unding, das *Recht* in *Gesetze* einschließen zu wollen; seine eigentliche Quelle sei vielmehr das Gewohnheitsrecht und *„was sich so von selbst macht"*, also was man die Natur der Sache nenne[49].

---

[44] Dreier, Zum Begriff der Natur der Sache, 37.

[45] Wieacker setzt die Geburtsstunde der historischen Rechtsschule mit ihrer Inbesitznahme der Wissenschaft auch vom römischen Recht gleich (1. Aufl.), 224.

[46] Vgl. oben; siehe auch Dreier, 49.

[47] Hierzu Wieacker, 397 f.

[48] 28.

[49] aaO. (zit. nach Wieacker, 380).

An anderer Stelle spricht Hugo davon, daß der Richter mangels des Vorliegens von Gesetzen nur diejenigen Vorschriften zu befolgen habe, die sich aus der „Natur seines Amtes“ herleiten lassen[50], — gemeint ist hiermit, dies ergibt sich aus dem Zusammenhang der zitierten Stelle: er soll nach Vernunft und Gewissen entscheiden, d. h. versuchen, den *Gegebenheiten* gerecht zu werden.

Deutlich wird die „Überwindung“ des Naturrechts und, verbunden damit, eine erweiterte Anwendung des Begriffs der Natur der Sache bei *Puchta.* In seinen „Pandekten“ heißt es, daß der Richter, sofern er sich von den äußeren Quellen verlassen finde, den anzuwendenden Rechtssatz aus den „Prinzipien des bestehenden Rechts (nicht etwa aus dem sog. Naturrecht) zu schöpfen [habe], ausgehend von der Natur der Sache erhält er ihn auf dem Wege der juristischen Konsequenz und der Analogie“[51]. „Prinzipien des bestehenden Rechts“ besagt hier: neben den Grundlagen der geltenden Gesetze die Systematik der bei Puchta schon ausgereiften Pandektistik — beide fordern, sofern die sich aus ihnen ergebenden Erkenntnisse den in Streit stehenden Lebenssachverhalt nicht erfassen, daß in Entsprechung des in Wirklichkeit Vorgegebenen „auf dem Wege juristischer Konsequenz und der Analogie“ entschieden werde. Hier zeigt sich die oben erwähnte Tendenz im romanistischen Zweig der historischen Rechtsschule, den Begriff der Natur der Sache eher *funktionell* anzuwenden: nicht Wirklichkeit als realitas der res ist an der Rechtsetzung beteiligt, vielmehr soll *Auslegung* der vorhandenen *Rechts*stoffe zur Entscheidung führen.

Auch bei den Germanisten konkurriert die „Natur der Sache“ nicht selten mit der Behandlung des Rechts durch die „historische Methode“, mit seiner Findung „auf geschichtlichem Wege“.

Wie bereits oben erwähnt, teilte Maurenbrecher die Germanisten in drei Schulen ein: in eine ältere, mittlere und neuere.

Das entscheidende Merkmal der *älteren* Schule sieht er in ihrer Behandlung des deutschen Rechts als *Analogie*[52].

Die *mittlere* Schule zeichne sich dagegen durch eine mehr *spekulative* Methode aus, sie stelle neben andere Rechtsquellen als besondere die der *Natur der Sache,* „worunter ein aus Vernunftschlüssen hergeleitetes (ideales) Recht zu verstehen ist, das sich vom *Naturrechte* wenig unterscheidet“[53].

Jedoch erst in der *neuesten* Schule sei die einzig richtige Art, das deutsche Recht zu behandeln, eingeschlagen worden, nämlich dadurch,

[50] Institutionen des heutigen Römischen Rechts, 16.

[51] 1. Aufl. (1838), 22.

[52] Vgl. oben.

[53] Lehrbuch des heutigen gemeinen deutschen Rechts, Einl. § 95, 107.

daß die Natur der Sache auf *geschichtlichem* Wege aufgesucht werde. Der Germanist habe keine Gesetze auszulegen, sondern sei mit dem vor ihm liegenden ungeschriebenen Recht lediglich an die Geschichte gewiesen, wenn er dieses Recht wissenschaftlich begründen wolle, weil eben die letzten geschriebenen Quellen der Geschichte angehörten: von Haus aus stehe er „auf dem historischen Standpunkt“[54], den Maurenbrecher nur dann als echt ansieht, wenn er neben dem *Ursprung* auch die gesamte *weitere Entwicklung* berücksichtigt. Den notwendigen *Zusammenhang* des praktischen deutschen Rechts nennt er die Natur der Sache, „oder die Vernunft der Sache, das Wesen, die Idee“. Hierbei denkt er jedoch nicht an einen „philosophisch konstruierten Begriff“, auch sieht er in der Natur der Sache *keine Rechtsquelle,* „sondern bloße Form der Auffassung“. Der Germanist folgere daher, wo er aus derselben deduziere, nicht aus einem gemachten Begriffe, sondern aus den *Tatsachen* und den sie leitenden Prinzipien, und eben darin unterscheide er sich vom Romanisten. Dieser habe es mit den abgeschlossenen Begriffen eines toten Rechts zu tun und müsse die Sachen nach den Begriffen formen, während der Germanist, der ein lebendiges, in steter regsamer Fortentwicklung begriffenes Recht vor sich habe, den Begriff allererst *nach den Sachen* zu konstruieren habe[55].

Für Maurenbrecher geben das *Leben* den *Stoff* und die *Juristen* die *Form*[56], so daß er deswegen für „Natur der Sache“ setzen kann: „Form der Auffassung“[57]. Natur der Sache steht auch bei ihm neben Gesetz und Herkommen[58].

Er gibt in seinem Lehrbuch eine Fülle von Beispielen, in denen die Natur der Sache zum angewandten Recht gezählt wird, etwa bei der Erläuterung der Inhaber-Obligationen[59], der Frachtkontrakte[60], der Feuerversicherung[61], der Witwenversorgung[62], des ehelichen Güterrechts[63], des Erbvertrages[64], wiederum auch der Regredienterbschaft[65], der Einteilung der Handelsgeschäfte[66], des besonderen Bauernerb-

---

[54] aaO., § 95, 107/108.
[55] Ebd., § 95, 108.
[56] Ebd., § 21, 23.
[57] Ebd., § 95, 108.
[58] Ebd., 279, 359 etwa, sonst passim in den Bänden 1 u. 2.
[59] Ebd., II. Abt. § 325, 406.
[60] Ebd., II. Abt. § 372, 461.
[61] Ebd., II. Abt. § 387, 480.
[62] Ebd., II. Abt. § 480, 612.
[63] Ebd., II. Abt. § 488, 638.
[64] Ebd., II. Abt. § 562, 741 u. § 565, 745.
[65] Ebd., II. Abt. § 569, 750.
[66] Ebd., II. Abt. § 627, 842.

rechts[67] u. a. m. In den genannten Beispielen steht gelegentlich an Stelle der „Sache“ deren Name, etwa statt „Natur der Sache“: „Natur des Erbvertrages“ oder „Natur des Gesindeverhältnisses“ etc.

Bei den Germanisten war es vor allem Georg Beseler, der sich mit der Natur der Sache befaßte. Er ging davon aus, daß das Recht aus den Lebensverhältnissen hervorgehe, „wie sie sich bei der allgemeinen nationalen Anlage und den besonderen Bedürfnissen der engeren Kreise gestalteten“[68]. Das Recht sei weder ein Produkt des Zufalls noch menschlicher Willkür oder Überlegung der Weisheit. Die Gesetzgebung habe es ebensowenig geschaffen wie die philosophische Abstraktion; wie die Sitte und die Sprache habe es sich vielmehr auf der breiten Basis allgemein menschlicher Verhältnisse unmittelbar im Volksleben entwickelt, in seinem Bewußtsein sei es lebendig. „Die einfachen Zustände, in denen sich die Völker in ihrer Jugendzeit finden, gestatten eine solche unmittelbare Anschauung der Rechtsinstitute, welche, fern von aller bewußten Reflexion, mit einer gewissen *Notwendigkeit* das Richtige trifft[69]. Weiterhin ist bei Beseler von Volksrecht, Volksorganismus, entstanden durch „naturgemäße Entwicklung“[70], etc. die Rede. Und hier hinein stellte er schließlich auch die „Natur der Sache“. Er suchte, wie viele Germanisten seiner Zeit, nach einem selbständigen Zugang zu den „einheimischen Rechtsinstituten“ und stellte im Hinblick auf die bisherigen Bemühungen in dieser Hinsicht fest: „... endlich suchte man von den Partikularisten einen gemeinrechtlichen Inhalt abzuziehen, den man dann als das *Wesen* der Institute und die *Natur der Sache*[71] hinstellte“[72].

Im Zusammenhang hiermit kommt er immer wieder auf „die in den Tatsachen ruhende ratio“[73] oder „die in den Lebensverhältnissen ruhende Norm“[74] zu sprechen, die sich als *Recht* bei der Mannigfaltigkeit der Situationen und deren gegenseitigen Beziehungen in einer Fülle verschiedenartiger Institute auspräge, „deren genaue Kunde sich nur denen erschließt, welche durch ihre äußere Lage und ihre Geschäfte in einer fortdauernden Berührung mit dem praktischen Leben stehen“[75].

Eine eingehendere Betrachtung widmet er dem Begriff der Natur der Sache dann in seinem „System des gemeinen deutschen Privat-

[67] Ebd., II. Abt. §§ 680/681, 924/925.
[68] Volksrecht und Juristenrecht, 6, 16.
[69] Ebd., 59.
[70] Ebd., 83.
[71] Hervorhebung von mir.
[72] Ebd., 113.
[73] Ebd., 123.
[74] Ebd., 364.
[75] Ebd., 117/118.

rechts". Vorab bekannte er die Schwierigkeit, diese Formel in den Griff zu bekommen, „da der Ausdruck vieldeutig ist. Er wird einmal in einem allgemeineren, nicht technisch juristischen Sinne gebraucht, und bedeutet dann, ähnlich wie man von der Vernunft, dem Wesen der Dinge, der rerum natura spricht, das Vernunft- und Naturgemäße, den Verhältnissen allein Angemessene, — ohne eine notwendige Beziehung auf das tatsächlich Bestehende"[76]. Wie unklar der Gebrauch dieses Begriffs war, zeigt die sich an das Vorstehende anschließende Feststellung Beselers, daß „Natur der Sache" auch in einer „schon mehr eigentümlichen" *juristischen* Bedeutung angewendet würde, und zwar als das „allgemeine Wesen der Rechtsverhältnisse in ihrer notwendigen Entwicklung", so daß die Natur der Sache damit zum Bereich des positiven Rechts gehöre, „ohne besondere Beziehung auf die Eigentümlichkeit und Selbständigkeit eines bestimmten, konkret ausgebildeten nationalen Rechtslebens"[77].

Schließlich werde „Natur der Sache" auch als ein in konkret ausgebildeten Rechtsverhältnissen wirksames Prinzip verstanden, das immer dann Bedeutung erhalte, wenn keine positive Satzung vorhanden sei, nach der die Rechtsverhältnisse zu beurteilen seien[78].

Entscheidend für die Rolle, welche die „Natur der Sache" in der historischen Rechtsschule gespielt hat, ist sodann die weitere, nach eingehender Untersuchung mit dem Ziel einer Deutung dieses Begriffs getroffene, Feststellung: „Es bleibt nur noch übrig, die *Natur der Sache* als das Wesen konkreter, einem bestimmten Nationalleben angehöriger Rechtsverhältnisse zu betrachten[79]." Unmittelbar hieran schließt sich die entscheidende Frage, ob aus dem factum das jus zu nehmen sei, mit anderen Worten: ob die Natur der Sache als Rechtsquelle angesehen werden könne.

Beseler gelangt schließlich zu dem Ergebnis, daß die Natur der Sache ihrem stofflichen Inhalt nach mit dem *Volksrecht* zusammenfalle. Die Natur der Sache sei an sich noch keine Rechtsquelle, vielmehr lediglich die tatsächliche Voraussetzung derselben. „Erst die durch das Rechtsbewußtsein des Volkes vollzogene Vermittlung, welche sich in der Übung des Rechtssatzes ausspricht, begründet die Rechtserzeugung und schafft die Natur der Sache zum Volksrecht um[80]."

Diesen Begriff in seiner geschichtlichen Bedeutung erkannt und gewürdigt zu haben, sei das Verdienst der historischen Schule, welche

[76] Ebd., 41/42.

[77] Ebd., 42.

[78] Unter *Rechts*verhältnis ist hier eher *Lebens*verhältnis zu verstehen.

[79] Ebd., 44.

[80] Ebd., 88.

ihn nur wieder für die Gegenwart verdecke, indem sie, wenigstens für das gemeine Recht, an seine Stelle den des Juristenrechts setze[81].

Auch in den von Ernst Ferdinand Klein herausgegebenen Rechtssprüchen der Hallenser Juristen-Fakultät taucht wiederholt der Begriff der Natur der Sache auf, so etwa beim Wegerecht[82] oder bei der Regulierung des Abzugsgeldes[83].

In der Natur der Sache (Natur der Verhältnisse von Menschen zu Menschen) sucht Johann Georg Schlosser, der Schwager Goethes, „etwas . . ., das außer der Herstellung der mit Unrecht gestörten Verhältnisse noch angebe, was dem Störer weiter für Übel aus seinem Facto zuwachsen soll“[84].

Bei Karl Friedrich Eichhorn ist wiederholt von der Natur der Sache die Rede, wobei der Begriff in einen Zusammenhang mit den Instituten des deutschen Rechts gebracht wird[85], und unter Instituten in diesem Sinne durchaus auch vorrechtliche „naturale“ Gebilde, wie etwa das der *Verpflichtung* oder des Lehens verstanden werden[86]. Die Ausübung des Weiderechts z. B. wird u. a. „aus der Natur des Objekts“ hergeleitet[87], ebenso die Dauer eines Lehens aus der „Natur“ jenes „Verhältnisses“[88]. Oft steht bei ihm für „Natur der Sache“: „Herkommen“ — und in seiner Quellenlehre für das neuere deutsche Recht spricht er von „organischer Gesetzgebung“ und „organischen Gesetzen“[89].

Zusammenfassend stellt er fest, daß jedes positive Recht seine Entstehung zum großen Teil einer gegebenen *Individualität* der Rechtsverhältnisse verdanke: „. . . die Gewohnheiten entspringen eben daher . . . einer durch jene Individualität fest bedingten Regel, welcher die handelnden Personen bewußt oder unbewußt folgen; von dieser Ansicht gehen auch die Bestimmungen unseres positiven Rechts aus, indem sie zum Beweis einer Gewohnheit eine solche Beschaffenheit der Handlungen fordern, daß sich eine der Natur des Verhältnisses angemessene Regel daraus ableiten läßt“[90].

Es folge aus der Natur der vormaligen vogteilichen Gewalt die Regel, daß im Zweifel die Statuten einer Stadt jeden, der sowohl in als

---

[81] Ebd.
[82] Bd. 4, 356.
[83] Bd. 5, 154.
[84] Briefe über die Gesetzgebung, 137.
[85] Einleitung in das deutsche Privatrecht, 115 ff.
[86] Ebd., 433 u. 434 f.; 536.
[87] Ebd., 491.
[88] Ebd., 613.
[89] Ebd., 66 f.
[90] Ebd., 86.

auch außerhalb derselben, jedoch in ihrem Weichbilde, wohne, in Ansehung seiner Person verbinden, heißt es im Stadtrecht Eisenharts[91]. Ebenso liege die jederzeitige Möglichkeit einer Einschränkung landesherrlich verliehener Polizeigewalt in der Natur der Sache, d. h. eben jenes Verleihungsrechts[92].

Immer mehr wurde auch in der Rechts*praxis* aus der Natur der Sache argumentiert. So heißt es in einer Erörterung über die Unterscheidung von öffentlichem und privatem Eigentum an den verschiedenen Arten fließenden Wassers, daß man hinsichtlich des Nutzungsrechts zwischen Privatflüssen im engeren Sinne und gemeinschaftlichen Privatflüssen, „einen in der Natur der Sache selbst liegenden Unterschied machen" müsse[93]. Eine weitere Erörterung über die Vorrichtung und Unterhaltung der Planken, Zäune, Hecken und Gräben besagt (auf der Suche nach einer Rechtsquelle), daß zwar von verschiedenen Rechtsgelehrten behauptet werde, die Baugesetze der Römer (römische Civilgesetze) könnten heutzutage nicht mehr zur Anwendung gebracht werden: „allein insofern sie unseren Baueinrichtungen nicht entgegen und der Natur der Sache gemäß sind, dürfte ihre Anwendung, wenn andere Entscheidungsquellen fehlen, wohl mit Grund nicht zu bezweifeln sein. Es liegt nicht nur in der Natur der Sache, sondern es ist auch ein anerkannter Rechtssatz, daß ein jeder das Seinige in Ruhe und ohne Nachteil genießen und gebrauchen soll. Wenn daher, ohne einen Zwischenraum, jemand das Seinige nicht benutzen kann, z. E. der Nachbar kann seine Planken nicht ausbessern, so muß derselbe den Gesetzen, Verträgen und der Observanz gemäß, oder durch richterliche Erkenntnis, nach vorgängig geschehener Besichtigung durch Kunstverständige und eingenommenem Augenschein, bestimmt und reguliert werden"[94]. Bau- und Haushaltsdienste[95], die Frage, ob der Landesherr von seinen eigenen Gerichten belangt werden kann[96], Grundsätze über die Verwandlung einer Privathypothek in eine hypothecam quasi publicam[97], Deichrechte[98], Folgerungen aus Bürgschaftsrechten[99], das iuramentum credulitatis[100], die rechtlichen Folgen böswilligen Verlas-

---

[91] Versuch einer Anleitung zum Teutschen Stadt- und Bürgerrechte § 75, 103.

[92] Ebd., § 89, 126.

[93] Bülow / Hagemann, Practische Erörterungen ..., Bd. 1, III. Erörterung (E), 55.

[94] Ebd., Bd. 1, XXXIV.E., 186/187.

[95] Ebd., Bd. 1, XLII.E., 224.

[96] Ebd., Bd. 1, XLVI.E., 247.

[97] Ebd., Bd. 1, LXV.E., 333.

[98] Ebd., Bd. 2, I.E., 16.

[99] Ebd., Bd. 5, XLII.E., 206.

[100] Ebd., Bd. 6, XXI.E., 132.

sens im Eherecht[101], das Wesen der Präjudizien[102], das Brunnenrecht[103], Fragen des Konkursrechts[104] und der Abfindungen aus Meierhöfen[105] werden unter ausdrücklicher Berufung auf die Natur der Sache erörtert, und zwar häufig mit Hinweis auf die Rechtsprechung des „Zelleschen Tribunals und der übrigen Justizhöfe".

Eine Stelle sei noch besonders hervorgehoben. In einer Erörterung über die Frage, ob die Abwesenheit eines zur Lehensfolge gelangenden Vasallen einen Grund darstelle, ihn von dieser auszuschließen und ihn des Lehens zu privieren heißt es: „Ebensowenig lassen sich auch die Ehescheidungsgründe als Privationsursachen im Allgemeinen betrachten. Der dahin zielende Lehnstext macht nur bemerklich, daß man bei Bestimmung der Privationsursachen nicht bloß bei der Natur der Sache stehen geblieben sei, sondern auch auf das *römische Recht* geachtet habe ..."[106].

Statt vieler seien hier einige die Situation kennzeichnende Stellen aus Harscher von Almendingens „Metaphysik des Civilprozesses" angeführt. In seinem „Vorbericht" gibt er der Befürchtung Ausdruck, daß in deutschen Landen der Code Napoléon eingeführt werde. Wohl war ihm bewußt, daß eine Reform der deutschen Gesetzgebung seiner Zeit dringend erforderlich war. Er wehrte sich jedoch auf das Entschiedenste gegen die unrevidierte Übernahme einer dem sog. Vernunftrecht erwachsenen umfangreichen und unreflexiblen Kodifikation wie die des Code Napoléon. Unter Berufung auf Montesquieus „Esprit des lois" forderte Harscher Rücksichtnahme auf die *Individualität* des *National*charakters, seiner Sitten, seiner kommerziellen, industriellen, moralischen und religiösen Bedürfnisse. „In der Harmonie zwischen Gesetzen und Sitten liegt die Vortrefflichkeit der Gesetzgebung selbst. Nun lassen sich aber die Sitten eines Volkes durch keinen Befehl der Macht revolutionieren. Wie ist es dann möglich, durch Einführung einer auf andere Sitten, auf einen anderen Nationalcharakter berechneten Gesetzgebung, den gesellschaftlichen Zustand eines Volkes zu verbessern[107]?" Er verwirft den „toten Buchstaben einer geistlosen Gesetzgebung" — „alle Versuche des juristischen Dogmatismus, die Philosophie unter das Joch schlechter Gesetze zu beugen, scheitern an der *Natur der Sache* und zerfallen in sich selbst ..."[108].

---

[101] Ebd., Bd. 6, XXXIV.E., 178.
[102] Ebd., Bd. 7, XLI.E., 119.
[103] Ebd., Bd. 7, CXXVIII.E., 390.
[104] Ebd., Bd. 8, 2 I.E., 11.
[105] Ebd., Bd. 9, XXXI.E., 305.
[106] Ebd., Bd. 7, CXIV.E., 344/345.
[107] Ebd., 1. Bd., VII.
[108] Ebd., 4 (Hervorhebung von mir).

Was ist dann aber Natur der Sache, fragt er weiter, diesen Begriff der, wie er es nennt, „Rechtsmetaphysik“ zuordnend? „Jedes durch die Gesetzgebung sanktionierte rechtliche Institut geht aus einem bestimmten Bedürfnis hervor, und wirkt zu einem bestimmten Zweck. Es ist da, weil der bestimmte Zustand der Gesellschaft seine Existenz notwendig machte. Jener bestimmte Zustand ist als die Aufgabe zu betrachten, zu welcher sich das Rechtsinstitut wie die Solution zum Problem verhält. Diejenige Ansicht, welche die Gesetzgebung — unter welcher man nicht bloß ihren geschriebenen Buchstaben und ihre äußere Form, sondern ihren höheren Genius, oder jenen, unter jedem zur Kultur fortschreitenden Volk, unsichtbar wirkenden, alle bürgerliche Verhältnisse beherrschenden und ordnenden Geist verstehen muß — über die Auslösung des Problems in Harmonie mit der ganzen Verfassung aufgefaßt hat — diese Ansicht und nichts anderes, ist die Natur der Sache. Wer diese Ansicht richtig konstruiert, ist in die Natur der Sache eingedrungen[109].“

Reyscher stellt im Jahre 1839 in einem Aufsatz „Über das Dasein und die Natur des deutschen Rechts“ die Frage, die seit v. Savigny bedeutsam für die damalige Situation war, ob sich ein gemeines deutsches Gewohnheitsrecht von dem Umfange nachweisen lasse, daß sich darauf eine vollständige Rechtstheorie zusammensetzen lasse[110]. Bei den Rechtsquellen unterscheidet er die beiden großen Bereiche der philosophischen (ungeschichtlichen) und idealistischen einerseits und den geschichtlichen und „mechanischen“ andererseits[111], er erkennt die Unmöglichkeit, von einem der beiden Quellenbereiche *allein* Dasein und Natur des Rechts ableiten zu können. „Die Idee der Gerechtigkeit, wie sie in der Vernunft, also innerlich, gegeben ist, muß vielmehr auch äußerlich, d. h. im Leben, Herrschaft zu gewinnen suchen, und zwar mittelst des jedem Einzelnen innewohnenden praktischen Vermögens, das ihn zu Entschlüssen und Handlungen antreibt[112].“ Das Recht nämlich sei weder bloßes „Natur- noch bloßes Kunst-Produkt, vielmehr

[109] Ebd., 6 — Anwendung des Begriffs der Natur der Sache bei Harscher von Almendingen, 38, 43, 55, 176 usw.

[110] Im ersten Band der von ihm mit (Wilda) herausgegebenen „Zeitschrift für deutsches Recht und deutsche Rechtswissenschaft“, 11 ff. — In der Einleitung „Über den Zweck dieser Zeitschrift“ heißt es (3/4): „Zweck der Zeitschrift ist nicht bloß, einen Vereinigungspunkt für Untersuchungen im Gebiete des einheimischen deutschen Rechts abzugeben, sondern auch zur Beförderung eines nationalen Rechtsstudiums und darum zur Begründung einer vaterländischen Rechtswissenschaft mitzuwirken. Die Aufgabe, zumal in letzterer Beziehung, ist groß: denn sie setzt nicht bloß voraus, daß das Bedürfnis einer Zurückführung des gesamten Rechts auf eine einheimische, der Volkseigentümlichkeit entsprechende Grundlage erkannt, sondern auch, daß die Vorliebe für das fremde, bis jetzt vorzugsweise gepflegte Recht teilweise zum Opfer gebracht werde.“

[111] Ebd., 28.

[112] Ebd., 34.

wesentlich beides"[113]. In diesem Zusammenspiel beider Faktoren sieht Reyscher den Ort für die Natur der Sache, „d. h. die rechtliche Idee, welche der äußeren Beschaffenheit eines gegebenen Rechtsverhältnisses zu Grunde liegt, und woraus dieses, so weit nicht zufällige Abweichungen Platz gegriffen haben, allenthalben zu beurteilen ist. Die Natur der Sache aus reinen Vernunftgründen (a priori), d. h. abgesehen von der Erfahrung, dartun, ist schon darum unmöglich, weil sie aus der Erfahrung abstrahiert ist". Nichts desto weniger sei sie Ausdruck des menschlichen Geistes und ihrem Wesen nach nichts anderes, als eine allgemeine Vernunftsidee, angewandt auf die Natur positiver Verhältnisse[114].

Wenig später findet sich der Satz, daß, wenn wir es mit einer rein „*rationellen* Natur der Sache" zu tun hätten, wir es „bei dem Naturrechte" bewenden lassen könnten[115], d. h. daß hier durchaus deutlich unterschieden wird zwischen dem Vernunftrecht (Naturrecht), dem der Begriff „Natur" in seiner ursprünglichen Bedeutung *verloren* gegangen ist, und der „Natur der Sache", in der sich das erhalten hat, das schlechthin *unverlierbar* ist, weil es nie Gegenstand rationeller Verfügbarkeit sein konnte oder, wie Reyscher es nannte (vgl. oben), je und je aus der Erfahrung abstrahiert war.

In einer Abhandlung „Über das Verhältnis des rationalen und nationalen Rechts, mit Rücksicht auf die neuen Gesetzbücher"[116] stellt Zoepfl fest, daß alle Legislationen „entweder unmittelbar aus der Philosophie des Rechtes, — aus absoluten Vernunfterkenntnissen, wodurch somit ein absolut gerechtes, ein ohne alle Rücksicht auf Zeit und Lokalverhältnisse universell gültiges Recht — *(Vernunftrecht* oder *rationales Recht)* — statuiert werden: *oder* sie würden ihr Material aus dem Rechte beziehen, wie es bei einer Nation wirklich gelte, d. h. aus demjenigen Rechte, welches sich bei ihr historisch aus ihrer Charaktereigentümlichkeit, aus ihren Sitten, aus localen, klimatischen und anderen faktischen Verhältnissen gebildet hat, was wir als das *nationale* Recht bezeichnen wollen, und welches somit, dem Vernunftsrechte gegenüber für den Gesetzgeber als ein *individuell* (für seine Nation) gültiges und somit auch als ein positives Recht erscheint"[117]. Ähnlich wie bei Reyscher bietet sich auch bei Zoepfl die Natur der Sache an als vernunft-immanente Lösung auf, wie er es ausdrückt, „nationaler" Basis.

---

[113] Ebd., 37.

[114] Ebd., 40.

[115] Ebd., 42.

[116] Ebenfalls in der Zeitschr. f. deutsches Recht u. Rechtswiss., 4. Bd. (1840), 91 ff.

[117] Ebd., 97/98.

Am Schluß derjenigen aus der historischen Schule hervorgegangenen Rechtsdenker, die sich mit dem Begriff der Natur der Sache auseinandergesetzt haben, stehe Burkard Wilhelm Leist. Gustav Radbruch bemerkt in seiner kleinen Schrift über „Die Natur der Sache als juristische Denkform", daß kein Schriftsteller dem Begriff der „Natur der Sache" eine so weitausgreifende und tiefgründige Behandlung gewidmet habe wie Leist[118].

In der Tat durchzieht *ein* Gedanke gleichsam wie ein roter Faden fast das gesamte Werk Leists, dem er insbesondere in den Jahren 1850 bis 1870, vor allem in seinen „Civilistischen Studien"[119], nachgegangen ist: das Wesen der naturalis ratio und das der *„Natur der Sache"* zu klären. Ihn trieb hierzu, stärker als andere Romanisten und Germanisten vor ihm, nichts mehr und nichts weniger als das für jene Zeit typische Phänomen, das mit der Anwendung des Begriffs der „Natur der Sache" einherging. Es sei hier noch einmal betont: das plötzliche Erscheinen dieser Denkform in allen Rechtsgebieten, ihre geradezu unbekümmerte Handhabe in Judikatur und Lehre — und demgegenüber ihre eigentliche *Unbegreiflichkeit,* ihr eigenartiges Standhalten jeder Analyse, die seltsame Ahnung, daß es sich hier um ein „neues" Naturrecht handele, daneben jedoch gleichzeitig die Überzeugung, daß die „Natur der Sache" irgendwo *gegen* das *Naturrecht* stehe.

So offenbarte auch Leist zu Beginn seiner Untersuchungen ähnliche Zweifel: „Man begegnet gar oft einer Argumentation ‚Aus der Natur der Sache heraus', aber es waltet dabei, selbst wenn zuweilen das Resultat der einzelnen Argumentation *aus natürlichem Takte richtig*[120] ist, eine solche Verwirrung über das, was man unter dieser ‚Natur der Sache' verstehen soll, es werden so sehr die verschiedensten Dinge darunter zusammengemischt, daß dieses unklare Wesen vertrieben oder andererseits als nützlicher Begleiter erkannt zu werden, zu den gefährlichsten Werkzeugen wissenschaftlicher Argumentationen gerechnet werden muß[121]." An anderer Stelle heißt es, daß die Verwendung des Ausdrucks „Natur der Sache", wie sie sich in der modernen Wissenschaft eingebürgert habe, „eine durchaus schwankende und also, als zu Unklarheiten führend, zu verwerfen ..." sei[122]. Leist meint nachweisen zu können, daß in der Literatur diese Formel „in einer proteusartig wechselnden, durchaus unklaren Weise verwendet wird"[123]. In einer

[118] Ebd., 28 ff.

[119] Civilistische Studien auf dem Gebiete dogmatischer Analyse (4 Hefte, 1854 bis 1877).

[120] Von mir hervorgehoben.

[121] Civilistische Studien, Heft I, 26.

[122] Civ. Stud. IV, 6/7.

[123] Ebd.

Analyse von Vangerows „Pandekten“ kommt er zu dem Ergebnis, daß Vangerow in einem ausgewählten Stück seines Werkes den Begriff „Natur der Sache“ in siebenfacher Weise anwende, und zwar in folgenden Bedeutungen: als (1) allgemeine Stellung der Wissenschaft gegenüber dem Rechtswillen, als (2) allgemeine Rechtsprinzipien, (3) juristischen Individualcharakter eines Rechtsinstituts, (4) Billigkeit, praktische Zweckmäßigkeit, Passendes, Vernünftiges im Gegensatz zum Verkehrten und Gezwungenen, als (5) voluntares Element, (6) Tatbestand der Verhältnisse und (7) menschlichen Verkehrszustand, Verkehrsorganismus und *naturales rationes*, die in demselben lägen[124].

Man pflege einfach, so erkannte Leist schließlich, zu sagen, es folge etwas aus der Natur der Sache, ohne weiter nachzuweisen, *warum* es aus ihr folge[125, 126]. Gleichwohl hat er es in einem großartigen Versuch unternommen, die Formel von der „Natur der Sache“ *transparent* zu machen. Hierbei beschritt er folgenden Weg: er begann, die Denkform der Natur der Sache *als Methode römisch-rechtlicher Institute* selbständig zu analysieren. Die Lebensverhältnisse sollten nicht länger durch die sie umhüllenden Rechtssätze betrachtet und gewertet werden: dem *Rechtsatz* stellte er den von ihm in diesem Zusammenhang geprägten *„Natursatz“* als Terminus für eine Regel zur Charakterisierung der *Natur* eines *Lebensverhältnisses* gegenüber[127]. Die faktische Geltung dieses Natursatzes sei, so forderte Leist, erst in einer Art Nachvollzug rechtlich zu sanktionieren[128].

Diesen Natursatz sah Leist nun keineswegs als Rechtsquelle an; ihm ging es lediglich darum, daß bei wissenschaftlicher Analyse der in einem Rechtsverhältnis liegenden Elemente nicht nur auf den positiven Willen (die civiles rationes), die dem *faktischen Stoff* keine *„Natur“* zubilligten, zurückgegangen werde[129].

Leist versuchte nun, diese Differenzierung bei den verschiedensten Institutionen des Zivilrechts durchzutragen. So galt es für ihn, beim Begriff des *Eigentums* etwa, von dem juristisch-deklarativen auf den faktisch-konstitutiven zurückzugehen, der im eigentlichen Sinne kein Begriff in der Bedeutung des logisch Geformten mehr sei. Vielmehr handele es sich hier um Organismen, die aus dem menschlichen Verkehr

---

[124] Anhang zu: Naturalis ratio und Natur der Sache, 51 ff. (60).

[125] Naturalis ratio und Natur der Sache, 7.

[126] Jene Unklarheiten und Ungeklärtheiten um den Begriff der „Natur der Sache“ bewogen Leist auch, seine „Civilistischen Studien“ nicht, wie zuerst beabsichtigt, unter dem Titel „Studien auf dem Gebiete der Natur der Sache“ herauszugeben (Naturalis ratio und Natur der Sache, 7).

[127] Civ. Stud. I, 26.

[128] Ebd., 35.

[129] Civ. Stud. III, 20/21.

hervorgehen würden, um Entwicklungsstadien, in denen sich das menschliche Zusammenleben ausgestalte. Es sei also nicht so, daß das *Recht* den „Verkehrsorganismus" schaffe, sondern dieser bestehe bereits früher, und die Rechtsinstitute würden sich erst *danach* auf ihm gründen[130]. Innerhalb eines solchen auf die Konstituierung von Eigentum gerichteten Prozesses sah Leist nun den Anfang in der *Arbeit*[131]. Kraft der ihm eigenen geistigen Persönlichkeit beseitige der Mensch im Wege des Arbeitens alle diejenigen Hindernisse, die zwischen ihm und der Sache lägen. Jeder Schritt auf diesem Wege, der den Arbeitenden näher an den Gegenstand heranführe, bedeute einen Sieg, wie er letztlich dann in der Besitzergreifung manifestiert werde. So sei das Eigentum, das *danach* erst als subjektives *Recht* auf die Sache hinzukomme, in seinem naturalen Grunde das „*Erarbeitethaben der Sache*"[132] — in der Natur des Eigentums*rechts* liege gar nichts, der positive Rechtswille (die civilis ratio) berge keine naturalen Elemente, diese steckten vielmehr in den *Lebensverhältnissen*.

Ähnlich verhalte es sich mit anderen Institutionen. So sei etwa die Natur der Sache (naturalis ratio) hinsichtlich der occupatio, der Besitzergreifung, nicht — wie die herrschende Meinung behaupte — in der Herrenlosigkeit der Sache einerseits und der Persönlichkeit des Menschen andererseits, aus der heraus er Besitz ergreife, zu sehen. Vielmehr sei Okkupation seit Urzeiten „der auf Kampf gegründete Sacherwerb des Menschen" — Leist spricht hier von dem „auf Sieg gebauten Eigentum"[133].

„Natur der Sache" der Produktion sei opera, die Arbeit[134], naturalis ratio der traditio das aus dem Grundgedanken des Eroberns unter Einsatz eigener Kräfte hervorgegangene remuneratorische Prinzip, das Prinzip des „do ut des": der Tausch.

An anderer Stelle versuchte Leist, die „Natur" des Kaufs zu erklären. Er geht von der Arbeitsteilung aus, die den Menschen Güter in die Hand gebe, hinsichtlich deren Markt, Güterumlauf, schließlich: Waren entstünden[135]. Alle diese sozialen Gestaltungen seien, mit dem „technisch-zivilistischen" Ausdruck der Römer bezeichnet: naturalis ratio[136]. Als „Naturalwirtschaft" stehe der Tausch als ein „unmittelbares Produkt des ein gewisses Verhältnis mit Notwendigkeit erzeugenden Orga-

---

[130] Naturalis ratio und Natur der Sache, 10.

[131] Civ. Stud. III, 10 ff.; Leist lehnte sich hier an Gedankengut aus *Roschers* „System der Volkswirtschaft" (1854) an.

[132] Ebd., 29.

[133] Ebd., 86.

[134] Ebd., 169.

[135] Mancipation und Eigentumstradition, 49.

[136] Ebd., 50.

nismus"[137]. Der juristisch geschützte *Kauf* trete gleichsam erst nachträglich als eine diesen aus der Natur der Sache herrührenden ursprünglichen Organismus rechtlich umfassende Einrichtung hinzu.

Diese Theorie Leists, in einer Analyse des römisch-rechtlichen Begriffs der *naturalis ratio* unausgesprochen immer wieder gleichgesetzt mit dem der „Natur der Sache", auf *naturale (nicht naturrechtliche!)* Fundamente, auf den Stoff hin zu durchstoßen, der allem rechtlich Normativen zugrundeliegt, konnte im Vorstehenden nur kurz aufgezeigt werden[138]. Sie bedeutet nach hier vertretener Auffassung die erste geschlossene Lehre von der „Natur der Sache", wie sie in der nachkantischen Zeit aufgetreten ist. Die von Leist stets hervorgehobene Unterscheidung zwischen *naturaler* und *voluntativer* (legaler) Eigenheit rechtlicher Institutionen, die in seinen Schriften in subtiler Auseinandersetzung mit der Anwendung des römischen Rechts in Deutschland geführt wird, läßt mit der ihr parallel laufenden Suche nach einem *Natural*recht eine endgültige Absage an das alte Naturrecht erkennen. Die Unterscheidung eröffnet zum anderen einen Weg, den nach Leist die meisten derjenigen begingen, die sich an einer Deutung des Begriffs der „Natur der Sache" versuchten: den Weg des radikalen Durchstoßes auf das Faktische, die Trennung von „Natur" und „Sache" und die Befragung der „Sache" nach einem in ihr vermuteten *eigenen* Wesen.

„Eine Auszeichnung unserer Zeit in ihrer ganzen Bildung ist *die geschichtliche Erkenntnis*", schreibt Friedrich Julius Stahl 1829 in seiner „Philosophie des Rechts"[139]. „Die verschiedenen Zeitalter, ja, in diesen wieder die verschiedenen Völker haben jedes eine eigentümliche Würdigung seiner Lebensverhältnisse, ein eigentümliches Urbild und Ziel seiner Lebensfähigkeit. Hierin besteht seine sittlich intellektuelle Bestimmtheit, möge man das Denkart, Geist, Individualität oder mit dem Kunstausdruck Hegels und Schleiermachers das ‚Bewußtsein' eines Zeitalters und Volks nennen[140]."

Bei Stahl ist nun deutlich zu erkennen, wie die „Natur der Sache" im Denken der historischen Rechtsschule mehr und mehr ihren Platz *innerhalb des positiven Rechts* erhält. Nach seiner Auffassung wurzelt die menschliche Ordnung, welche das Recht darstellt, in der göttlichen. Sie ist für sich jedoch selbständig, und in dieser ihrer Selbständigkeit ist ihre Positivität zu sehen, und zwar in doppelter Hinsicht: dem In-

---

[137] Ebd., 59.

[138] Einzelheiten bei Sprenger, Burkard Wilhelm Leist. Gedanken zu einer Theorie von den naturalen Fundamenten des Rechts, in: Sein und Werden im Recht. Festgabe von Lübtow, 603 - 625.

[139] Bd. 1, 570.

[140] Ebd., 570/571.

halt und der Geltung des Rechts nach. Recht und positives Recht, so folgert Stahl, sind darum gleichbedeutende Begriffe[141]. Er leugnet Naturrecht und/oder Vernunftrecht und fordert, daß die Obrigkeit nur das positive Recht handhaben dürfe. „Es hat jeder Mensch ein Recht darauf, keinen anderen Normen unterworfen zu werden, als denen, welche als die gegenständliche Ordnung des Gemeinlebens aufgerichtet, welche von der Obrigkeit sanktioniert sind, als den Normen des positiven Rechts[142]." Von einem solchen Natur- oder Vernunftrecht unterscheidet Stahl ausdrücklich die *Natur der Sache:* „Sie bezeichnet nicht ethische (juridische) Grundsätze außerhalb der Grundsätze des positiven Rechts, sondern faktische Beziehungen, die bisher nicht vorgesehen, nunmehr hervorgehoben, Anhaltspunkte gerade für Entscheidung nach den Grundsätzen des positiven Rechts gewähren ... ob Zeitungsinserate oder lithographische Bestellungen eines Handlungshauses wie geschriebene Urkunden zu behandeln sind, ob Verheißungen in einer Verfassungs-Urkunde rechtliche Wirkungen haben, ob in einem deutschen Staate die Befugnisse der älteren Landstände von selbst den jetzigen Kammern zukommen, das alles muß und kann nach der Natur der Sache entschieden werden, gemäß dem positiven Recht, aber nicht nach Naturrecht, nach Gerechtigkeitsgrundsätzen außer und neben dem positiven Recht[143]." Stahl sieht geradezu den „wahren Geist" der historischen Schule in der „unmittelbaren Durchdrungenheit von der Erkenntnis der Positivität des Rechts", wie er sie in seiner „Philosophie des Rechts" aus philosophischen Prinzipien abzuleiten versucht hat[144, 145].

Das Vorstehende stellt wiederum nur eine Auswahl unter den zahlreichen Beispielen dar, in denen aus dem Begriff der Natur der Sache argumentiert wurde und bei denen — dies rechtfertigt vielleicht noch einmal die oben motivierte Zäsur (Zeit *vor* und Zeit *der* historischen Rechtsschule) — deutlich all diejenigen Elemente hineinspielen, die für die *historische* Betrachtungsweise charakteristisch sind.

---

141 Ebd., Bd. II, 1, 221.

142 Ebd., 223.

143 Ebd., 223/224.

144 Ebd., 232.

145 Stahl ist im übrigen durchaus nicht, wie es gelegentlich geschieht (vgl. Wieacker, 413), als Hegelianer anzusehen. In seinem Hauptwerk, der „Philosophie des Rechts" setzt er sich zwar breit mit Hegel auseinander, lehnt aber kategorisch das Hegel'sche Denken ab. Er versucht es logisch (nicht recht glücklich) zu widerlegen, indem er die dialektische Methode angreift (Bd. I, 417 — zur Hegel'schen Staatslehre speziell Bd. II, 2, 5 ff. u. passim dort); der wahre Grund dürfte indessen die tiefe religiöse Fundierung der Stahl'schen Rechtsphilosophie sein, auf Grund deren er eine Koordinierung seiner eigenen Gedanken mit denen Hegels nicht für möglich

So wurde in diesem Zusammenhang, in dem vor allem auch bisher nicht oder nur wenig hervorgehobene Fundstellen aufgezeigt werden sollten, u. a. auf Zitate bei v. Savigny verzichtet, dessen Auseinandersetzung mit Thibaut etwa gänzlich von dem Komplex der historischen Betrachtungsweise plus (+) oder gleich (=) Natur der Sache getragen wird[146].

hielt (vgl. etwa Bd. II, 228 ff., 259 u. passim — eingehend hierzu: Volz, Christentum und Positivismus. Die Grundlage der Rechts- und Staatsauffassung Fr. J. Stahls).

[146] Ausführlich hierzu mit vielen Nachweisen: Dreier, 43 f.; ferner: Neuhaus, Savigny und die Rechtsfindung aus der Natur der Sache.

Drittes Kapitel

Versuch einer Deutung des Begriffs „Natur der Sache" vor dem Hintergrund des neuen „Natur"verständnisses

Im nachfolgenden soll versucht werden, nach dem Sinn der Denkform „Natur der Sache" in der Weise zu fragen, daß neben demjenigen, das sie auszusagen vermag, auch das Dunkel um ihre Herkunft gerade in einem Zeitraum, wie dem hier herausgestellten, erhellt werden kann. Als These sei vorausgeschickt, daß nach der hier vertretenen Auffassung das eine von dem anderen nicht zu trennen ist. Dieser Gesichtspunkt hat bei einer Vielzahl der bisher vorliegenden Deutungsversuche keine Berücksichtigung gefunden. Vielmehr wurde in den meisten Fällen die in den verschiedenen geschichtlichen Epochen nachweisbare Anwendung der Denkform der Natur der Sache wohl aufgezeigt, dagegen die Frage, warum sie gerade *in dieser oder jener Zeit* sich meldete, nicht eigens gestellt, so daß Unterschiedlichkeiten im Erscheinungsbild der „Natur der Sache" nicht erkenntlich gemacht werden konnten.

Daß sowohl das Erscheinungsbild als auch die Aussagestringenz von je besonderer Art sind und daß sich damit zugleich so etwas wie eine „Geschichtlichkeit" auch des „Natur der Sache"-Begriffs erweist, soll im nachfolgenden herauszustellen versucht werden.

I. Merkmale eines vorläufigen Verständnisses des Begriffs „Natur der Sache"

Den im vorstehenden angeführten Beispielen können einige immer wiederkehrende Merkmale entnommen werden, die den Begriff der Natur der Sache vorläufig kennzeichnen. Sie lassen sich vielleicht pauschal zusammenfassen unter den Oberbegriffen *„konkret"* und *„wirklich"*.

Geht man nur einmal von diesen beiden Merkmalen aus, so bedarf es zum rechten Verständnis ihrer noch der Einbeziehung des jeweiligen Gegenparts: „abstrakt" und „unwirklich". Abstrakt und unwirklich sollen in diesem Zusammenhang wertfrei gesehen werden. Nur auf diese Weise erscheint es möglich, eine erste Verbindung zu jenem naturrechtlichen Hintergrund herzustellen, vor dem sich die „Selbstmeldung" der Denkform der Natur der Sache in der zweiten Hälfte des 18. Jahrhunderts ereignet hat.

Im ersten Abschnitt dieser Untersuchung war versucht worden aufzuzeigen, wie im Laufe der geschichtlichen Entwicklung, etwa seit dem Nominalismus, im Begriff der *Natur* mehr und mehr jener Umbruch sich vollzogen hatte, der schließlich von einem anfänglichen, von verdichteter Anschauung getragenen Naturverständnis zu einem solchen geführt hatte, das, auf Verstand und Vernunft gegründet, zu einem Vorgang von Systembildung im menschlichen Selbstbewußtsein und aus ihm heraus geworden war.

Wenn hier nun die erwähnten Merkmale „abstrakt" und „unwirklich" angesetzt werden, so kann dies nach dem Vorausgegangenen nur bedeuten: abstrakt als *vor*-konkret und unwirklich als *vor*-wirklich in dem Sinne, daß hier eine Art *„Steuerung"* durch ein Natur- oder besser: Vernunft*system* stattfand. Derartige Systeme wurden dann, wie kurz aufgezeigt worden war, etwa in den großen Naturrechtskodifikationen des ausgehenden 18. und beginnenden 19. Jahrhunderts realisiert.

Damit waren Normen geschaffen worden, „abstrakt" oder vor-konkret, „unwirklich" oder vor-wirklich, die der Reglementierung des Konkreten, des Wirklichen, der Sachverhalte, der Lebensverhältnisse, der Situationen, der Sachen als Streitsachen dienen sollten. Jede dieser Normen als Ergebnis eines von der menschlichen Vernunft angestrengten Realisierungsprozesses von Rechts*ideen* mußte notwendig vor dem zu regelnden Rechts*stoff* als ein Angreifendes, Steuerndes, Verfügendes erscheinen, das, der hinter ihm stehenden Idee entsprechend, Korrekturen an den Gegebenheiten vorzunehmen hatte. Hierbei geschah es nun nicht selten, daß sich, wie zahlreiche der oben angeführten Beispiele erkennen lassen, diese realen Vorgegebenheiten auf verschiedene Weisen gegen eine derartige Steuerung, Verfügung oder Korrektur *„wehrten"*, indem sie dem über sie bestimmenden naturrechtlichen Reglement ein solches aus der (eigenen!) Natur der Sache entgegensetzten — hier liegt die Keimzelle für alle Vorstellungen von einer wie auch immer gearteten Eigengesetzlichkeit oder Eigenstruktur der Sachen. Aus dieser Gegenüberstellung rührt ein weiteres Merkmal des Begriffs der Natur der Sache her: das Merkmal der *Antinormativität.*

Mit diesen Kennzeichnungen: „konkret", „wirklich", „antinormativ", die aus einem vorläufigen Verständnis des in den obigen Beispielen angewandten Begriffs der „Natur der Sache" gewonnen wurden, wird für den Fortgang dieser Untersuchung der Hintergrund für weitere Fragestellungen aufgezeigt. Insbesondere wird im folgenden festzustellen sein, ob, wie es in manchen Deutungsversuchen heißt, von einer *Lehre* der Natur der Sache gesprochen werden kann, d. h. ob diese

Formel als Ausdruck eines *eigenen* Systems, einer eigenen *Idee* verstanden werden, ob sie als Parole eines selbständigen philosophischen Denkansatzes begriffen werden muß oder ob ihre Rätselhaftigkeit gerade aus einer un-philosophischen Betrachtungs- und Anwendungsweise zu erklären ist.

II. Die Nichtauffindbarkeit in den philosophischen Lehren

Um der Ursache für das Aufkommen des Begriffs der Natur der Sache seit etwa der Mitte des 18. Jahrhunderts nachgehen zu können, bedarf es — im Rückblick auf das bisher Festgestellte — des Versuchs, das Ineinandergreifen der einzelnen Strömungen im Zuge der radikalen Veränderung des Weltbildes in der vorangegangenen Zeit und ihrer Folgen einsichtig zu machen.

Thieme spricht davon, daß das Hauptmerkmal des spätnaturrechtlichen Begriffs der „Natur der Sache“ in seiner *Unbestimmtheit* bestehe und keine präzise Definition darstelle, sondern als Schlagwort zur Begründung allgemein einleuchtender Vernunftwahrheiten diene, deren philosophische Prämissen im Dunkeln blieben[1].

Ebenso argumentiert Hans-Georg Gadamer: man habe es bei der Anwendung des Begriffs der „Natur der Sache“ mit einer Beteuerungsformel zu tun, die nicht eigentlich die Gründe angebe, warum wir etwas für wahr halten, sondern im Gegenteil das Bedürfnis nach weiterer Begründung abweisen will[2].

Das Aufkommen des „Natur der Sache“-Begriffs ist, wie sich zeigen wird, nicht auf einen philosophischen Entwurf zurückzuführen, vielmehr völlig *un-philosophisch* gerade durch das Wesen eines bestimmten Denksystems gleichsam als ein *Defensiv-Effekt* herausgefordert worden. „Natur der Sache“ trat, wie bereits angedeutet, jeweils in einem konkreten Fall, zunächst vereinzelt, weit verstreut in den verschiedensten Rechtsgebieten, *unreflektiert* in Erscheinung, freilich in zunehmendem Maße dann in einer Dichte, daß verschiedentlich bereits von einer *Lehre* von der Natur der Sache gesprochen wird[3].

---

[1] Die Zeit des späten Naturrechts, 228; vgl. auch Dreier, 36.

[2] Die Natur der Sache und die Sprache der Dinge, 26.

[3] Dreiers Untersuchung „Zum Begriff der Natur der Sache“ ist im ersten Teil, der den Titel „Historische Untersuchungen“ trägt, in zwei Kapitel untergliedert, von denen das erste Vorbemerkungen zur Geschichte des Begriffs der „Natur der Sache“ enthält, das zweite die Geschichte der *Lehre* von der Natur der Sache in der Rechtswissenschaft behandelt.

Diese Unterteilung wird mit der Feststellung gerechtfertigt, daß eine *Lehre* von der Natur der Sache sich erst im ausgehenden 18. und beginnenden 19. Jahrhundert herausgebildet habe, ihre Entstehung und Entwicklung gleichwohl nicht ohne die vorangegangene begriffsgeschichtliche Überlieferung

Nicht also wird der Begriff der Natur der Sache in zwei Ebenen aufgezeigt: in seinem Erscheinungsbild in der Welt des späten Naturrechts und sodann als philosophischer Gedanke. Ganz abgesehen davon, daß beides letztlich nicht voneinander zu trennen wäre, ist es angesichts der hier gegenüberzustellenden Begriffe „System" und „Systemwidrigkeit" gerade dem Wesen der „Natur der Sache" zuzuschreiben, daß sie kein „Voraus" hat. *Weder Kant noch Hegel haben sie unmittelbar gedacht,* wohl aber läßt sich aus ihren Denkansätzen die Natur der Sache gleichsam „beglaubigen" — und mehr noch: durch die Erkenntnis, daß alles Logische letztlich vor dem Anthropologischen zu bestehen habe, in einer sinnvollen *Dialektik* zwischen *Vorgegebenheit* und *Aufgegebenheit* einfangen.

Der hier aufgestellten These, daß weder Kant und Hegel die „Natur der Sache" eigens bedacht haben, scheinen andere Untersuchungen entgegenzustehen, die diesem Begriff bei jenen beiden Denkern eine eigenständige Bedeutung zumessen.

Dreier etwa wendet sich in seiner Arbeit über die Natur der Sache in zwei Kapiteln ausführlich dem Natur der Sache-Begriff bei Kant (§ 8) und Hegel (§ 9) zu, wie er ihn bereits vorher bei Platon, Aristoteles, Thomas von Aquin sowie in den geistesgeschichtlichen Strömungen des neuzeitlichen Rationalismus und Empirismus untersucht hat. Es werden hier nun zwar, etwa bei Kant, Fundstellen nachgewiesen, in denen „Natur der Sache" oder „Natur der Dinge" erscheinen, so zum Beispiel wenn davon die Rede ist, daß „wir die Natur der Dinge a priori nicht anders studieren können, als daß wir die Bedingungen und allgemeine (obgleich subjektive) Gesetze erforschen, unter denen allein eine solche Erkenntnis ... möglich ist"[4].

Indessen meint „Natur der Dinge" in diesem Fall ein anderes. Der Satz findet sich im Zweiten Teil der Prolegomena, der überschrieben ist: „Wie ist reine Naturwissenschaft möglich?" Unmittelbar im Anschluß an die soeben zitierte Stelle heißt es: „... denn, würde ich die zweite Art des Ausdrucks wählen, und die Bedingungen a priori suchen, unter denen Natur als *Gegenstand* der Erfahrung möglich ist, so würde

verstanden werden könne. Unter „Lehre" versteht Dreier hierbei „die Summe aller spezifisch rechtswissenschaftlichen Versuche, den NdS-Begriff definitorisch zu erfassen und in das System der Rechtstheorie bzw. der allgemeinen Rechtslehre einzuordnen" (3).

Gleichwohl wird man angesichts der Ratlosigkeit, vor die sich die damalige Wissenschaft bei dem Versuch einer Erklärung des Begriffs der „Natur der Sache" gestellt sah, noch nicht von einer *Lehre* sprechen können. Noch im Positivismus wird diese Formel unreflektiert „durchgetragen", es wird lediglich ihr Vorhandensein konstatiert, so daß man von Ansätzen zu einer Lehre erst im 20. Jahrhundert sprechen kann.

[4] Kant, Prolegomena zu einer jeden künftigen Metaphysik, die als Wissenschaft wird auftreten können, 162.

ich leichtlich in Mißverstand geraten können, und mir einbilden, ich hätte von der Natur als einem Dinge an sich selbst zu reden, und da würde ich fruchtlos in endlosen Bemühungen herumgetrieben werden, vor Dinge, von denen mir nichts gegeben ist“[5]. Was es mit dieser eben erwähnten „zweiten Art des Ausdrucks“ auf sich hat, wird aus dem ersten Absatz des Kapitels (§ 17) deutlich: ist es besser, „die Aufgabe so einzurichten: wie ist die notwendige Gesetzmäßigkeit *der Dinge* als Gegenstände der Erfahrung, oder: wie ist die notwendige Gesetzmäßigkeit *der Erfahrung* selbst in Ansehung aller ihrer Gegenstände überhaupt a priori zu erkennen möglich“[6]? Letzteres ist die vorerwähnte „zweite Art des Ausdrucks“.

Aus diesen in unmittelbarem Zusammenhang mit der von Dreier zitierten Äußerung Kants stehenden Sätzen, die insgesamt unter der Frage nach der Möglichkeit einer „reinen Naturwissenschaft“ versammelt sind, ergibt sich, daß es hier nicht um die „Natur der Sache“ („Natur der Dinge“) geht, sondern schlechthin um die *Natur*, das *Wesen*. Die Aussage Kants von der „Natur als einem Dinge an sich selbst“ (s. o.) bezeugt dies ebenso wie der (von Dreier zitierte und) mit richtigem Akzent gelesene Satz von dem Studium der *Natur* der Dinge — schließlich geht es hier, und dies besagt die Thematik, unter die das betreffende Kapitel gestellt ist — um die Wissenschaft von der *Natur*, die von Kant so bezeichnete *Naturwissenschaft*.

So erscheint die Formel vom „Natur der Sache“-Begriff bei Dreier in diesem Zusammenhang irreführend. Innerhalb *seiner* Untersuchung wird sie indessen *folgerichtig* angewandt, denn er spricht einleitend ausdrücklich davon, daß Gegenstand des ersten Kapitels seiner Arbeit (zu dem auch der Abschnitt über den Begriff der Natur der Sache bei Kant und Hegel zählt) „in erster Linie der *Natur*begriff im NdS-Begriff“ sei[7].

Daher scheiden für die vorliegende Untersuchung auch die folgenden Ausführungen Dreiers über die Deutung des Kantischen „Natur der Sache“-Begriffs aus, gleichviel ob sie mit „Naturwesen“, „Natur eines Objektes“ o. ä. bezeichnet werden[8] — stets ist Kant auf ein grundlegendes (und von ihm auch als solches gefundenes) Verständnis von „Natur“ bedacht.

Nicht anders verhält es sich mit der scheinbaren Eigenständigkeit, die dem Begriff der Natur der Sache bei Hegel zugeschrieben wird. Er wird aufgefunden und zur Deutung herangezogen insbesondere auf-

[5] Ebd. (Hervorhebung von mir).

[6] Ebd., 161 (Hervorhebungen von mir).

[7] Dreier, 4.

[8] Dreier vermerkt selbst zu Recht, daß die Wortverbindung „Natur der Sache“ bei Kant „nur gelegentlich“ auftauche (26).

grund einer eigenhändigen Randbemerkung Hegels in seinem Handexemplar der Rechtsphilosophie. Die betreffende Marginalie bezieht sich auf § 1 (Einleitung) des genannten Werkes und lautet:

„*Natur der Sache.* Nicht: diese und diese Begriffe und Inhalt haben wir, Recht, Freiheit, Eigentum, Staat usf., und nun diesen Begriff auch deutlich denken; — formelle Bildung hilft nichts zur Entscheidung über die Sache —, sondern: eben Natur der Sache selbst betrachten, dies ist der Begriff der Sache — jenes nur ein Gegebenes, Gott weiß, woher Aufgefaßtes, Vorgestelltes usf.

Nicht sogenannte bloße Begriffe; die Philosophie weiß am besten, daß die sogenannten bloßen Begriffe etwas Nichtiges sind — sondern wesentlich deren Verwirklichung — Realisierung. Wirklichkeit ist nur die Einheit des Innern und Äußern — daß der Begriff nicht ein bloßes Innere sei, sondern ebenso reales, — und das Äußere, Reale nicht eine begrifflose Realität, Dasein — Existenz, sondern sei wesentlich durch den Begriff bestimmt. — Dies im allgemeinen Unterschied von Begriff und Idee; — für den unphilosophischen Sinn — vorl(äufig.) historisch — das Nähere verspare ich auf den Begriff des Rechts — den Begriff dieser Idee selbst — denn Recht ist durchaus nur als Idee —"

Zur Aufgabe dieser Untersuchung gehört der Versuch zu klären, ob und in welcher Ausdeutung der Begriff der „Natur der Sache" im Denken Hegels, das in gewisser Hinsicht eine Schlüsselposition für die hier vertretenen Thesen zur Anwendung der eben genannten Denkform einnimmt, eine Rolle spielt. Daher sei im folgenden der Wortlaut jenes § 1, dem die erwähnte Randbemerkung gilt, wiedergegeben:

„*Die philosophische Rechtswissenschaft* hat die *Idee des Rechts*, den Begriff des Rechts und dessen Verwirklichung zum Gegenstande.

Die Philosophie hat es mit Ideen, und darum nicht mit dem, was man bloße Begriffe zu heißen pflegt, zu tun, sie zeigt vielmehr deren Einseitigkeit und Unwahrheit auf, sowie, daß der Begriff (nicht das, was man oft so nennen hört, aber nur eine abstrakte Verstandesbestimmung ist) allein es ist, was Wirklichkeit hat und zwar so, daß er sich diese selbst gibt. Alles, was nicht diese durch den Begriff selbst gesetzte Wirklichkeit ist, ist vorübergehendes Dasein, äußerliche Zufälligkeit, Meinung, wesenlose Erscheinung, Unwahrheit, Täuschung usf. Die Gestaltung, welche sich der Begriff in seiner Verwirklichung gibt, ist zur Erkenntnis des Begriffs selbst, das andere, von der Form, nur als Begriff zu sein, unterschiedene wesentliche Momente der Idee."

Hegel gibt hier (in § 1) einen kurzen Hinweis auf dasjenige, das er in seiner Philosophie unter *Begriff* versteht und das sich von der geläufigen „abstrakten Verstandesbestimmung" „Begriff" wesentlich unterscheidet. Der Begriff allein ist es, nach dem Wortlaut jener einführenden Bestimmung, der *Wirklichkeit* hat, und zwar auf die Weise, daß er sich diese Wirklichkeit selbst gibt. Gegen diese Wirklichkeit abgesetzt ist alles andere, das zwar im geläufigen Vorstellen ebenfalls, vielleicht sogar ausschließlich, mit Wirklichkeit benannt wird, im Grunde jedoch, wie Hegel es hier nennt, „vorübergehendes Dasein, äußerliche Zufälligkeit, Meinung, wesenlose Erscheinung, Unwahrheit, Täuschung" ist — an anderer Stelle spricht er von „fauler Existenz"[9].

In der oben hierzu angeführten Randbemerkung versucht Hegel noch einmal in der Form kurzer Sentenzen und Gedankenabrisse dieses Verständnis von „Begriff" zu verdeutlichen. Auch hier wieder die Abgrenzung von jener Vielzahl von Begriffen *mit Inhalt* (Recht, Freiheit Eigentum, Staat), die im Formal-Logischen verharren und nicht an die *Sache* herankommen — entscheidend allein ist der verwirklichte Begriff. Wirklichkeit stellt Hegel vor als die Einheit des Inneren und Äußeren — wörtlich: „ — daß der Begriff nicht ein bloßes Innere sei, sondern ebenso reales, — und das Äußere, Reale nicht eine begrifflose Realität". Gegenstand des Wirklichen, des Realen, aber ist die *res*, die Sache.

Das Gelangen der res in die realitas stellt einen Verwirklichungsprozeß dar, eine Befreiung der Sache zum Begriff hin, einen Eintritt der Sache in ihr Wegen, in ihre *Natur:* die *Natur der Sache.*

Hegel gebraucht hier das Wort „Natur" in einem vorläufigen, flüchtigen und unbestimmten Sinne. Er spricht ihr in dieser Flüchtigkeit und Unbestimmtheit dasjenige zu, was ihr gerade in *seinem* Denken fehlt. Denn, wie oben aufgezeigt[10], sieht Hegel die Natur als „entäußerten Geist", als die „Idee ihres Andersseins" — sie ist aus dem Geist herausgetreten, bleibt aber abhängig von ihm als unfreie, taube Notwendigkeit, die sich von ihren Gegenständen nicht freizusprechen vermag. An sich, so sagt Hegel an einer Stelle[11], sei sie in der Idee göttlich, aber so, *wie* sie sei, entspreche ihr Sein nicht ihrem Begriffe, sie stelle vielmehr den *unaufgelösten* Widerspruch dar. Ihre Eigentümlichkeit sei das Gesetztsein, das *Negative*, daher sei sie als der „Abfall der Idee von sich selbst" zu bezeichnen. Immer ausgehend von der *Sache*, die es wirklich zu machen gilt, „vernünftig", die es in den Begriff zu drängen gilt, stünde daher hier (hegelisch) richtiger: Realität der Sache, Wirklichkeit der Sache, Sachheit der Sache.

Daß aber „Natur der Sache" dafür steht, mag nicht verwundern, wenn man bedenkt, daß diese Randbemerkung der *Erläuterung* dienen sollte, zu welchem Zweck die Stringenz des *eigenen* Begriffes jeweils am wenigsten geeignet ist. So erscheint, wenn überhaupt (die Formel „Natur der Sache" findet sich in den Schriften Hegels sehr selten), „Natur der Sache" in der vorerwähnten Deutung stets nur als gleichbedeutend mit „Begriff"[12].

---

[9] Vorlesungen über die Philosophie der Weltgeschichte, Einleitung, 55.

[10] Vgl. 1. Kap. IV, 3.

[11] Enzyklopädie, § 248.

[12] Vgl. etwa: System der Philosophie § 502, 390.

In Anlehnung an diese Erkenntnis untersucht Dreier in dem Kapitel „Der NdS-Begriff bei Hegel“ auch lediglich den, wie er es nennt: „formalen Naturbegriff, d. h. den Hegelschen Begriff des *Begriffs*“[13].

Zusammenfassend ist also festzuhalten, daß es eine eigentliche Lehre von der Natur der Sache weder bei Kant noch bei Hegel gibt, wobei im Hinblick auf die gelegentliche Vorfindlichkeit dieses Begriffs in den Schriften dieser Denker dahingehend zu differenzieren ist, daß in dieser Untersuchung immer nur diejenige Formel von der „Natur der Sache“ gemeint ist, die — in bislang noch nicht abschließend geklärten Verhältnis zum *Naturrecht* — seit dem Ausgang des 18. Jahrhunderts in Rechtstheorie und Rechtspraxis einbrach und seit diesem ersten (erneuten) Auftreten ein in Ansicht ihrer Herkunft rätselhaftes Dasein führte.

Andererseits ist es sicher, und hierauf wird noch einzugehen sein, daß eine Deutung dieser Rätselhaftigkeit nicht möglich sein wird ohne Erkenntnis des philosophischen Hintergrundes jener Zeit und ohne Verständnis seiner Auswirkungen und Folgen, so daß möglicherweise letztlich die in der täglichen Rechtspraxis verwendete „Natur der Sache“ doch ihre Ahnenleite von den großen abendländischen Denkansätzen nachweisen kann.

III. Der Versuch einer analytischen Deutung

Was besagt nun „Natur der Sache“ vor dem Hintergrund des oben aufgezeigten gewandelten Verständnisses von „Natur“?

Dem Versuch einer Deutung muß eine semantisch-semiotische Überlegung vorausgehen, dieser wiederum eine Besinnung auf die Tatsache, daß diese Formel *nicht neu* war zu jener Zeit, daß sie vielmehr sowohl im Mittelalter als auch in der Antike zu finden ist, etwa als „natura rei“, „natura objecti“ oder als „φύσει δίκαιον“.

Die vorliegende Untersuchung versagt sich eine Erörterung der Anwendung der Formel von der Natur der Sache in der vorkantischen Zeit. Von ihrer Thematik her ist hier nicht der Ort, die ganze geschichtliche Breite aufzurollen, in der dieser Begriff *vor Kant* von Bedeutung war[1]. Es würde hierbei auch nicht genügen, etwa bei *Cicero, Marc Aurel, Augustin, Thomas*[2], *Molina* und anderen das Vorkommen einer Herleitung des Rechts aus der Natur der Sache aufzuzeigen. Vielmehr

[13] Ebd., 31 (Hervorhebung von mir).

[1] Vgl. hierzu u. a. die noch nicht ausgewerteten Nachweise bei Schambeck, Der Begriff der „Natur der Sache“, 7 ff., sowie bei Isay, Rechtsnorm und Entscheidung, 78 ff.

[2] Hierzu: Hassemer, Der Gedanke der „Natur der Sache“ bei Thomas von Aquin, in: Arch. f. Rechts- u. Sozialphilosophie 1963, 29 ff.

würde es sich gleichzeitig als notwendig erweisen, den *Standort* dieses Begriffes innerhalb der jeweiligen geisteswissenschaftlichen Periode, die den einzelnen Denker formte oder von ihm geformt wurde, zu verdeutlichen. Daß die Methode, etwas aus der Natur der Sache herzuleiten, seit Anbeginn des Denkens, vor allem des Rechtsdenkens, als ein entscheidender Faktor eine Rolle gespielt hat, besagt nichts über die *Kontinuität* dieser Methode. Sie ist kein statisches Element der Rechtsfindung, vielmehr, wie noch zu zeigen sein wird, ein *dynamisches*, das zu gewissen Zeiten stärker in Erscheinung getreten ist als zu anderen und in manchen Perioden sogar vergessen werden konnte.

Dies gerade ist ein *entscheidendes Wesensmerkmal des Begriffs* „Natur der Sache" und hat bei dem Versuch seiner Deutung Berücksichtigung zu finden.

Es war im Vorstehenden aufgezeigt worden, welche Wandlung der Begriff *„Natur"* im Laufe der abendländischen geistesgeschichtlichen Entwicklung durchgemacht hatte. Wie noch darzustellen sein wird, hat zwar die Denkform der „Natur der Sache" alle Zeit hindurch in ihrem Wesen *eine* besondere Konstanz gewahrt: sie ist — anders als etwa das Naturrecht — je und je *dasselbe* geblieben. Indessen ist der geistesgeschichtliche Hintergrund zu den Zeiten ihres Auftretens zumeist je ein anderer, selten der gleiche gewesen, so daß das Verständnis ihrer „Selbstmeldung" stets ein Eingehen auf diesen Hintergrund voraussetzt.

Es wird hier die These vertreten, daß sich eine Ausgrenzung der Denkform der Natur der Sache, ein Versuch ihrer Deutung, am ehesten zu einem solchen Zeitpunkt darstellen läßt, an dem der Grund für ihr Erscheinen, für ihre vielfache und vielfältige Anwendung, am Ende einer längeren Entwicklung stehend, gleichsam „eingerastet" ist. Vor dem so „zur Ruhe gekommenen" Hintergrund zeichnet sich ein Denken aus der „Natur der Sache" wie von selbst ab. Als ein solcher Zeitpunkt war das ausgehende 18. Jahrhundert gewählt worden, die Epoche kantischen und nachkantischen Denkens. Auch bei Thieme heißt es, daß die „Natur der Sache" zwar viel älter sei, in der Zeit des „späten Naturrechts" (zum Ausgang des 18. Jahrhunderts) jedoch „ihre geschichtliche Stunde" habe, wo sie die empirische Methode aufgreife[3]. Die heutige Aktualität der „Natur der Sache" ist nichts anderes als ein später Nachhall jener Zeit.

1. Semantisch-semiotische Vorbemerkung

Sprachlich besagt in einem vorläufigen Verständnis die Rechtsfindung aus „Natur der Sache" schlicht dieses: rechtens ist, was der Natur,

[3] Die Zeit des späten Naturrechts, 231.

dem Wesen der Sache, der jetzt und hier vorliegenden, entspricht, was ihr angemessen ist. Im Vordergrund steht also die *Sache*. Die genitivische Form „Natur der Sache" beläßt den Schwerpunkt bei der Sache, und zwar bei *einer* Sache. Es heißt jeweils: Natur der *Sache* und nicht: Natur der *Sachen*.

Aus diesem vorläufigen sprachlichen Verständnis folgt, daß hier eine Beschränkung vorliegt, eine Einschränkung, eine Konkretisierung auf einen einzigen vorliegenden Fall[4]. Es geht gerade um *diese eine* Sache, genauer: um die Natur, das Wesen, die Sachheit der einen Sache, die grundsätzlich nicht vergleichbar ist mit dem Wesen und der Natur einer anderen Sache. So gesehen könnte allenfalls gefolgert werden, daß sich eine pluralistische Sicht überhaupt nur dort anbieten kann, wo sich die Sachen *gleichen* — nur dann könnte möglicherweise auch eine Kongruenz ihrer Wesenheiten angenommen werden.

Diese sich aus der Formulierung des Begriffs „Natur der Sache" ergebende Beschränkung verharrt nicht im sprachlichen Bereich. Wann immer, wie die oben aufgeführten Beispiele zeigen, von der Natur der Sache die Rede war, ergab es sich, daß sie an einen konkreten Fall, und zwar einen einzigen, gebunden war.

Diese Beschränkung auf je eine und je diese Sache bildet auch den Hintergrund des Begriffs der „sachlogischen Strukturen", die gelegentlich für „Natur der Sache" stehen. Wenn es bei Welzel heißt, daß diese sachlogischen Strukturen kein geschlossenes System bilden, wie es das Naturrecht meinte, sondern den ganzen Rechtsstoff *punktförmig*[5] durchsetzten und ihm dabei den bleibenden Halt innerhalb der nur im Hier und Jetzt zu treffenden Entscheidungen gäben, so ist nichts anderes gemeint, als jene für die Rechtsfindung aus einer gewissen Vorgegebenheit notwendige Vereinzelung und Isolierung der Sache. Hier wird sehr deutlich die Absage an das *System* und Systemdenken. Es sei daran erinnert, daß, wie die oben erwähnten Beispiele zeigen, insbesondere immer dann die Natur der Sache herangezogen wurde, wenn eine *Gesetzes*norm nicht vorlag. Hieraus läßt sich der immer wieder hervorgehobene antinormative Effekt der „Natur der Sache" erklären — zum anderen vermag umgekehrt ein einmal aus der Natur der Sache gefundenes „Recht" durchaus (induktiv!) zur Grundlage einer gesetzlichen Bestimmung zu werden[6]. Dennoch bleibt stets das Schwergewicht am

---

[4] Auf den sich in diesem Zusammenhang immer wieder anbietenden Gedanken eines Vergleichs mit dem *case law* im anglo-amerikanischen Rechtsbereich kann im Rahmen dieser Untersuchung nur hingewiesen werden, vgl. hierzu Baratta, Natur der Sache und Naturrecht, 116.

[5] Naturrecht und materiale Gerechtigkeit (2. Aufl. 1955), 198 — an anderer Stelle bei Welzel steht für „punktförmig": „gewebeartig" (Naturrecht und Rechtspositivismus, 337).

[6] Vgl. hier etwa Heinrich Marx, Rechtsfindung, 27/28 (dort Anm. 43).

Fall, am Sachverhalt, an der Sache, und zwar an einer bestimmten einzelnen Sache.

Der Begriff der *Sachlogik*, ausgelegt auf den der „Natur der Sache“, erscheint auf den ersten Blick freilich wenig geeignet, das Wesen der hier erörterten Denkform zu explizieren. Denn seit jeher steht Logik für den Inbegriff apriorischer gesetzlicher Beziehungen des Gedachten und als Gesamtheit einzelner logistischer Systeme. Von daher vermag man dem Begriff „Sachlogik“ gerade *nicht* zu entnehmen, daß er die *Absage* an jedes systematische Denken, an jeglichen vorausgeschickten Entwurf bedeuten soll. Wenn „Sachlogik“, wie Welzel sie meint und nach ihm andere[7], im eigentlichen Sinn dieses Wortes auf die Erkenntnis einer den Sachen oder Gegenständen selbst innewohnenden Logik abzielt, so gilt das eben Ausgeführte gleichermaßen. In diesem Zusammenhang gebräuchliche Termini wie „innere Struktur“, „ontologische Gesetzlichkeit“, „Kategorialstruktur“ oder „innere ratio“ zeigen deutlich die Schwierigkeit des Denkens, sich von einer aposteriorischen Sicht der Dinge zu befreien. Logik, Gesetzlichkeit, Struktur, Rationalität werden so in die Sachen „hineingelegt“ — offensichtlich vermag man dasjenige, das die Sachen selber zu geben in der Lage sind, sich nicht anders vorzustellen als wiederum einem *System* immanent. Verkannt wird hierbei, daß es gerade der *unsystematische* Charakter der Sachen, der Dinge, der Gegenstände ist, der im Gewande der „Natur der Sache“ dem allgemeingültigen und in großartiger Breite angelegten System *Naturrecht* Widerstand entgegensetzt.

Deutlich wird dasjenige, das mit „Sachlogik“ (vor allem bei Welzel) gemeint ist erst dann, wenn man den zweiten Wortteil: -logik *ontologisch* begreift, nämlich als Bedingungen der Möglichkeit wahren Seins gegenüber der (bloßen) „*Denklogik*“ als den Bedingungen der Möglichkeit richtigen Denkens.

Der Hinweis auf die Singularität von Sache im Begriff der „Natur der Sache“, der hier einer vorläufig-semantischen Sicht entnommen wurde, führt nach all dem zu der Einsicht, daß bei der Suche nach einem der Sache Eigenen, ihrer Natur, ihrer Wesenheit Sache *je für sich* in Frage stand; *je diese* Sache. Diese Je-diesheit kann nie Gegenstand wissenschaftlichen, systematischen Forschens und Argumentierens sein, da sie deduktiver Methodik gegenüber „immun“ ist. Allein was *unversehrt* und *unangetastet* von „Maß-nahmen“ apriorischer Entwürfe von Welt und Natur je und je für sich steht, vermag „Sache“ im Begriff der Natur der Sache zu sein[8].

2. Die Frage nach der Sache

Die sprachlogische Ausdeutung sowie die semantisch-semiotische Anschauung des Begriffs der Natur der Sache ergibt somit neben der

---

[7] Zur Herkunft dieses Begriffs und einer Deutung seiner Anwendung vgl. insbes. Dreier, 73, Anm. 400; ausführlich auch Henkel, Einführung in die Rechtsphilosophie, 274 ff.

[8] Zum Überspringen des „je dieses“ vgl. Heidegger, Die Frage nach dem Ding, 11 ff.

Abhängigkeit dessen, das man unter „Natur“ versteht, von dem, das die „Sache“ ausmacht, die Singularität der „Sache“.

So erscheint es verständlich, daß trotz der mehrfach festgestellten Erkenntnis, es handele sich bei der „Natur der Sache“ um einen einheitlichen komplexen Begriff, immer wieder eine *Analyse* vorgenommen wurde. In den meisten Versuchen, dasjenige aufzuspüren, das sich hinter jener geheimnisvollen Formel von der „Natur der Sache“ verbarg, wurde in erster Linie nach der *Sache* gefragt. Erst danach unternahm man es, ihre „Natur“, ihr Wesen, transparent zu machen.

Hierbei zeigte sich sehr bald, daß es keinen einheitlichen Begriff der „Sache“ gab. Ausgehend von dem konkretesten, dem körperlichen Gegenstand, gelangte man zu Gegenstandsgesamtheiten, zu Komplexen von körperlichen und nichtkörperlichen Dingen, zu Institutionen, Begrifflichkeiten, Wirklichkeiten, endlich zu Seiendem schlechthin. Einige Beispiele mögen dies veranschaulichen:

Dernburg spricht in seiner „klassischen“ (Fechner, Radbruch) Definition von der Natur der Sache von der Sache als von „Lebensverhältnissen“[9].

Eugen Ehrlich geht beim Begriff der „Sache“ ebenfalls über das konkrete Ding hinaus. Die Normen aus der Natur der Sache sind bei ihm die „Regeln des Handelns, die ein Rechtsverhältnis im Leben beherrschen“[10]. Bei ihm erfährt der „Sache“-Begriff — wenn auch in diesem Sinn noch notwendig unausgesprochen — eine erste Erschließung im rechts*soziologischen* Sinn dadurch, daß er letztlich die „Übung“ als einzige echte ursprüngliche Rechtsquelle ansieht[11], aus der die anderen Quellen (Herrschaft, Besitz und Verfügung) abzuleiten seien.

Mausbach setzt den Dingen (im Begriff der „Natur der Dinge“) gleich: das Wesen des Menschen und der Menschheit, „... Wesen der Rechts-, Kultur- und Gesellschaftsgüter“[12] und stellt dann fest, daß die menschlichen Handlungen „ihre Regelung durch die Vernunftnorm, die aus den geschaffenen Dingen hergeleitet“ werde und welche der Mensch auf natürliche Weise erkenne, erhielten[13].

Stammler legt als Stoff des richtigen Rechts ebenfalls die „Lebensverhältnisse“ zugrunde[14].

---

[9] Pandekten, 1. Bd., 86.

[10] Grundlegung der Soziologie des Rechts, 287/288; vgl. auch den Begriff der „Tatsachen des Rechts“, 158.

[11] Ebd., 93 (69).

[12] Naturrecht und Völkerrecht, 26.

[13] Ebd., 27.

[14] Die Lehre von dem richtigen Rechte, 228 ff.

Radbruch leitet den Begriff der Sache vom Ansatzpunkt des Rechts ab. Er sieht in ihr „das Substrat, das Material, den Stoff, den das Recht zu formen hat“[15]. Als solchen Stoff des Rechts erkennt er „das Zusammenleben der Menschen, die Gesamtheit der Lebensverhältnisse und Lebensordnungen innerhalb der Gesellschaft sowie die Lebenstatsachen, welche Bestandteile jener Verhältnisse und Ordnungen sind“[16]. Darunter fallen von „Sozialgebilden“ überlagerte „Naturtatsachen“[17], die „Vorformen der Rechtsverhältnisse“ und die „rechtlich geregelten Lebensverhältnisse“.

Unter Naturtatsache versteht Radbruch den Fall des Apfels über den Zaun, Geburt und Tod, Kindheit, Jugend, Alter, Elternschaft und Kindschaft. Indessen genügen sie ihm nicht als „Rechtsstoff“ — sie werden zu „Sachen“ erst in ihrer sozialen Umhüllung: Einehe oder Mehrehe, Mutterrecht oder Vaterrecht, Kalender usw.[18]. In dieser Gestalt münden sie in die zweite Gruppe: Gewohnheit, Herkommen, Brauch, Sitte, Typen, diese dann wieder in die dritte der rechtlich geregelten Lebensverhältnisse.

Huber spricht von den „Realien der Gesetzgebung“[19], aber auch von den „Naturalien“[20].

Bei Gutzwiller heißt es, daß der Stoff, aus dem der Schluß erfolgen soll (= die Sache) „jede rechtlich relevante Gegebenheit“ sein könne, eine Tatsache, ein körperlicher Gegenstand im Sinne des Verkehrs, eine Sache im Rechtssinne, eine einzelne Rechtswirkung, ein Rechtsverhältnis, ein Rechtsinstitut, eine systematisch zusammengefaßte Mehrheit solcher oder schließlich die gesamte Rechtsordnung[21].

Ballweg entwickelt den Begriff der Sache aus den „Naturalien“, worunter er über körperliche Gegenstände hinausgehende Tatsachen versteht, „deren sinnliche Eindeutigkeit allgemein einsichtige, ordnende Wirkungen auf unser rechtliches Dasein ausübt, man denke nur an die Tages-, Wochen- und Jahreseinteilung, die naturgesetzlichen Abläufen folgt, an den Einfluß der Jahreszeiten auf einfache Pflichten und Rechte, Verbote und Gebote, den Wechsel von Tag und Nacht, der sehr subtile Unterscheidungen, z. B. im Straf- oder im Arbeitsrecht nach sich zieht, den Unterschied von Land und Meer, von Luft und Erde“[22].

---

15 Radbruch, Natur der Sache, 10.

16 Ebd., 10.

17 Hier, wie bei verschiedenen anderen Denkern: das verhängnisvolle Einspiel eines (ungeklärten) *Naturbegriffs* in die Definition der *Sache*.

18 Ebd., 11.

19 In: Recht und Rechtsverwirklichung, 281 ff.

20 Ebd., 321 ff.

21 Zur Lehre von der „Natur der Sache“, 284.

22 Zu einer Lehre von der Natur der Sache, 49.

Die vorerwähnten Beispiele Ballwegs zeigen deutlich, daß bei der Frage nach der „Sache" hier wie auch im folgenden bereits von einem Reglementierungsfaktor ausgegangen wird, die „Sache"-Konstituierung ist gleichsam *rechtlich* (vielleicht naturrechtlich) *vorbelastet*, so daß der ursprüngliche Zugang zu dem Begriff als *vorrechtlichem Phänomen* versperrt bleibt.

Die nächste Stufe bilden bei Ballweg unter Hinzutritt einer Zweckbestimmung die „Realien der Gesetzgebung", wie sie etwa in der Unterscheidung zwischen beweglichen und unbeweglichen Sachen zum Ausdruck kommen. Die Reihe wird fortgesetzt unter Einbeziehung der Bedürfnisse der an ihrer Gestaltung Beteiligten zu einem Verhältnisse"[23], wobei sich hier der Begriff des *Sachverhalts* zeigt, den Ballweg „Vitalie" nennt. Er versteht darunter die „vielfachen, primär biologischen, allgemein vitalen Eingebundenheiten der Geschlechtsgemeinschaft, des Erziehungsverhältnisses, der Verwandtschaftsbeziehung, der Nahrungsbedürfnisse, der Hausgenossenschaft und deren Prägung durch die vitalen Ereignisse und Gegebenheiten wie Geburt, Krankheit und Tod, Jugend, Reife, Alter[24]. In weiterer Ausdehnung des „Sache"-Begriffs gelangt Ballweg dann über die „Vorformen von Rechtsverhältnissen"[25] bis hin zu „konkreten Ordnungen". Die Reihe endet in einer auf ihr entwickelten Statuierung von Wirklichkeit, letztlich in der Wirklichkeit selbst[26] und in ihrer „neuen von Menschen geschaffenen artifiziellen" Erscheinung: der Technik[27].

Diesen Begriff des Lebenssachverhalts als eines Komplexes von Geschehen zwischen Mensch und Welt hat in sehr eindrucksvoller Weise Maihofer erarbeitet[28]. Im Anschluß an das Verstehen des Daseins als eines „In-der-Welt-seins" (Heidegger)[29] erfaßt er „die Sache, um die es im Denken aus der Natur der Sache geht", als eine Weise menschlichen Verhaltens zur Welt: „des In-der-Welt-Seins, um deren *Vorzeichnung*, damit *Sicherstellung* und notfalls *Durchsetzung* nach unserer Auffassung *alle Ordnung des Rechts und der Sitte sich dreht*. Als solche Lebenssachverhalte begegnen uns Kauf und Miete, Diebstahl und Betrug, als mit positivem und negativem Vorzeichen versehene Weisen solchen Geschehens zwischen Mensch und Welt, mit anderen Worten als eigentlich oder uneigentlich ausgelegte Weisen menschlicher Koexistenz"[30].

---

[23] Ebd., 49/50.
[24] Ebd., 50.
[25] Ebd., 50/51.
[26] Ebd., 56/57.
[27] Ebd., 58.
[28] Natur der Sache, 157 ff.
[29] Sein und Zeit, 53 ff. — Maihofer, Recht und Sein, 83 ff.
[30] Natur der Sache, 157.

Dagegen, so schränkt er ein, seien die aus ihnen abgelesenen allgemeinen Grundsachverhalte wie Handlung — Unrecht — Schuld — Strafe, deren „sachlogische Strukturen“ wir in den sogenannten allgemeinen Lehren etwa im Strafrecht oder im bürgerlichen Recht zu fassen suchen, bereits *gedankliche Abstraktionen,* mit deren Hilfe versucht werde, den allgemeinen Strukturaufbau aller dieser Rechtssachverhalte in den Griff zu bekommen[31].

Bei Heinrich Marx heißt es, daß „Sache“ auf die reale Grundlage verweise, auf der die Schlußfolgerung aus der „Natur der Sache“ beruhe. Danach kennzeichnet er „Sache“ als „sachliche Gegebenheit“, die ohne Beschränkung auf dingliche Gegenstände „jede beliebige Erscheinungsform der Wirklichkeit“ erfasse. Wenn daher, so heißt es bei ihm weiter, die so verstandene „Sache“ die reale Grundlage der Schlußfolgerung bilde, so sei die „Natur“ dieser Sache die besondere Eigenart dieser Realität im Hinblick auf das zu findende Ergebnis[32]. — Letztlich steht indessen in der Marx'schen Untersuchung für „Sache“, soweit es sich nicht um „Naturgeschehen“ handelt, der Dernburgsche Terminus *„Lebensverhältnis“*[33].

Die vorerwähnten Beispiele zeigen, daß in den Lehren über den Begriff der Natur der Sache keine einheitliche Auffassung über dasjenige zu finden ist, das in ihm die „Sache“ ausmacht. Genau besehen wurde auch eigens *nie nach ihr gefragt,* vielmehr entstand ein Bild von der „Sache“ erst in der Folge der Anwendung des Begriffs „Natur der Sache“ und zwar im Wege der Rückbesinnung, was wohl in diesem oder jenem Anwendungsfall die „Sache“ bedeutet hatte. Denn es war im Gang dieser Untersuchung bereits mehrmals festgestellt worden — und hier sei es noch einmal hervorgehoben —, daß der Gebrauch der Formel „Natur der Sache“ *unreflektiert* erfolgte, hier war im vornherein kein logisches Rüstzeug vorhanden, keine Konstruktion eines Begriffsteiles, so eben auch nicht der „Sache“.

Indessen kann soviel festgehalten werden, daß in den einzelnen („nachträglichen“) Verstehensweisen von „Sache“ gewisse Wesensmerkmale stets wiederkehren. Da ist die Rede etwa von „Material“, „Stoff“, „Vorformen der Rechtsverhältnisse“, „geschaffenen Dingen“, von „Realien der Gesetzgebung“, „Naturalien“, „Naturtatsachen“ usw. Ein echtes Verständnis dieser Kennzeichnungen ist erst möglich, wenn man den jeweiligen Gegensatz in den Denkprozeß mit einbezieht. Gegen „Material“ und „Stoff“ etwa steht die bloße *Form,* das Formale schlechthin, gegen die „Vorformen der Rechtsverhältnisse“ und die

---

[31] Ebd.

[32] Die juristische Methode der Rechtsfindung, 10.

[33] Ebd., passim.

„geschaffenen Dinge“ stehen zum einen die Formungen, die *Gestaltungen* der Dinge *durch das Recht,* zum anderen die *nicht geschaffenen* Dinge, das besagt: die *nicht mehr ursprünglichen,* die vielmehr durch menschliche (rechtliche) Verfügungen bereits beeinflußten Dinge. „Die Realien“ („Naturalien“) schließlich heben sich ab von den „Idealien“, dem *Ideenbereich,* den Ideen einer Gesetzgebung etwa.

Die erwähnten Kennzeichnungen von „Sache“ innerhalb des Begriffs „Natur der Sache“ zielen auf etwa *Konkretes, Wirkliches, Natürliches,* auf eine *unverfälschte* Situation, ein „echtes“ Lebensverhältnis hin, auf etwas vom Recht, von der Norm, von den Gesetzen noch *Unberührtes*[33a].

Mit dem Versuch einer zusammenfassenden Herausstellung der Wesensmerkmale, die für die Kennzeichnung von „Sache“ von Bedeutung zu sein scheinen, wird im Rahmen der analytischen Fragestellung die Untersuchung wie von selbst zu der sich anschließenden Frage nach dem Wegen, dem Charakter, der *Natur* der Sache hingeleitet.

Wenn also, wie aufgezeigt, seit etwa der zweiten Hälfte des 18. Jahrhunderts eine immer stärker werdende Berufung auf die Natur der Sache einsetzte und sich mit jener „Sache“ die vorerwähnten Strukturmerkmale zu verbinden schienen, so muß nunmehr exakter noch gefragt werden, welche Ausstrahlung der Sache es war, welche eigentümliche Wesenheit ihrer, die sie zu solch einem bedeutenden Instrument juristischer Argumentation eines ganzen Zeitalters machte.

Wir fragen daher nach der *Natur* der Sache.

3. Die Frage nach der Natur (der Sache)

Diese Frage kann nach den Ausführungen im ersten Kapitel der hier angestellten Untersuchung nicht unbefangen aufgenommen werden. Es war dort eigens gezeigt worden, wie sich im Laufe der geistesgeschichtlichen Entwicklung dasjenige, was je und je unter „Natur“ verstanden wurde, gewandelt hatte. Meint nun „Natur“ in der Denkform der „Natur der Sache“ ebenfalls jenen Natur-Begriff, wie er in der Institution *Naturrecht* angetroffen worden war und wie er jene dargelegte Veränderung im Naturverständnis innerhalb der allgemeinen „natur-“ und geistesgeschichtlichen Entwicklung mitvollzogen hatte? Oder meint „Natur“ hier etwas ganz anderes?

Zur Klärung dieser vordringlich wichtigen Frage sei noch einmal auf die obigen Feststellungen zurückgeblendet. Nach dem Übergreifen

[33a] Ballweg hat seine Untersuchung über die Natur der Sache von vornherein unter den Aspekt der Antinormativität dieses Begriffs gestellt und nachgewiesen, daß schon seit frühester Zeit ein derart ausgerichtetes Denken dort auftritt, wo aus der Natur der Sache argumentiert wird (Zu einer Lehre von der Natur der Sache, 7 ff.).

der sogenannten „mathematischen“ Methode auf die Geisteswissenschaften wurde auch im engeren Sektor des *Rechts* die Forderung nach einem neuen *Naturrecht* als einem Gesellschaftssystem more geometrico laut. Als Träger eines solchen Systems war die menschliche *Vernunft* in den Mittelpunkt gerückt. Die Ansicht war aufgekommen, daß das *„natürliche“* Recht eines jeden Menschen völlig *„offen“* sei (Hobbes). Schließlich war die „Natur“ als logische Größe innerhalb von Gesetzen, Regeln und Systemen in eine *anthropologische* umgeschlagen, und damit hatte sie ihren kosmischen Charakter endgültig verloren. Der Mensch war dann auch nicht länger bloßer Bestandteil eines Systems, er vermochte sich schließlich selbst als *Träger von Systemen* zu erkennen — nicht länger hatte er an der „Natur“ teil per Determination durch „natürliche“ Gesetze, vielmehr wurde zur Grundlage auch etwa der Ordnung des menschlichen Zusammenlebens die *menschliche* Natur als die *freie Vernunft,* die durch nichts determiniert war als durch sich selbst.

Wenn nun innerhalb des Begriffs der „Natur der Sache“ eigens nach dem *Wesen der Sache,* ihrer *Natur* gefragt wird, so läge es nahe, von vornherein schon bei der Frage und der Abgrenzung des Umkreises, innerhalb dessen eine Antwort zu suchen ist, jene Entwicklung und jenen Umbruch im Verständnis des Natur-Begriffs zu berücksichtigen. Soll hier an die Stelle von Natur dasjenige treten, das, grob und pauschal gesprochen, in der Endphase des erwähnten Umbruchs als Vernunft und gar als *freie Vernunft* erkannt worden war?

In der Tat fehlt es nicht an Beispielen, in denen für „Natur der Sache“ etwa: „die den Dingen innewohnende Vernunft“[34], „ratio der Dinge“, „Sachvernünftigkeit“ etc. steht. Im Zusammenhang hiermit wird von Kritikern des „Natur der Sache“-Denkens zumeist ins Feld geführt, daß man nicht mehr und nicht weniger (Vernunft) aus den Dingen herauslesen könne, als man zuvor hineingelegt habe. Auf diesem Weg argumentiert etwa *Dreier,* wenn er für die Ausdeutung von „Natur“ in der Institution der Natur der Sache den Kantischen *formalen* Naturbegriff heranzieht[35]. Er hält zunächst — völlig zu Recht — die praktische Bedeutung des transzendentalen „Natur der Sache“-Begriffs für rechtsphilosophisch irrelevant, da er für die Denkform der Natur der Sache nichts hergebe. Sodann wendet er sich — ausgehend von Kants Definition des formalen Naturbegriffs als der Existenz der Dinge unter Gesetzen der Gegenüberstellung von sinnlicher Natur vernünftiger Wesen als Existenz derselben unter empirisch bedingten (kausalen) Gesetzen und übersinnlicher Natur vernünftiger Wesen als

[34] Vgl. Erik Wolf, Das Problem der Naturrechtslehre, 66 (7. These: Natur als Rationalität), wo diese Sicht von „Natur“ eigens herausgestellt ist.

[35] Ebd., 26.

Existenz derselben unter den praktischen Gesetzen der autonomen Vernunft zu. Er erkennt, daß nach Kant neben die sinnliche Ordnung der Dinge, deren reine Gesetzgebung in den theoretischen Prinzipien des Verstandes liegt, die *„intelligible Ordnung der Dinge"* tritt, deren Gesetzgebung von den praktischen Prinzipien der Vernunft gegründet ist. So stellt sich die formale Natur im praktischen Sinne dar als Inbegriff der Regeln, unter denen der Mensch als freies Vernunftwesen steht. Ihr Gesetzgeber ist die Autonomie der praktischen Vernunft, d. h. das moralische Gesetz.

Dreier erkennt, daß sich hier die Möglichkeit anbietet, „auch auf dem Boden der kantischen Terminologie die sollensgesetzliche Struktur ... einer Institution, z. B. des Staates, der Ehe, des Eigentums etc. als deren ‚Natur' zu bezeichnen". Er kennzeichnet dies als „sollensgesetzliche Fassung des Begriffs der Natur der Sache"[36].

Der hier begangene Weg führt nicht zum Begriff der Natur der Sache und damit zur Rechtsfindung aus dieser Denkform. Die geschilderte Herleitung folgert nicht aus dem Begriff der „Sache", sondern aus dem der *„Natur"* in der Fassung des vollendeten Umbruchs dieses Begriffs bei Kant.

Das „geräuschlose" Hinübergleiten des Gedankens von der Autonomie der menschlichen Vernunft in die „sollensgesetzliche Struktur einer Institution", d. h. *eines Dinges, einer Sache, ist der eigentliche, wenngleich zumeist verkannte, Brennpunkt aller neueren Diskussionen um den Begriff der Natur der Sache im Recht.* Dieser Vorgang hat zu unzähligen Verwirrungen und Mißverständnissen geführt und dazu beigetragen, daß sich um den Begriff der Natur der Sache eine große Verlegenheit gebreitet hat.

Naturrecht war nach der Absage an den kosmischen Naturbegriff als *Vernunft*recht begriffen worden, eben als Rechts„hintergrund", dessen Maximen sich ausschließlich aus der Autonomie der menschlichen Vernunft herleiten ließen. Wird nun infolge praktischer Vernunft die „sollensgesetzliche Struktur" einer Institution, einer Sache, eines Dinges, erkannt, so geschieht dies in Transzendenz vernünftiglogischer Erwägungen in die empirische Wirklichkeit: hier werden im Umgang des Subjekts mit dem Objekt letzterem optimale Seinsweisen eingestiftet, optimal, solange jedenfalls der Kantische Rechtsbegriff, der Sollensbegriff des Idealismus überhaupt, Leitbild ist. So kommt es, daß man etwa von der „den Dingen innewohnenden Ordnung" oder gar „der ihnen immanenten Vernunft" sprechen kann. Was sich hier tatsächlich ereignet, ist jedoch eine Okkupation der Dinge durch die menschliche Vernunft. Das neue *„Natur-"recht* bestimmt hier Ordnung

[36] 30.

und Wesen der Dinge, nicht entfaltet sich dagegen Recht aus der Natur der Sache.

Diese Feststellung wirft erstmals die Frage auf, ob nicht vielleicht so etwas wie eine *Ablösung* des Naturrechts durch die Natur der Sache stattgefunden haben kann. Diesem Gedanken ist, auf ein noch immer vorläufiges Verständnis dessen hin interpretiert, was „Natur der Sache“ meint, hier nachzugehen, um so möglicherweise eine erste Einsicht in das Verhältnis des Naturrechts zur Natur der Sache zu gewinnen.

A. Naturrecht und Natur der Sache

Noch ist das Verhältnis beider — Naturrecht und Natur der Sache — zueinander ungeklärt. In Zusammenschau mit dem vorher Gesagten sei daran erinnert, daß, ähnlich wie beim Naturrecht, die Rechtsfindung aus der Natur der Sache dort vorgenommen wurde, wo es an einer *positiven* Rechtsordnung mangelte, wo also ein gesetzes*leerer* Raum bestand. Das Gesetz ging vor — das zeigte sich eindeutig dort, wo eine Aufzählung der *Rechtsquellen* zu finden war: die Natur der Sache erschien, oft als nur *mittelbare* Rechtsquelle[37], nach oder *neben* Gesetzesrecht und Gewohnheitsrecht, das ersterer gelegentlich gleich erachtet wurde. Erkennbar ist weiterhin, daß in solchen Fällen in dem Bestreben, *„richtiges“* Recht zu finden, *unreflektiert* auf die Denkform der Natur der Sache zurückgegriffen wurde.

Noch einmal sei hier die *semantische* Betrachtungsweise heraufbeschworen, um diesen „Rückgriff“ zu erklären. „Natur der Sache“ steht, wie gezeigt, sprachlich in der Nähe von „Naturrecht“ — verbunden durch das Wort *„Natur“*. Die Ansicht drängt sich auf, daß diese Nähe nicht nur eine *sprachliche* ist. *Warum aber berief man sich in all den aufgezeigten Fällen nicht expressis verbis auf das Naturrecht, sondern auf diesen rätselhaften Begriff „Natur der Sache“?*

Heinrich Marx stellt sich diese Frage in seiner Untersuchung nicht ausdrücklich, immerhin aber hebt er die Zusammenhänge zwischen Naturrecht und „Natur der Sache“ in den Schriften Pütters und Rundes heraus[38].

Beides erscheint bei Pütter *nebeneinander*[39] ohne daß eine weitere Klärung, wie Marx richtig bemerkt[40], des Verhältnisses beider Begriffe

---

[37] Vgl. etwa Grolmann, Theorie des gerichtlichen Verfahrens; ferner bei Pütter (nach H. Marx, 93); Danz, Handbuch des heutigen teutschen Privatrechts, 1. Bd., 336.

[38] aaO., 89 ff.

[39] Bezüglich der Fundstellen, die charakteristisch für die hier angeschnittene Problematik sind, wird auf H. Marx, 89/90, Bezug genommen.

[40] Ebd., 91.

zueinander aus seinen Schriften möglich ist. Pütter kann durchaus noch als Vertreter des naturrechtlichen Zeitalters angesehen werden[41] — so steht neben seiner eigenen Verwendung des Begriffs der „Natur der Sache" auch (noch) die Ansicht, daß in all den Fällen, „wo es sowohl an Gesetzen, als Gewohnheiten fehlt, auch keine Analogie eintritt, ... selbst positive Rechte oft durch allgemeine Grundsätze des *Rechts* der *Natur*[42] ergänzt werden" müssen[43]. Ob hierin zugleich auch die „Natur der Sache" eingeschlossen sein sollte, muß offenbleiben[44]. Diese Ungeklärtheit des „Nebeneinander" von Naturrecht und Natur der Sache ist gleichwohl symptomatisch.

Auch bei Justus Friedrich Runde ist noch dieses rätselhafte Nebeneinander beider Rechtsquellen anzutreffen. In seinen „Grundsätzen des gemeinen Deutschen Privatrechts" heißt es: „... was in Ermangelung solcher positiven gemeinen deutschen Rechte aus der Natur der Sache oder ... eines den Deutschen eigenen, durch Gesetze, Gewohnheiten oder Vertrag unter Privatpersonen anerkannten Rechtsinstituts richtig gefolgert werden kann, ist ebenfalls so gemein gültig und geltend als die gesunde Vernunft und hat bei Entscheidung der Streitigkeiten wie andere Grundsätze eines hypothetischen Vernunftrechts in jedem Falle Anwendung, wo es an positiven Bestimmungen fehlt"[45].

In der Folgezeit wird in den Lehrbüchern dem Naturrecht in besonderem Maße *philosophischer* Charakter beigemessen, während daneben — in ungeklärtem Verhältnis zum Naturrecht — erst zögernd und vereinzelt, später häufiger, die Natur der Sache erwähnt wird.

Thieme leitet hieraus die Unterscheidung zwischen *absolutem* und *hypothetischem* Naturrecht jener Zeit ab und setzt für letzteres den Begriff der Natur der Sache, der dafür stehe, daß *in Abkehr von der bisherigen axiomatisch-deduktiven Methode* die Rechtserkenntnis nunmehr mittels einer anschauungs- und *erfahrungsbezogenen empirischen* Methode erfolge[46]. Hierbei beruft er sich auf Troeltsch, der die Ent-

---

[41] So auch H. Marx, 91 f. mit dem Hinweis auf das von jenem 1750 zusammen mit seinem Göttinger Kollegen Achenwall herausgegebene Lehrbuch des Naturrechts „Elementa juris naturae".

[42] Hervorhebung von mir.

[43] Pütter, Neuer Versuch einer Juristischen Enzyklopädie und Methodologie, § 120.

[44] So auch H. Marx, 93.

[45] § 80 aaO., zit. nach H. Marx, der jedoch nicht angibt, um welche Auflage es sich hierbei handelt. In der ersten Auflage 1791 heißt es in § 80 noch nach Aufzählung der Rechtsquellen, nämlich der Reichsgesetze, Reichsgewohnheitsrechte, Landrechte, Stadtrechte: „... und 4. was in Ermangelung solcher positiven Rechte aus der Natur der Sache gefolgert und zur Anwendung gebracht wird, ist in aller Rücksicht gleichfalls gemeines deutsches Recht."

[46] Die Zeit des späten Naturrechts, 221 ff.

stehung dieser Unterscheidung dahingehend motiviert: das absolute Naturrecht habe sich als wenig praktikabel erwiesen. Bereits in der Stoa sei erkannt worden, daß ein Naturrecht mit Absolutheitscharakter *nie verwirklicht* werden könne, es sei denn „im goldenen Zeitalter des Menschheitsanfanges entweder als Anfang und Keim oder als volle Darstellung des Ideals. Aber unter den Bedingungen der dann eintretenden menschlichen Leidenschaften, der Herrschsucht und Habsucht, des Eigenwillens und der Gewalttat war die volle Verwirklichung nicht möglich. Die sittliche Vernunft mußte daher Mittel finden, ihr Ideal unter Berücksichtigung dieser praktischen Verhältnisse nach Möglichkeit sicherzustellen. Das geschah durch die Herausbildung einer geordneten politischen Macht, des Eigentums, eines die natürlichen Rechte sicherstellenden Rechtes, der Ehe und der Familienordnung, einer billigen Regelung der sozialen Ungleichheiten“[47]. So gesehen habe das positive Recht als ein hypothetisches Naturrecht in der gesellschaftlichen Wirklichkeit mit ihren durch die Vernunft nicht voraussehbaren Besonderheiten je nach den Umständen für eine weitestgehende *Verwirklichung naturrechtlichen Gedankengutes Sorge* zu tragen.

Ähnliches klingt in neueren Auffassungen an, wobei jedoch zu verzeichnen ist, daß nur bei wenigen das Verhältnis des Naturrechts zur Natur der Sache überhaupt explizit problematisiert wird. Hierbei wird zumeist Naturrecht als der *weitere* Begriff gesehen oder gar als Oberbegriff. Bei Erik Wolf heißt es, daß Naturrecht eins sei mit dem „Recht der Natur der Sache“, wenn Natur (innerhalb des Naturrechts) als Realität (Gegebenheit) oder Sachlichkeit (Gegenständlichkeit) des Seienden verstanden werde — Naturrecht sei dann „Sachgerechtigkeit“. Es bedeute den Inbegriff jener durch *Erfahrung beobachteten Gesetzmäßigkeiten* des sozialen Daseins, die sich als immer wiederkehrende, aus sachlicher Notwendigkeit wiederholende Ordnungsschemata darstellten[48]. Hier erscheint, ähnlich wie bei Süsterhenn[49], das Naturrecht in der Gestalt der Natur der Sache.

Coing setzt in gewisser Weise beide Institutionen auf eine gleiche Ebene[50], sieht aber dann doch das Naturrecht als die umfassendere und vollkommenere an: ihr könne eine Ordnung entnommen werden, während die Natur der Sache lediglich Ordnungs*elemente* biete[51]. Auch Henkel spricht in diesem Zusammenhang von dem Vorhandensein bloßer Ordnungselemente, welches die Annahme eines in der Natur der

---

[47] Troeltsch, Das stoisch-christliche Naturrecht und das moderne profane Naturrecht, 175 f.

[48] Das Problem der Naturrechtslehre, 106 f.

[49] Das Naturrecht, 19, 32.

[50] Etwa in: Vom Sinngehalt des Rechts, 51.

[51] Grundzüge der Rechtsphilosophie (2. Aufl.), 185.

Sache unmittelbar enthaltenen Naturrechts über das Ziel hinausschießen lasse[52].

Vom neukantianistischen Standpunkt aus argumentiert Stratenwerth, daß in der Naturrechtsdiskussion die Frage nach Wertgesichtspunkten erörtert werde, während bei einer Argumentation aus der Natur der Sache diese Gesichtspunkte nicht mehr in Frage stünden, das Recht sich hier vielmehr aus bestimmten ontischen Vorgegebenheiten herleiten lasse[53]. Von gleicher Sicht aus stellt Engisch fest, daß die Institution der Natur der Sache im Punkt der Wertungen nicht ausreiche, um als Naturrecht gelten zu können[54].

Wird in den vorerwähnten Meinungen[55] die Natur der Sache gegenüber dem Naturrecht bereits in einer bestimmten Beschränkung aufgewiesen, so verdichtet sich diese Beschränkung in einer Gruppe anderer Auffassungen, die heute als die überwiegende bezeichnet werden kann, zu einer echten Aussage wenigstens über eine Inhaltsrichtung der Denkform „Natur der Sache". Radbruch stellt Naturrecht und Natur der Sache gegenüber, indem er sagt, daß das Naturrecht, aus der *Natur des Menschen:* der Vernunft hergeleitet, ein für alle Zeiten und Völker gleiches Recht zu begründen beanspruche, während sich aus der Natur der Sache die Mannigfaltigkeit *historischer* und *nationaler* Rechtsbildungen ergebe und sie geeignet sei, historischem, nationalem, konservativem Rechtsdenken zur Grundlage zu dienen[56].

Ähnlich sieht es Bobbio: das Naturrecht beruhe auf einem Verständnis von Natur als der Summe der Gesetze, die das physische und moralische Universum lenkten. Bei der Natur der Sache dagegen meine der Mensch eine Natur, die mit der allgemeinen des menschlichen Universums nicht identisch sei, vielmehr eine Natur, die sich auf die eigentlichen Wesenszüge der Elemente einer rechtlichen Beziehung oder Einrichtung einer bestimmten, *historisch bedingten* Gesellschaft beziehe[57].

Deutlich formuliert findet sich diese auf eine bestimmte Konkretheit hinweisende Einschränkung des Begriffs der Natur der Sache bei Baratta: „Die Norm, die man der Natur der Sache entnimmt, ist nicht ewig und unveränderlich wie das über die Geschichte gesetzte Naturrecht, sondern hat im Gegenteil einen veränderlichen Inhalt, der den geschichtlichen Bestimmungen des menschlichen Zusammenlebens inne-

---

[52] Einführung in die Rechtsphilosophie, 414 f.

[53] Das rechtstheoretische Problem der „Natur der Sache".

[54] Auf der Suche nach der Gerechtigkeit, 246.

[55] Sie stehen hier nur beispielhaft für eine Reihe ähnlicher Argumentationen.

[56] Die Natur der Sache als juristische Denkform, 7.

[57] Über den Begriff der Natur der Sache, 92 f.

wohnt. Während das Naturrecht zu einer *rationalistischen* Auffassung gehört, ist die Natur der Sache im weiteren Sinne *historischer* Denkweise zuzurechnen. Die Norm des Naturrechts ist allgemein und von der Vernunft erkennbar; jene der Natur der Sache ist dagegen absolut *individuell*, d. h. sie ist immer bezogen und begrenzt auf ein bestimmtes Lebensverhältnis oder auf eine konkrete Institution[58].“

So wird schließlich in Abgrenzung vom Naturrecht im allgemeinen herkömmlichen Sinne bei der Natur der Sache vom *konkreten* Naturrecht gesprochen. Diese in der Lehre Maihofers herausgestellte Kennzeichnung umfaßt in der Tat diejenigen Umschreibungen der Denkform, die auf eine Betonung ihres *Wirklichkeitsgehalts* bedacht sind. „Selbst nach dem Aufgehen der verwissenschaftlichten Naturrechtssysteme des späten Vernunftrechts in die Naturrechtskodifikationen der beginnenden *Neuzeit* und nach dem im Idealismus sich vollziehenden sogenannten Zusammenbruch des Naturrechts geht zwar der Glaube an ewig unveränderliche und absolut gültige, aus der Natur oder Vernunft des Menschen ableitbare Rechtsgrundsätze verloren. Dagegen geht die alte, für das *konkrete Naturrecht der Rechtssachverhalte grundlegende naturrechtliche Methode der Deduktion und Argumentation aus der ‚Natur‘ oder ‚Vernunft der Sache‘*: der rerum natura oder naturalis ratio unangetastet als *wissenschaftliches Verfahren* in die *Rechtsdogmatik der Pandektistik* und die sie tragende, angeblich so naturrechtsfeindliche *Rechtstheorie der historischen Rechtsschule* über[59].“ Maihofer kommt zu dem Ergebnis, daß eine Rechtsphilosophie, die sich auf der „Natur der Sache“ gründe, konkretes Naturrecht darstelle[60].

Die erwähnten Beispiele lassen eine eigenartige *Dialektik* von Naturrecht und Natur der Sache erkennen. Es wurde deutlich, daß sich letztere Denkform nicht aus dem „Dunstkreis“ des Naturrechts zu lösen vermag. Die Abgrenzung von diesem, die sich in Kennzeichnungen wie „konkret“, „historisch bedingt“, „erfahrungsbezogen“, „empirisch“, „individuell“ ausdrückt, bringt sie in die Nähe dessen, das sich in neueren Naturrechts-Auffassungen als ein *Abrücken von der idealistischen* Sphäre darstellt. Da ist etwa die Rede von einem „Naturrecht mit wechselndem Inhalt“[61], mit „werdendem Inhalt“[62], von „historisch-elastischem“[63] oder ganz allgemein „geschichtlichem“[64] Naturrecht.

---

[58] Natur der Sache und Naturrecht, 113.

[59] Die Natur der Sache, 53 f.; von „konkretem“ Naturrecht bei der Natur der Sache spricht auch Ryffel, in: Rechts- und Staatsphilosophie, 61.

[60] Über den Begriff der Natur der Sache, 86.

[61] Stammler, Wirtschaft und Recht nach der materialistischen Geschichtsauffassung, 181.

[62] Fechner, Naturrecht und Existenzphilosophie, 404; ebenso Henkel, Einführung in die Rechtsphilosophie, 415.

Diese dem Sinngehalt nach im wesentlichen übereinstimmenden Kennzeichnungen eines *„anderen“* Naturrechts lassen das *herkömmliche* erst in seinem eigenen Licht erscheinen. Es war eben — in seinem Endstadium als (freies) *„Vernunftrecht“* eingerastet — kein Recht mit wechselndem und werdendem Inhalt: es behauptete von sich, einen *bleibenden* zu haben. Es trat nicht als ein geschichtliches oder historisch-elastisches auf, es versuchte vielmehr, sich mit dem Anspruch des *überzeitlichen* Geltens darzustellen.

Wenn dem nun in gewisser Weise ein Denken und Argumentieren aus der „Natur der Sache“ *entgegengesetzt* wurde, so ist dies allein aus der Erkenntnis von *Mangel*erscheinungen im Verfahren der *Realisierung* von Naturrecht verständlich. Man begann zu sehen, daß auch die großen und epochemachenden Gesetzgebungen, die auf dem neuen Vernunftrecht gründeten, zwar Folter und Hexenverbrennungen abgeschafft, Erleichterungen und Verbesserungen in mancher Hinsicht gebracht, aber in ihrem *Absolutheits*anspruch der Lebens*wirklichkeit* oft genug ohnmächtig gegenübergestanden hatten.

Dort, wo man sich ein Jahrhundert zuvor auf das *Naturrecht* bezogen hatte, beschwor man nun die Formel von der *„Natur der Sache“* herauf. Jenes in vernunftrechtlichen Kodifikationen erstarrte Naturrecht hatte seine Funktion als Bergungsort für „Rechts*notfälle*“ aufgegeben. Die Schwächen des neuen „Naturrechts“ waren bald erkannt worden. Treffend bemerkt Welzel, daß dieses Naturrecht, das von Anbeginn an aus dem Spannungsverhältnis von Idee und Wirklichkeit gelebt hatte, dadurch, daß es nun selbst Wirklichkeit wurde, diejenige Kraftquelle aufgab, die es bisher gespeist hatte[65]. Es reichte nicht aus, um der zu regelnden *Wirklichkeit,* dem menschlichen Zusammenleben, einer sinnvollen Bestimmung des Daseins gerecht zu werden. Die Postulate des Vernunftrechts waren „erstarrt zu Rezepten einer Gesetzgebung, die sich anmaßte, für einen konkreten Staat das ein für allemal richtige Recht zu finden“ und bildeten so einen „Hemmschuh lebendiger Gerechtigkeit, die ja gerade als unveränderliche Richtschnur verschiedenen geschichtlichen Lagen je verschiedenes Recht abforderte“[66]. Wieacker spricht davon, daß die aufgeklärte Vernunft in einer solchen Frustration schließlich ihren eigenen Gesinnungskern zu verraten schien[67].

Die oben in dem Kapitel über die „Selbstmeldung“ der Natur der Sache erwähnten Beispiele, die in den Lehren und versuchten Deutungen des Elements „Sache“ innerhalb dieser Denkform im vorläufigen

[63] Spranger, Zur Frage der Erneuerung des Naturrechts, 87 ff. (93 f.).
[64] Arthur Kaufmann, Naturrecht und Geschichtlichkeit, 10 ff.
[65] Naturrecht und materiale Gerechtigkeit, 162.
[66] Wieacker, Privatrechtsgeschichte der Neuzeit, 349.
[67] Ebd.

Verständnis gefundene Betonung des *Konkreten*, schließlich die im Rahmen einer Gegenüberstellung von Naturrecht und Natur der Sache für letztere als kennzeichnend erachtete Beziehung zu der *bloßen* Wirklichkeit einer Situation, eines Verhältnisses, einer Lage, eines *Sach*verhaltes, lassen im rechtlichen Argumentationsverfahren die Dinge, die *Realien* in den Vordergrund treten, etwa: die Bildung von Salpeterbeschlägen an den Hauswänden, die Lebensweise des Fischotters, die beim Ableben des letzten männlichen adligen Namensträgers eintretende „Herrenlosigkeit" des Besitztums (im Fall der Regredienterbfolge), die Gemeinschaft unter Geschwistern, der räumliche Bereich im Falle der richterlichen Kompetenz, die allen Gemeindemitgliedern gleichermaßen zustehenden Nutzungsrechte an der Allmende, die Tatsache des nahen Zusammenlebens von Eheleuten mit der sich daraus ergebenden Gemeinsamkeit der zum Leben notwendigen Güter, die Errichtung, Unterhaltung und Benutzung einer Brücke usw. Deduktives Fragen war in *induktives* umgeschlagen.

Zusammenfassend sei noch einmal festgehalten: gefragt war innerhalb des Versuchs einer *analytischen* Deutung zunächst nach der *Sache*, die in den einzelnen Lehren mit zwar unterschiedlichen, immerhin jedoch einigen gemeinsamen und das Wesentliche offensichtlich kennzeichnenden Merkmalen gesehen wurde. Bei der sich anschließenden Frage nach der *Natur* dieser Sache mußte dasjenige Berücksichtigung finden, das im ersten Abschnitt dieser Untersuchung über den Verständniswandel von „Natur" entwickelt worden war. Welche Natur war gemeint? Für diese Frage war es von Bedeutung zu wissen, ob es Beziehungspunkte zwischen dem *Natur*recht und der *Natur* der Sache gab. Es zeigte sich, daß sie offenbar in einem Verhältnis zueinander standen, das als ein dialektisches angesehen werden konnte, wobei der Kern dieser Dialektik in dem hier untersuchten Zeitraum einem unreflektierten Widerstand des einen gegen das andere erwachsen zu sein schien.

Unbeantwortet blieb noch immer die Frage nach der Natur innerhalb der Denkform „Natur der Sache".

Das gewandelte Verständnis von „Natur", wie es oben im Begriff des Naturrechts aufgezeigt worden war, vermochte innerhalb der Denkform der „Natur der Sache" (als sog. *„Vernunft"* der Dinge) nichts herzugeben, das als eine den Sachen *eigene, allein aus ihnen sich ergebende* „Natur" oder Wesenheit hätte ausgemacht werden können. Eine derartige „Natur" vermittelte *keinen materialen Gehalt*, so daß dort, wo in jener Weise zur Ausfüllung des *formalen* Naturbegriffs, eine Deutung versucht wurde, andere Verstehensarten gesetzt werden konnten, wie im folgenden kurz an Beispielen dargestellt werden soll.

B. *Die Formalität des Natur-Begriffs innerhalb der Natur der Sache, aufgezeigt an den Verstehensmodi der Zweckmäßigkeit und der Billigkeit*

Wie die Literatur zeigt, haben sich bei einer Deutung des Natur der Sache-Begriffs im besonderen immer wieder zwei Verstehensweisen angeboten, die eine scheinbare Erklärung für seine Anwendung gaben, vor allem für dasjenige, das hier für eine *vernünftige* Natur (der Sache) stehen konnte: die Modi der *Zweckmäßigkeit* und der *Billigkeit*.

Zum Beispiel sei hier an das Ergebnis der Untersuchungen von Heinrich Marx angeknüpft. Allgemein schließt er zunächst, daß die Natur der Sache Ausdruck für eine *Sach*bestimmtheit rechtlicher Entscheidungen stehe. Wörtlich heißt es sodann: „Die Auffindung des Rechts wird in der Mehrzahl der Fälle durch die realen Gegebenheiten so beeinflußt, daß der den Dingen innewohnende gesellschaftliche *Zweck* für die rechtliche Erkenntnis ausschlaggebend ist. Die Entscheidung ist dann nach den praktischen Bedürfnissen des jeweiligen sozialen Bereichs bestimmt[68]."

Deutlich wird die Verfolgung des *Zweck*gedankens an einem von Marx hervorgehobenen Beispiel aus Pütters „Beiträgen zum Deutschen Staats- und Fürstenrecht". Es handelt sich um das in jener Zeit erst aufkommende Verlagsrecht. Soweit dem Verleger ein solches nicht kraft Verleihung landesherrlicher Privilegien zustand, war er hinsichtlich des Nachdruckes durch andere nicht geschützt. Unter *Berufung auf die Natur der Sache* billigte nun Pütter dem Verleger eine Art „Eigentum" an dem „geistigen Gut" des Buches zu: an dem unkörperlichen „gelehrten Grundstoff". Im Hinblick darauf, daß der Verleger gezwungen sei, sich durch den Verkauf der Bücher und damit durch Veröffentlichung der in ihnen enthaltenen geistigen Substanz seinen Gewinn (und hierdurch die Grundlagen für seine Existenz) zu suchen, könne der Natur der Sache nach in dem Verlagsrecht kein anderer *Zweck* gesehen werden als der, durch den angedeuteten Übergang des in den zu vertreibenden Büchern enthaltenen geistigen Eigentums auf den Verleger das Verlagsgewerbe überhaupt zu erhalten[69].

Ein weiteres Beispiel, in dem der Zweckgedanke eine Rolle spielt, findet sich bei Runde[70]. In seinen „Beiträgen zur Erläuterung rechtlicher Gegenstände" löst Runde einen Streitfall, der die Ausnutzung einer verpachteten Viehweide zum Gegenstande hat, ebenfalls aus der

---

[68] Die juristische Methode der Rechtsfindung aus der Natur der Sache bei den Göttinger Germanisten Johann Stephan Pütter und Justus Friedrich Runde, 49/50 (Hervorhebung von mir).

[69] Hierzu noch detaillierte Angaben aaO., 30 ff.

[70] Hierzu wiederum: H. Marx, 27 ff.

Natur der Sache. Der Eigentümer einer Weide hatte einem Schafhalter vertraglich eine Weidegerechtigkeit eingeräumt. Hierbei war die Höchstzahl der Schafe festgelegt worden, die auf die Weide getrieben werden durften. Es war dann zwischen den Vertragspartnern ein Streit über die Frage entstanden, ob Jungtiere außerhalb der vertraglich festgesetzten Höchstzahl mit aufgetrieben werden durften. Hierbei war der Umstand zu berücksichtigen, daß diese Jungtiere während ihrer ersten Lebenszeit ihre Nahrung noch nicht allein auf der Weide zu suchen vermochten, hier vielmehr auf die Begleitung durch die Muttertiere angewiesen waren.

Runde argumentierte nun unter Berufung auf die Natur der Sache aus dem *Zweck* des Vertrages, der die natürlichen Gegebenheiten zu berücksichtigen habe, daß die vereinbarte Höchstzahl nicht die Jungtiere einschließe, diese also mit aufgetrieben werden dürften; allerdings nur solange, wie sie sich nicht selbständig ernähren könnten.

Schließlich spricht auch aus der berühmt gewordenen Formel Dernburgs für die „Natur der Sache“ der *Zweck*gedanke: „Die Lebensverhältnisse tragen, wenn auch mehr oder weniger entwickelt, ihr Maß und ihre Ordnung in sich. Diese den Lebensverhältnissen und ihren *Zwekken*[71] angemessene, ihnen innewohnende Ordnung nennt man Natur der Sache[72].“

Bei Dreier erfährt der Begriff der Natur der Sache, soweit er inhaltlich als Zweckgedanke ausgedeutet wird, die Kennzeichnung *„technisch-praktisch“*: „Die technisch-praktische NdS meint die Beschaffenheit, die ein Gegenstand haben muß, wenn er als Mittel zur Erreichung eines Zweckes geeignet sein soll[73].“ Nach Dreier bezeichnet „Natur“ hier die zweckadäquate Beschaffenheit einer Sache, die ihrem Charakter nach der von Max Weber entwickelten Denkform des Idealtypus gleichkomme[74].

Zur Heranziehung des Zweckgedankens bei dem Versuch einer Deutung des Begriffs der Natur der Sache ist folgendes festzuhalten: Zweck allein besagt nichts. Zweck ist stets: *Zweck zu* ... Wenn etwa in dem oben erwähnten Fall der Argumentation aus der Natur der Sache bei der Frage der Regredienterbschaft[75] gesagt würde, die Entscheidung, daß nur die unmittelbaren weiblichen Abkömmlinge des verstorbenen männlichen Nachkommen zur Erbfolge berufen seien, sei zweckmäßig, so ist dies nur sinnvoll, wenn weiter festgestellt würde,

---

[71] Hervorhebung von mir.

[72] Dernburg / Sokolowski, System des Römischen Rechts I^8 (1911), 64 f.

[73] Ebd., 106.

[74] Ebd., 107.

[75] Siehe oben (2. Kap.).

welchem Zweck hier gedient wird. Und wenn, wie hier, als Zweck erkannt wird, daß dadurch am ehesten eine weitreichende Erhaltung des Besitztums erzielt werde, so steht eben Natur der Sache *hierfür*.

So gelangt man sehr rasch zu einem ganzen *Katalog* von Zwecken, da eigentlich in jedem einzelnen Fall die Entscheidung von einem anderen, eben hier und jetzt für zweckmäßig erachteten, Grund getragen wird — oder, wie Marx es ausdrückt: die Entscheidung ist dann nach den praktischen Bedrüfnissen des jeweiligen sozialen Bereichs bestimmt. Auch bei Harscher von Almendingen taucht diese Terminologie auf: die Folge von Bedürfnis und Zweck, die Feststellung einer auszufüllenden Lücke, um zu ... damit ...

Erik Wolf hält in seinem Naturrechtslehrbuch zu Recht die Auffassung von „Natur" als Zweckmäßigkeit (Finalität) für möglich (6. These)[76], erkennt aber dann zutreffend, daß der Gedanke der Zweckmäßigkeit oder Zielgerichtetheit selbst *doppelter Deutung* fähig sei. Als Inbegriff *immanenter* Teleologie aufgefaßt, bedeute er eine ontologisch-sachgerechte Finalität; als Inbegriff transzendenter Teleologie verstanden, bedeute er eine ethisch-zielgerechte Finalität[77].

Diese Unterscheidung erscheint gerade für den Begriff der „Natur der Sache" wichtig. Eine finalistische Sicht dieser Formel im Sinne immanenter *Sach*gerechtigkeit meint eine *in der Sache selbst liegende* Regel, derzufolge teleologisch etwas *nur so* werden kann und nicht anders, wenn es dieser Regel entsprechen soll. Hierbei wäre die objektive Finalität der Funktionalität, die subjektive der Intentionalität gleichzusetzen. Für „Natur der Sache" würde dies bedeuten: die Sache selbst müßte das Entscheidende hergeben, um „zu sich zu kommen", sich in ihre Seiendheit, in ihre *Sachheit*, zu finden, um ihrem Sein gerecht zu werden. „Natur" im Begriff der „Natur der Sache" wäre die Weise dieser Entsprechung.

Bei einer finalistischen Sicht der Formel der „Natur der Sache" im Sinne *transzendenter* Zielgerichtetheit vermag die Sache eine Richtschnur dagegen *nicht* aus sich selbst zu entwickeln, vielmehr bedarf sie einer *außerhalb* ihrer liegenden Regel (bei Erik Wolf steht hierfür *Ordnung* [ἔθος] gegenüber *Ortung* [ἦθος] bei der immanenten Finalität). Das aber würde bedeuten: Sache wäre hier nicht das Primäre, sie gibt nichts her, irgendeine rechtliche Folgerung kann nicht aus ihr gezogen werden, die genitivische Form täuscht: vielleicht kommt es auf die „Natur" innerhalb der Formel an, keinesfalls aber auf die Sache.

Hier würde „Natur der Sache" ganz einfach — wahrscheinlich aus einer Verlegenheit der Deutung ihres Inhalts heraus — durch Begriffe

[76] Das Problem der Naturrechtslehre, 62.

[77] Ebd.

wie „Zweck", „Zweckmäßigkeit" oder „Zielgerichtetheit", „Finalität" ersetzt werden können. Was wozu zweckmäßig sei und warum — dies zu entscheiden, bliebe dann einem anderen Bereich vorbehalten, demjenigen etwa, den Erik Wolf (s. oben) neutral „Ordnung" nennt. Die Frage bleibt freilich, und auf diesen Umstand wird noch später einzugehen sein, warum dann gerade in einem solchen Fall von der „Natur der Sache" gesprochen wird.

Die Einsetzung des „Zweckes" für den Begriff der Natur der Sache führt also nicht weiter — weder in der einen noch in der anderen, von Erik Wolf unterschiedenen, Auffassung von „Zweck". Solange nicht geklärt ist, was unter dem *Wesen*, der *Sachheit* der Sache verstanden wird, und — im zweiten Fall — *an welcher Ordnung* in jedem einzelnen konkreten Fall sich der materielle Gehalt von Zweckmäßigkeit orientiert, wird durch die Anwendung von „Natur der Sache" die entscheidende Fragestellung lediglich auf eine andere Ebene geleitet.

Zum anderen wird mit dem Begriff der „Natur der Sache" häufig der Gedanke des *Billigkeits*rechts verknüpft.

Als Beispiel hierfür sei der Fall des Fischotters (bei Runde) herangezogen[78]. Wenn dort argumentiert wurde, daß der Fang dieses Tieres, zum Ausgleich dafür, daß der Otter sich im Wasser und damit auf Kosten des Fischereiberechtigten seine Nahrung suche, diesem zustehe, so könnte dafür ebensogut gesagt werden — und Marx folgert dies ohne Zweifel aus solchen Fällen —, daß es nicht mehr als recht und *billig* sei, wenn der Fischereiberechtigte auf diese Weise eine gerechte Entschädigung erführe.

Marx führt noch ein weiteres Beispiel an. In den „Auserlesenen Rechtsfällen" Pütters, die im Namen der Göttinger Juristenfakultät abgefaßt wurden, findet sich folgender Sachverhalt: Zwischen mehreren, an dem Verlauf eines Mühlenbaches interessierten Personen war die Umlegung des Baches vereinbart worden, um einem der Vertragspartner eine bessere Bewässerung seiner Wiesen zu ermöglichen. Über die nach erfolgter Umleitung notwendig gewordene Zuschüttung des bisherigen Bachbettes war keine Abrede getroffen worden.

Unter Berufung auf die Natur der Sache argumentierte Pütter nun dahin, daß derjenige Vertragspartner, der zuvor die Umlegung des Baches gestattet hatte, von dem anderen Vertragsteil, zu dessen Gunsten die Umlegung erfolgt war, die Beseitigung des alten Bachgrabens verlangen könne[79].

Marx stellt hierzu fest, daß die Folgerung aus der Natur der Sache in dem vorliegenden Fall durch den einer *Billigkeitserwägung* entnomme-

[78] Siehe oben (2. Kap.).

nen Gesichtspunkt bestimmt werde, nämlich daß derjenige, der den Vorteil der vertraglichen Vereinbarung genieße, auch den daraus sich für den Vertragspartner ergebenden Nachteil zu beseitigen habe.

Erik Wolf kennzeichnet „natürliche Billigkeit" als einen Inbegriff richterlicher Weisheit, administrativen Takts und rechtsgenössischer Schlichtungskunst, die sich als Gerechtigkeit des Einzelfalles bewähre, aber auch Sonderrechtsbildungen gegenüber der Tendenz schütze, die (Rechts-)Wirklichkeit auf allgemeine Gesetze zu abstrahieren und so der Uniformierung, Zentralisierung und Nivellierung des Rechtslebens entgegenwirke[80].

Wolf begründet die Autorität allen Billigkeitsrechts zutreffend mit der Einsicht, „daß richtiges Recht niemals *nur* eine Sache der Vernunft und des Verstandes sein kann, sondern auf die objektiven sozialpsychologischen Realitäten des allgemeinen Rechtsgewissens ... gegründet werden muß"[81].

Hieraus ergeben sich nun zwar Ansätze, die einer Deutung des Natur der Sache-Begriffs, wie er im nachfolgenden versucht werden soll, nicht unbedingt entgegenstehen. Indessen wird auch durch das Moment der Billigkeit, gesehen in der Formel der Natur der Sache, ihre Anwendung nicht hinreichend erklärt. Wenn auch Billigkeit kein System meint, sondern, wie Erik Wolf zutreffend festgestellt hat, mehr auf „Gerechtigkeit des Einzelfalles" abzielt, so ist sie doch nur verständlich im Sinnzusammenhang etwa mit einer Ordnung, die auf Ausgleich, auf das Prinzip des „do ut des" gerichtet ist, auf Gegenseitigkeit, Entgeltlichkeit, Remuneration[82] — sie kann wohl als Strukturelement dieses Systems richtig verstanden und angewendet werden, gibt im übrigen jedoch für sich allein nichts her.

Billigkeit, aequitas, findet sich als eigene Rechtsquelle in den Lehrbüchern des 18. und 19. Jahrhunderts auch stets *neben* der Natur der Sache.

4. Der Verlust der Sachheit

Nach den vorangegangenen Ausführungen erfährt die Frage nach der *„Natur"* einer Sache nun eine Verdichtung.

Es war erkannt worden, daß das gewandelte Verständnis von „Natur" innerhalb der Denkform der Natur der Sache (als Vernunft der Dinge) nichts herzugeben vermochte, das einem *der Sache Eigenen* entsprochen hätte.

---

[79] H. Marx, 24.

[80] Das Problem der Naturrechtslehre, 157.

[81] aaO.

[82] Hierzu letztens: Sepp, Betrachtungen zum Remunerationsprinzip und seinen Erscheinungen im deutschen Recht, Diss. FU Berlin 1968.

Andererseits ist offensichtlich, welche Bedeutung gerade dem in *Vernunftrecht* verwandelten Naturrecht gegenüber das Aufkommen der Natur der Sache hatte mit all ihren *sachbezogenen, wirklichkeitsnahen, konkreten, induktiven* und *antinormativen* Strukturmerkmalen.

Es war oben von einer *„Selbstmeldung“* dieses Begriffs die Rede — diese Terminologie ist bewußt gewählt worden, um bereits in einer ersten Kennzeichnung deutlich zu machen, daß die Herkunft des Argumentierens mit dieser Denkform gleichsam im Dunkeln liegt, daß sie sich in einer eigenartigen Weise anscheinend „von selbst“ aufgedrängt hatte und ihr Ursprung rationaler Erkenntnis unzugänglich blieb. „Selbstmeldung“ soll auch in tieferem Sinnzusammenhang bedeuten: Sache kam *als Sache selbst zur Sprache*. „Als Sache selbst“ könnte in einem vorläufigen Verständnis dasselbe meinen wie *Natur* der Sache, denn zweifellos geht es in beiden Fällen doch um die *essentia*, die Wesenheit, das Wesen der Sache, das, was die Sache als Sache ausmacht.

Indessen haben die vorangegangenen Ausführungen gezeigt, daß — zumindest im Rahmen des Versuchs einer analytischen Deutung des Begriffs der Natur der Sache — bei der Frage nach der Wesenheit der Natur von Sache diese selbst sich zu *verbergen* scheint. Es gilt daher, im folgenden unter Überspringen der essentia *unmittelbar* nach der *existentia*, nach der Sache selbst, zu fragen. Gab es sie überhaupt, und wenn ja: wo? Im Gegensatz zu der früheren Fragestellung, in der nach den Möglichkeiten der äußeren Kennzeichnung des Verständnisses von Sache innerhalb von „Natur der Sache“ gefragt worden war, geht es hier um das Problem des Sein-könnens von Sachen überhaupt, schlicht: um die Frage nach der Sache, denn das entscheidende Problem im Denken um die „Natur der Sache“ bleibt dieses: kann *aus der Sache*, und zwar *allein* aus der Sache, eine Regel gewonnen werden, die geeignet ist, als Richtschnur für menschliches Handeln, für ethische Maßstäbe zu dienen?

Eine Bejahung dieser Frage würde voraussetzen, daß der Sache eine *Eigenständigkeit* zuerkannt würde, und zwar eine vollkommene, die keinerlei Einstiftung menschlicher Erkenntnisse aufwiese.

Es war im Eingang dieser Untersuchung angedeutet worden, was unter dem Begriff „Sache“ im Hinblick auf die Herkunft dieses Wortes verstanden wurde[83].

Weiterhin war im Vorstehenden aufgezeigt worden, welche Deutung „Sache“ in der Denkform der „Natur der Sache“ im Schrifttum gefunden hatte[84]. Die hierbei entwickelten Aussagen bezeugen ihre Herkunft aus dem ursprünglich gedachten Begriff.

[83] Siehe oben (Einl.).

[84] Siehe oben (2. Kap.).

Der jetzigen Fragestellung sei für den Begriff „Sache" das Verständnis von *„Ding"* zugrundegelegt, wie es in Heideggers Schrift „Die Frage nach dem Ding", die für die folgenden Ausführungen maßgeblich ist, aufgezeigt wird.

Heidegger hält zunächst drei Bedeutungen auseinander:

„1. Ding im Sinne des Vorhandenen: Stein, ein Stück Holz, Zange, Uhr, ein Apfel, ein Stück Brot; die leblosen und auch die belebten Dinge, Rose, Strauch, Buche, Tanne, Eidechse, Wespe ...

2. Ding in dem Sinne, daß dies Genannte gemeint ist, aber dazu Pläne, Entschlüsse, Überlegungen, Gesinnungen, Taten, das Geschichtliche ...

3. All dieses und jegliches andere dazu, was irgendein Etwas und nicht Nichts ist[85]."

Bei den beiden letzterwähnten Bedeutungen, Dingen im weiteren und weitesten Sinne, wird in der Regel eine reductio ad rem i. S. der zuerst genannten Bedeutung möglich sein.

Wir fragen nach der Eigenständigkeit der Sache, nach ihrem Wesen, nach der *Sachheit*. Oben[86] war für die Fragestellung dieser Untersuchung dies eine vorausgesetzt worden: „Natur" konnte einst so hingenommen werden, daß die Dinge, die „Sachen", ihr im strengsten Sinne *immanent* waren, daß sie *Natur-Sachen*, Ausschnitte, Bestandteile von *Natur* waren. Verdeutlicht werden soll dies an den Lehren von der Bewegung der Körper (Sachen) bei *Aristoteles* und bei *Newton*[87].

Bei Aristoteles war die Bewegung der Körper *ihnen selbst gemäß* (καϑ'αὑτά) — wie ein Körper sich bewegte, nach welcher Richtung hin, mit welcher Geschwindigkeit — *dies alles hatte seinen Grund im Körper selbst.* Der Körper bewegte sich *nach seiner Natur.* „Ein sich bewegender Körper, der selbst arche kineseos ist, ist ein Naturkörper. Der rein erdige Körper bewegt sich nach unten, der rein feurige Körper — jede auflodernde Flamme zeigt es — bewegt sich nach oben. Warum? Weil das Erdige seinen Ort unten hat und das Feurige seinen Ort oben. Jeder Körper hat *je nach seiner* Art *seinen* Ort, dem er auch zustrebt. Um die Erde liegt das Wasser, um dieses die Luft, um diese das Feuer — die vier Elemente. Wenn ein Körper sich an seinen Ort bewegt, ist die Bewegung ihm, d. h. der Natur gemäß, kata physin. Ein Stein fällt zur Erde hinab. Wird aber ein Stein, z. B. mit der Schleuder, nach oben geworfen, so ist diese Bewegung eigentlich gegen die Natur des Steins,

[85] Die Frage nach dem Ding, 5 — zum Verhältnis Ding/Sache vgl. Heidegger, Das Ding, 163 ff., insbes. 173 ff.

[86] Einl.

[87] Nach Heidegger, Die Frage nach dem Ding, 63 ff.

para physin. Alle naturwidrige Bewegung ist bia, gewaltsam. — *Die Art der Bewegung und der Ort des Körpers bestimmen sich nach dessen Natur*[88].“

Anders die Lehre von der Bewegung der Körper bei *Newton*. Nach dem von ihm herausgestellten Trägheitsgesetz beharrt jeder Körper in seinem Zustand der Ruhe oder der gleichförmig-gradlinigen Bewegung, wenn und soweit er nicht von eingeprägten Kräften gezwungen wird, jenen Zustand zu ändern[89]. Diese heute selbstverständliche Art der Auffassung der Körper war bis in das 17. Jahrhundert hinein durchaus nicht selbstverständlich: „Die anderthalb Jahrtausende zuvor war es nicht nur unbekannt, sondern die Natur und das Seiende überhaupt wurden in einer Weise erfahren, für die dieses Gesetz keinen Sinn gehabt hätte[90].“

In der von Heidegger herausgestellten Unterscheidung zwischen dem Wesen der Lehre von der Bewegung bei *Aristoteles* gegenüber dem Wesen der Lehre von der Bewegung bei *Newton*, in der er das Neuartige in acht Punkten heraushebt[91], vollzieht sich eben jenes, das in Abwandlung der Fragestellung im ersten Teil dieser Untersuchung skizzenhaft dargelegt wurde: das sich wandelnde Verständnis von „Natur“ in der neuzeitlichen Wissenschaft. Jenes in diesen acht Punkten als neuartig Aufgezeigte soll daher im folgenden — mit Blickrichtung auf den Wandel in der Auffassung von dem Begriff der „Sache“ — in Angleichung an das oben über den Umbruch des Natur-Verständnisses Ausgeführte interpretiert werden.

Zunächst überspringt Newtons Gesetz die *„Jediesheit“*: jeder Körper, jedes Ding, jede Sache ist jeweils nur *ein* Exemplar mit jeweils der einen, *seinen*, Natur — bei Newton heißt es: „corpus *omne* ...“. Damit wird auch die Unterscheidung zwischen himmlischen und irdischen Körpern hinfällig, die bis in das 17. Jahrhundert noch eine Rolle gespielt hatte[92] — die „Natur-Sache“ Körper tritt zurück hinter die Gattung, das Gemeinsame, die Naturkörper sind alle im Wesen gleichartig.

Der Vorrang der Kreisbewegung vor der gradlinigen fällt weg, des weiteren schwindet der dem Ding zugehörige *Ort*: „Ort ist nicht mehr

---

[88] Heidegger, 64/65 — die Hervorhebung des letzten Satzes ist von mir.

[89] „Corpus omne perservare in statu suo quiescendi vel movendi uniformiter in directum, nisi quatenus a viribus impressis cogitur statum illum mutare“, Newton, Philosophiae naturalis principia mathematica, 28.

[90] Heidegger, 61.

[91] Ebd., 67/68.

[92] Vgl. etwa die oben angegebene Vorstellung Kopernikus’, derzufolge die Umläufe der Himmelskörper ausschließlich in Kreisbahnen und mit gleichbleibender Geschwindigkeit gedacht wurden, weil ihm allein diese Art der Bewegung der *Vollkommenheit der himmlischen Objekte* angemessen erschien („Gott hat den Zirkel angesetzt“).

der Platz, an den der Körper *seiner inneren Natur nach* hingehört, sondern nur eine Lage, die sich jeweils ‚beziehungsweise', in Beziehung auf beliebige andere Lagen, ergibt"[93] — die kreisförmige Bewegung des Mondes bildet nicht länger den diesem Körper immanenten Grund, vielmehr bedarf diese Bewegung jetzt allererst, da sie nach dem Newton'schen Trägheitsgesetz eine Tangente bilden müßte, einer *Begründung*. Mit dem Gesetz ist das *System* errichtet, das der Natur (vgl. oben) wie der *Sache* gleichsam wie ein Raster übergeworfen wird: Natur und Sache werden erkannt in der Anordnung, die jener Überwurf vorschreibt.

Die Herrschaft des *Gesetzes*, des *Systems* wächst: fortan werden alle Bewegungen nicht mehr bestimmt gemäß den verschiedenen (je und je diesen) Naturen, Wesenheiten, Elementen, Sachheiten der (jeweils *einzelnen*) Sache: das Wesen der Kraft wird aus einem Grund*gesetz* der Bewegung hergeleitet und bestimmt.

Bewegung ist bei Newton zu Lageänderung, Lagebeziehung und Entfernung von Orten geworden; Abstände entstehen und Strecken: *Meßbares*, das innerhalb des Systems (Rasters) mathematische Stimmigkeiten ergibt. Wie Natürlichkeit hinter dem Gesetz zurücktritt, so zerbricht auch der Stachel des Widernatürlichen im Gehege des Meßbaren.

„Demzufolge wandelt sich der Begriff der Natur überhaupt. Natur ist nicht mehr das *innere* Prinzip, aus dem die Bewegung der Körper folgt, sondern Natur ist die Weise der Mannigfaltigkeit der wechselnden Lagebeziehungen der Körper, die Art, wie sie anwesend sind in Raum und Zeit, die selbst als Bereiche möglicher Stellenordnung und Ordnungsbestimmung in sich nirgends eine Auszeichnung haben[94]."

Mit diesem Umbruch von „Natur" hatte das Wesen der Sache, vormals gedacht als *Natur*-Sache, eine Erschütterung erfahren. Wenn hier im Rahmen einer Untersuchung über die „Natur der Sache" nach dieser eigens gefragt werden soll, so muß nach den vorangegangenen Ausführungen nunmehr eingegrenzt werden: wie stand es nach dieser mathematischen Umbruchsphase seit dem Anfang des 16. Jahrhunderts um die Sache? Hatte sie ihre Eigenständigkeit (die sie „im Rahmen" von Natur, als Natur-Sache, einmal besaß) verloren? Und wenn ja, war ihr ein neues „Wesen", eine neue „Natur", zueigen geworden, aus der jetzt Richtlinien hergeleitet werden konnten für ein *Urteilen nach der Sache*, für die Gewinnung von objektiven Orientierungspunkten aus einer den Dingen, der Sache, innewohnenden Ordnung?

---

[93] Heidegger, 67.
[94] Ebd., 68.

Der im ersten Abschnitt der Untersuchung aufgewiesenen *mathematischen* Umbruchsphase im Verständnis des Begriffes „Natur“ folgte die *geisteswissenschaftliche* — nichts anderes hat für den Begriff der „Sache“ zu gelten. Noch einmal sei die mathematische am Beispiel des Fallversuches festgehalten: Nach der Vorstellung des *Aristoteles* bewegen sich die Körper je nach ihrer Natur: die schweren nach unten, die leichten nach oben. Fallen beide, so ist die Fallbewegung des schwereren Körpers demgemäß eine *schnellere* als die des leichten. Nicht so *Galilei:* nach seiner Vorstellung fallen alle Körper *gleich schnell.* Die Unterschiede in der Falldauer rühren vom Luftwiderstand her und „nicht aus einer verschiedenen inneren Natur der *Körper* und nicht aus ihrer entsprechenden *je eigenen Beziehung zu ihrem je eigenen* Ort“[95]. Nicht länger werden in den Dingen verborgene Eigenschaften und Kräfte gesehen — sie sind künftighin dasjenige, als das sie sich im Rahmen des Gesetzes („Natur“-gesetzes), des *Systems,* zeigen.

Seitdem der Mensch zur Bezugsmitte alles Seienden geworden war, sind daher die Sachen in der Weise als auf ihn angelegt anzusehen, daß sie nicht mehr *von sich aus* zur Sprache kommen. Seit Descartes war im geisteswissenschaftlichen Raum das Ich zu einer Gewißheit gelangt, die zum Kriterium für die Wahrheit geworden war. Das Ich verstand sich forthin als etwas, das ständig in der Bewegung mit anderem Seienden dabei war, und zwar in einer Weise, daß sich ihm als die evidente Existenz alles Seienden, alle Sachen vor-stellten. In eben dieser „Vor-stellung“ erscheinen die Sachen aber nicht mehr in ihrem *eigentlichen Sein,* in ihrer eigentlichen *Sachheit,* ihrem Wesen, sondern eben als die dem sich seiner selbst gewissen Ich entgegen-gestellten, gegenüber dessen Unerschütterlichkeit sich die Sachheit nicht mehr zu offenbaren vermag. Das entdeckte Ich ist nicht länger bereit, sich von der Wahrheit überkommen zu lassen. Es pocht auf *sich:* alles andere ist das *ihm Entgegengeworfene,* das *Objektum.*

Die Subjekt/Objekt-Spannung hat jede andere Erkenntnismöglichkeit verdrängt. Wie Sache vorher als Integral der *Natur* begriffen worden und mit dem sich wandelnden Verständnis jener alte (kosmische) Naturbegriff verschwunden war, so vollzieht sich eben derselbe Vorgang in der Gegenstand-Werdung alles Seienden: es ist die gleiche Entwicklung, hier nur unter anderer Fragestellung. Solange im oben gezeigten Umbruch des Naturbegriffes „gebundene“ Vernunft (vorkantisch an seine Stelle trat, solange also der Mensch sich der Möglichkeit, selbst Gesetzgeber der Natur zu sein, noch nicht bis ins letzte bewußt geworden war, solange vollzog sich auch der Vorgang der Vergegenständlichung noch „apokryph“. Der Aufschwung zur Bewußt-

[95] Heidegger, 69 (Hervorhebung von mir).

werdung dieses Umbruchs im Sache-Begriff ereignete sich ebenfalls zuerst im Denken *Kants*.

Bei ihm erfährt die Möglichkeit, Sachen als Gegenstände zu erkennen, zugleich ihre Begründung: Sinnlichkeit, d. h. empirische Aufnahme des Seienden in Verbindung mit dem Verstand liefert Gegenstände. Im Verstand liegt hierbei die eigentliche menschliche „Einstiftung" in die Sachheit der Sachen, das *anthropologische* Element.

Das bloße empirische Aufnehmen des Seienden genügt also nicht, um Gegenstände als solche ankommen zu lassen. Es muß etwas hinzutreten. Das bedeutet, daß die Anschauung allein die Sache nicht zur Offenbarung ihres Wesens, ihrer Sachheit, bringen kann. Das Anschauen ist bereits ein *Angreifen*, demgegenüber *sich die Dinge verschließen*. Der tiefgreifende Unterschied zum kosmisch gedachten Sache-Begriff, zur Sache als Integral, als einer Natur i. S. der *„physis"*, wird hier deutlich. Zur Sachheit der Sache im Sinne der nunmehr gedachten Gegen-ständlichkeit zu kommen, hilft der *Verstand*, indem er das empirisch Erkannte mit formenden Begriffen, den Kategorien, in eine Verbindung zu seinem Träger, dem Subjekt, setzt. Nachdem die Erkenntnis der Ichgewißheit der Eigenständigkeit der Sachen den Boden entzogen, die Sachheit (im strengen Sinne des Wortes) den Sachen genommen hat, muß ihnen eben dieses Ich einen neuen Grund geben, um „eigenständig" oder besser: *„gegen"*-ständig zu werden. *Diesen Grund liefert der reine Verstand* — er selbst ist, wie Kant sagt, „der Quell der Grundsätze, nach welchem alles (was uns nur als Gegenstand vorkommen kann) notwendig unter Regeln stehet, weil, ohne solche, den Erscheinungen niemals Erkenntnis eines ihnen korrespondierenden Gegenstandes zukommen könnte"[96].

So schlägt die Frage nach der Sachheit der Sache, nach dem der Sache Eigenen zurück und wird zu einer Frage nach dem Wesen des Menschen[97], und zwar nach dem Wesen des Menschen *in bezug auf sein Angelegtsein „hinüber" zur Sache*. Dieses Hinüber wird — wie gezeigt — dadurch vermittelt, daß das Subjekt der Sache Gegenständigkeit einstiftet. Mit dieser Einstiftung, mit der Verwandlung der Sache in ein *Objekt*, werden die Dinge *vernichtet*.

Auf die Frage nach ihrer Wesenheit, deutlicher: nach der Sachheit der Sache, schließlich nach der *Natur* der Sache, wie sie den Gegenstand dieser Untersuchung bildet, vermag die Sache, solange sie in jener Subjekt/Objekt-Verklammerung verharrt, darum keine Antwort zu geben. Sie hat jegliches *Potential* (physis-Natur, Entelechie, Eigenwesenheit) eingebüßt — Baratta spricht treffend hier von dem ver-

---

[96] Kant, Kritik der reinen Vernunft, 201.

[97] Heidegger, Die Frage nach dem Ding, 145.

geblichen Bemühen, „aus diesem Leichnam der *Sache selbst* einen Wert zu gewinnen, den sie nicht mehr in sich bergen kann, *weil* es *kein normatives Wesen der Objekte gibt*"[98]. So muß die Frage nach der Natur der Sache (als Objekt) in Transzendenz des Gefragten zwangsläufig zurückschlagen in eine Befragung des Subjekts, und zwar in eine Frage *nach der Subjektivität der Subjekt* stiftenden Vernunft: Kants transzendentale Methode. Denn: sie (die Vernunft) ist es ja gerade („... Gegenstände müssen sich nach unserem Erkenntnis richten ..."[99]), die den Gegenständen Gegenständigkeit (gewissermaßen als „zweite" Wesenheit, Sachheit oder „Natur" der Dinge) verleiht — das den Gegenständen Sein stiftende Subjekt läßt darüber hinaus außerhalb seiner keinen begründenden Grund mehr zu[100].

Folgerichtig hat damit die Zerstörung der (kosmischen) Substanz Natur auch die Substanz Sache im ursprünglichen Sinne, die ja Integral der Natur war, zerstört und die Dinge zu Trägern von Objekthaftigkeit werden lassen.

„Objekthaftigkeit" und „Objekt" sind — ebenfalls wie „Subjekt" — hier in einem gegenüber der Sprache des Mittelalters gewandelten Sinn zu verstehen. Während bis dahin alles in der Vorstellung „Entgegengeworfene" (ob-iectum) Objekt war, objektiv, gilt mit der Zugrundelegung des Subjekts Ich als eines gegenüber den anderen Dingen ausgezeichneten Seienden als Objekt nur dasjenige, das sich mit Bezug auf dieses Ich als solches überhaupt erst bestimmen läßt. Dieses Ich empfängt nicht länger das ihm Entgegengeworfene, das obiectum, in seiner Objekthaftigkeit: es *verleiht* seinerseits allererst den Dingen das Objekthafte. Sie können von sich aus nicht „ankommen" (allenfalls in der Vorstellung: „bloß subjektiv"), ihnen wird vielmehr die dem vom Ich ausgehenden Entwurf von Welt adäquate Seinsweise eingestiftet. Dies alles ist keine bloße Angelegenheit des Sprachgebrauchs, vielmehr ein grundlegender „Wandel des Daseins ... auf Grund „der Herrschaft des *Mathematischen*"[101].

5. Die Autonomie der Vernunft

Wie die vorangegangenen Untersuchungen gezeigt haben, war das Eigene der Sache, die Sachheit, die *realitas* der *res*, ausgefragt: der Mensch hatte im Lauf der Geschichte der Neuzeit gelernt, die *Natur* (und damit die *Natur-Sachen* in dem bereits vorgestellten Sinne) von

[98] Gedanken zu einer dialektischen Lehre von der Natur der Sache, 177 (nur die erste Hervorhebung im Zitat vom Verf.).

[99] Vgl. oben (1. Kap. III.).

[100] Vgl. Kanthack, Heidegger, 73.

[101] Heidegger, Die Frage nach dem Ding, 81 f.

ihrer ursprünglichen Einzigartigkeit, in der alle ihre späteren „Gegensätze“ noch *in* ihr, („unentlassen“) waren, zu befreien, und sie gleichermaßen „herabzuholen“ von einer Höhe, die nur das griechische Denken in der „ungedachten“ φύσις aufzuzeigen gehabt hatte. Mit der „Herabholung“ hatten die Verfahren begonnen, die Natur *füglich* zu machen. Die großen Naturwissenschaftler des 16. und 17. Jahrhunderts hatten sie in *mathematische* Gesetze gezwungen, in Gesetze, die auf der Grundlage *axiomatischer* Daseinsauffassung beruhten, keineswegs aber, wie man großenteils heute noch glaubt, aus der Natur „herausgelesen“ werden konnten.

In der Geisteswissenschaft war es dann Descartes gewesen, der mit dem Erkennen der Ichgewißheit das mathemata geschaffen hatte. Die nachfolgenden Denker hatten im Zwielicht der herabdämmernden „Natur“ und der „heraufdämmernden“ Vernunft gestanden, die sich in ihren Schriften nun mühselig daran machte, mit einer vorerst noch mehr „geahnten“ Freiheit (*gebundenen* Vernunft) die Natur in den Griff zu bekommen, ihr von dem geschaffenen „Punkte außerhalb ihrer“ (dem cogito sum) aus *Regeln* zu entnehmen.

„Natur“ im „Naturrecht“, und damit zugleich dieses selbst, gerieten in Bereiche von Gesetzen und Regeln. Zusammenschau, Funktionalität, Stand und Beständigkeit des Wechsels erforderten und schufen das *System. Das System bildete den tragenden Grund der Verfügbarkeit von Natur.* Seit der Zeit der Aufklärung (und bereits früher) waren dann Naturrechts*systeme* angeboten, als Allgemeine Rechtslehren verwirklicht, als Gesetze und Ordnungen kodifiziert worden.

Im Denken *Kants* hatte sich sodann die Erkenntnis aller Objekt-Schaffung und Systematisierung des Seienden ereignet. Der Verlust eines Eigenen, und zwar Je-Eigenen der Dinge, des Sachzwanges, der *kosmischen* „Natur“ der Sache, bewirkte einen „Freien Raum“, ein „*Offenes*“, das sich nun anderen „Zwängen“, anderen „Regularien“ und anderen, auf menschliche Erkenntnis und menschliches Handeln ausgerichteten, „Kräftefeldern“ anbot.

Der in dieses Offene eintretende Gehalt ist bei *Kant* material ausgeformt — die Beteiligung menschlicher Daseinsweise bei der „Ankunft“ alles Seienden (die reine Vernunft) schlägt hier die Brücke zu dem für ethische und (natur)rechtliche Reglementierungen maßgeblichen Erfahrungsraum (die praktische Vernunft).

Die Erkenntnis von der Einstiftung des anthropologischen Elements in die Begegnung mit allem Seienden ist für Kant der maßgebliche Grund für die Statuierung eines *Sittengesetzes.*

Auch hier geht er davon aus, daß der Grund für die Verbindlichkeit einer solchen Reglementierung weder in der Natur des Menschen noch in den Umständen in der Welt gefunden werden könne, er müsse vielmehr gesucht werden „*a priori lediglich in Begriffen der reinen Vernunft,* und daß jede andere Vorschrift, die sich auf Prinzipien der bloßen Erfahrung gründet, und sogar eine in gewissem Betracht allgemeine Vorschrift, sofern sie sich dem mindesten Teile, vielleicht nur einem Bewegungsgrunde nach, auf empirische Gründe stützt, zwar eine *praktische Regel,* niemals aber ein *moralisches Gesetz* heißen“ könne[102].

Gegenstand der „Kritik der reinen Vernunft“ ist die Metaphysik einer reinen „spekulativen“ Vernunft — das Gegenstück dazu nun, die Kritik der reinen „praktischen“ Vernunft findet ihre erste Darstellung in der „Grundlegung zur Metaphysik der Sitten“. Kant schreibt zu dieser Betitelung selbst, daß es ihm noch nicht möglich sei, die Einheit der reinen praktischen mit der reinen spekulativen Vernunft in einem gemeinschaftlichen Prinzip darzustellen, was andererseits notwendig sei, „weil es doch am Ende nur eine und dieselbe Vernunft sein kann, die bloß in der Anwendung unterschieden sein muß“[103].

Bei der Frage nun nach dem Apriori der praktischen Vernunft geht Kant von dem *guten Willen* aus: „Es ist überall nichts in der Welt, ja überhaupt auch außer derselben zu denken möglich, was ohne Einschränkung für gut könnte gehalten werden, als allein ein *guter Wille*[104].“ Um diesen Begriff des guten Willens, „so wie er schon dem natürlichen gesunden Verstande beiwohnet und nicht sowohl gelehret als vielmehr nur aufgekläret zu werden bedarf“, um diesen Begriff, „der in der Schätzung des ganzen Werts unserer Handlungen immer obenan steht und die Bedingung alles übrigen ausmacht“[105], zu entwikkeln („aufzuklären“), setzt Kant nun den Begriff der *Pflicht* ein. Wenn der Mensch nach Güte und Rechtmäßigkeit seines Handelns frage, so treffe er auf ein unbedingtes Gebot. Pflicht aber bedeute nichts anderes als die Notwendigkeit einer Handlung aus Achtung dieses Gebots heraus[106]. Von hier aus gelangt er zum *Prinzip* des Willens: „d. i. ich soll niemals anders verfahren, als so, *daß ich auch wollen könne, meine Maxime solle ein allgemeines Gesetz werden*“[107].

Hier tritt dem besonderen Willen ein *allgemeiner* gegenüber; objektive Notwendigkeit („aus Achtung fürs Gesetz“) bedingt gleichzeitig die subjektive Notwendigkeit des Handelns. Dort, wo sie der objektiven

---

[102] Grundlegung zur Metaphysik der Sitten, Vorrede, 13 (Hervorhebung von mir).

[103] Ebd., 16 — vgl. auch 39.

[104] Grundlegung zur Metaphysik der Sitten, 18.

[105] Ebd., 22.

[106] Ebd., 26.

[107] Ebd., 28.

nicht zu folgen vermag, da sie ja andererseits noch sonstigen subjektiven Bedingungen („gewissen Triebfedern") unterworfen ist, erscheint der Wille nicht völlig der Vernunft gemäß, diese Handlungen sind, wie Kant es ausdrückt, „subjektiv zufällig, und die Bestimmung eines solchen Willens, objektiven Gesetzen gemäß, ist *Nötigung;* d. i. das Verhältnis der objektiven Gesetze zu einem nicht durchaus guten Willen wird vorgestellt als die Bestimmung des Willens eines vernünftigen Wesens zwar durch Gründe der Vernunft, denen aber dieser Wille seiner Natur nach nicht notwendig folgsam ist.

Die Vorstellung eines objektiven Prinzips, sofern es für einen Willen nötigend ist, heißt ein Gebot (der Vernunft) und die Formel des Gebots heißt *Imperativ*"[108].

Hier wird die Unbedingtheit des „Du sollst" ausgesprochen, die ihre Ausformung dann im kategorischen Imperativ findet[109]. Gleichzeitig wird die Möglichkeit des Menschen erkannt, sich *entscheiden* zu können. Entscheidung kann es freilich nur dort geben, wo es *Freiheit* gibt: in der Unbedingtheit des Gebotes wird sich der Mensch seiner Freiheit gewiß, er erkennt, daß allen seinen Entscheidungen die *Autonomie des Willens* zugrundeliegt[110].

Dieses Prinzip der Freiheit verleiht dem Menschen Würde — Kant nennt dies so: im Reich der Zwecke habe alles entweder einen *Preis* oder eine *Würde,* so besitze all dasjenige, das sich auf die allgemeinen menschlichen Neigungen und Bedürfnisse beziehe, einen Marktpreis, dasjenige, was einem gewissen Geschmacke, d. h. einem Wohlgefallen am bloßen zwecklosen Spiel unserer Gemütskräfte, gemäß sei, einen Affektionspreis; „das aber, was die Bedingung ausmacht, unter der allein etwas an sich selbst sein kann, hat nicht bloß einen relativen Wert, d. i. einen Preis, sondern einen innern Wert, d. i. *Würde*"[111]; die vernünftige Natur aber existiere als ein solcher Zweck an sich selbst.

Der Mensch findet sich also als „Bürger zweier Welten" vor: einmal zur Sinnenwelt gehörig und damit unter Naturgesetzen stehend, zum anderen, als zur intelligiblen Welt gehörig unter Gesetzen stehend, die, von der Natur unabhängig, nicht empirisch, sondern bloß in der Vernunft gegründet sind. „Als ein vernünftiges, mithin zur intelligiblen Welt gehöriges Wesen kann der Mensch die Kausalität seines eigenen Willens niemals anders als unter der Idee der Freiheit denken, denn Unabhängigkeit von den bestimmten Ursachen der Sinnenwelt

[108] Ebd., 41.
[109] Ebd., 51.
[110] Ebd., 66/67.
[111] Ebd., 68.

(dergleichen die Vernunft jederzeit sich selbst beilegen muß) ist Freiheit. Mit der Idee der Freiheit ist nun der Begriff der *Autonomie* unzertrennlich verbunden, mit diesem aber das allgemeine Prinzip der Sittlichkeit, welches in der Idee allen Handlungen *vernünftiger* Wesen ebenso zum Grunde liegt, als Naturgesetz allen Erscheinungen[112].“

Es galt, diese Stationen Kantischen Denkens auf dem Wege zur Findung des Apriori der praktischen Vernunft an dieser Stelle noch einmal aufzuzeigen, denn von ihnen aus soll der Versuch unternommen werden, an eine bestimmte Deutung des Begriffs der „Natur der Sache“ in seiner Anwendung im Recht und seiner Position in der Rechtswissenschaft seit dem Ausgang des 18. Jahrhunderts heranzugehen.

Es wird auch im folgenden noch erforderlich sein, auf die Beschränkungen ausführlicher einzugehen, die Kant selbst dort vornahm, wo er glaubte, auf dem Gebiet der praktischen Vernunft das Unbedingte gefunden zu haben. Nur aus der *Gesamt*sicht heraus vermag sich Raum für den Versuch einer Deutung des „Natur der Sache“-Begriffs zu bieten.

In der Kritik der praktischen Vernunft, deren Aufgabe es ist, „die empirisch bedingte Vernunft von der Anmaßung abzuhalten, ausschließungsweise den Bestimmungsgrund des Willens allein abgeben zu wollen“[113], spricht Kant von der „übersinnlichen“ Natur als einer Natur unter der Autonomie der reinen praktischen Vernunft[114]. In der Beziehung des freien „Willens auf die Handlung“ nun ist das Ereignis der Verwirklichung oder Nichtverwirklichung der praktischen Vernunft zu suchen[115]. Und in diesem Prozeß der Realisierung wird noch einmal die Größe der Freiheit sichtbar: denn die Begriffe des Guten und des Bösen liegen nicht *vor* dem moralischen Gesetz, sie werden vielmehr allererst nach demselben und durch dasselbe bestimmt[116]. Hier hebt sich Kant auch von den anderen Denkern ab: „Denn sie suchten einen Gegenstand des Willens auf, um ihn zur Materie und dem Grunde eines Gesetzes zu machen, (welches alsdann nicht unmittelbar, sondern vermittelst jenes an das Gefühl der Lust oder Unlust gebrachten Gegenstandes, der Bestimmungsgrund des Willens sein sollte, anstatt daß sie zuerst nach einem Gesetz hätten forschen sollen, das a priori und unmittelbar den Willen, und diesem gemäß allererst den Gegenstand bestimmte.) Nun mochten sie diesen Gegenstand der Lust, der den ober-

---

[112] Ebd., 89.

[113] Kritik der praktischen Vernunft, Einleitung, 121.

[114] Ebd., 157.

[115] Ebd., 174.

[116] Ebd., 180.

sten Begriff des Guten abgeben sollte, in der Glückseligkeit, in der Vollkommenheit, im moralischen Gesetze oder im Willen Gottes setzen, so war ihr Grundsatz allemal Heteronomie, sie mußten unvermeidlich auf empirische Bedingungen zu einem moralischen Gesetze stoßen: weil sie ihren Gegenstand, als unmittelbaren Bestimmungsgrund des Willens, nur nach seinem unmittelbaren Verhalten zum Gefühl, welches allemal empirisch ist, gut oder böse nennen konnten[117]." Nur ein *formales* Gesetz, d. h. ein solches, das der Vernunft nichts weiter als die Form ihrer allgemeinen Gesetzgebung zur obersten Bedingung der Maximen vorschreibt, könne a priori ein Bestimmungsgrund der praktischen Vernunft sein[118].

Diese als „Grundgesetz der moralischen Welt" herausgestellte sittliche Autonomie des Menschen ist der Grund für den Verlust des Wesens von Sachen, des Verstummens der Natur einer Sache, wie er oben (unter D) dargestellt worden war.

In diesem vom Logischen ins Anthropologische umgeschlagenen Verständnis der Beziehungen zwischen Mensch und Welt hatte ein Eigenes der Dinge — sofern es je ein solches gegeben haben sollte — keinen Raum. Die Rücksichtnahme auf so etwas wie einen in vorangegangenen Epochen dominierenden kosmischen Charakter der Sachen war auf jene unumgänglichen kausalen Naturnotwendigkeiten, wie etwa das Wachstum eines Baumes, die Schwangerschaft der Frau oder die Dunkelheit in der Nacht beschränkt geblieben. Die Basis für Verhaltenspläne, aus denen Regeln, Richtlinien, Gesetzesnormen gewonnen werden konnten, blieb die sich lediglich in einer „Selbstbindung" an das Sittliche orientierende freie (praktische) Vernunft.

IV. Der Versuch einer synthetischen Deutung

Die im vorstehenden mittels analytischer Methode versuchte Deutung des Begriffs der „Natur der Sache" hat zu keiner für die Rechtspraxis brauchbaren Aussage geführt.

Auf die Frage nach der *Sache,* hatten sich einige Anhaltspunkte für die Vorstellung eines bestimmten Konkreten ergeben. Indessen kam es zu keiner Antwort darüber, welche Ausstrahlung und Ausstrahlungsmöglichkeit mit rechtlicher Relevanz von der Sache her zu erkennen war. Mehr noch: die sich anschließende Frage nach der Wesenheit, nach der *Natur* der Sache, nach dem der Sache Eigenen, hatte zu der Fest-

---

[117] Ebd., 182.

[118] Zu den gleichwohl vorhandenen materiell-ethischen Ansätzen bei Kant vgl.: Welzel, Naturrecht und materiale Gerechtigkeit, 170 und Verdross, Abendländische Rechtsphilosophie, 147.

stellung geführt, daß spätestens bei Kant und dem deutschen Idealismus die „Sachheit" der Sache verloren gegangen und an ihre Stelle die *Autonomie der Vernunft* getreten war.

Ist dem Begriff der Natur der Sache aber dann überhaupt noch eine Aussage zu entnehmen? Der Versuch, gleichsam in ihn „hinein zu fragen", war gescheitert, so daß allenfalls ein Ergebnis dort erwartet werden kann, wo man, wie es im vorläufigen Verständnis bereits wiederholt angeklungen war, ihn *unbefragt* selbst zur Sprache kommen läßt.

Dieses Zurückhalten des Fragens entspricht — und hierin liegt der Grund für den Versuch einer synthetischen Deutung — dem *unreflektierten Gebrauch* des Begriffs der Natur der Sache, wie er im Gang dieser Untersuchung wiederholt festgestellt worden war.

1. Der übersehene Verstehensmodus des „Selbstverständlichen" im Begriff der „Natur der Sache"

Das „Unberührtlassen" des Begriffs der Natur der Sache, der Verzicht auf jedes „Hineinforschen" führt zunächst auf die Ebene dessen, „was man so ungefähr darunter versteht". Seine Häufigkeit im alltäglichen Sprachgebrauch — heute wie vor zweihundert Jahren — lassen ihm aus dieser Sicht keine besondere Bedeutung zukommen. Alles, was leicht einsichtig erscheint, „was sich so von selbst macht", was „natürlich" und „selbstverständlich" ist, kann mit der Formel „Natur der Sache" belegt werden.

In den bisherigen Versuchen, den Begriff der Natur der Sache zu deuten, wurde dieser Kennzeichnung stets mit Indolenz begegnet, und zwar mit der nie ausdrücklich genannten, aber gleichwohl erkennbaren Begründung, daß dieses Verständnis, diese Deutung (die vielleicht nicht einmal eine ist) für den Inhalt der Denkform nichts hergeben könne. Gemeint ist — noch einmal sei es hervorgehoben —: Natur der Sache als das *Selbstverständliche*, dasjenige, das sich „von selber versteht". Dieser Verstehungsmodus ist *bislang vernachlässigt worden*, weil dem ihm zugrundeliegenden *unreflektierten* Gebrauch keine Bedeutung zugemessen wurde.

A. Das „Selbstverständliche" in der sprachlichen Umschreibung von „Natur der Sache"

Bei Gustav Radbruch heißt es, daß die Natur der Sache in den „allgemeinen Sprachgebrauch" übergegangen sei, „und zwar als Ausdrucksform einer Selbstverständlichkeit, die keiner Begründung zu bedürfen scheint und die weitere Diskussion kurz abschneiden soll.

Nicht viel anders erscheint sie wohl gelegentlich in der Rechtspraxis: ohne weitere Gründe, mit dem Anspruch der Evidenz“[1].

Auf die Ebene des Selbstverständlichen zielt ferner die oben bereits einmal erwähnte Feststellung Gadamers, derzufolge man es bei der Anwendung des Begriffs der Natur der Sache mit einer Beteuerungsformel zu tun habe, die nicht eigentlich die Gründe angebe, warum wir etwas für wahr halten, sondern im Gegenteil das Bedürfnis nach weiterer Begründung abweisen wolle[2].

Auf die Natur der Sache als etwas *Selbstverständlichem* beziehen sich auch die Bemerkungen Bobbios, denen zufolge dieser Begriff wie ein „Ausweg für ein besseres Verstehen der Arbeit des Gesetzgebers, des Richters und des Juristen bei der Formulierung von Regeln“ aufzufassen sei[3].

Bei Erich Fechner heißt es, der verbindliche Charakter der Natur der Sache sei so selbstverständlich, daß der Hinweis darauf oft als *Banalität* anmute[4].

Auch Coing meint das Selbstverständliche, wenn er über den Begriff der „Natur der Sache“ sagt, daß er „bescheiden klinge“[5], über dasjenige, das er selbst ausmacht, also nicht hinausgehe.

Als „das, das sich so von selbst macht“, war die Denkform der „Natur der Sache“ wiederholt bezeichnet worden[6] — und auch damit wird nichts anderes angesprochen als das jeden weiteren Zusatz, jede weitere „Erklärung“ abweisende Selbstverständliche.

Heinrich Marx kommt in seiner wiederholt genannten Untersuchung ebenfalls zu einer in diesem Zusammenhang bemerkenswerten Feststellung: „Vor jeder weiteren Beschäftigung mit der in den Schriften Pütters und Rundes verwendeten Natur der Sache fällt auf, wie dieser Begriff gebraucht wurde, um auf die *Selbstverständlichkeit* der gefundenen rechtlichen Lösung hinzuweisen. Dieser Eindruck wird an zahlreichen Stellen besonders durch die Art der gebrauchten Formulierungen hervorgerufen. Unverkennbar hat der Verfasser dort den aus der Natur der Sache gezogenen Schluß als ohne weiteres einzusehen (als aus sich selbst heraus verständlich) darstellen wollen[7].“

Wie andere auch gelangt Marx sodann zu dem Schluß, daß der Gebrauch der Formel „Natur der Sache“ zum Zwecke, das rechtlich un-

[1] Die Natur der Sache als juristische Denkform, 9.
[2] Die Natur der Sache und die Sprache der Dinge.
[3] Über den Begriff der „Natur der Sache“, 103.
[4] Rechtsphilosophie, 148.
[5] Grundzüge der Rechtsphilosophie, 180.
[6] Vgl. oben 2. Kap.
[7] Marx, 9, der diese Feststellung anschließend mit Beispielen belegt.

mittelbar Einleuchtende und Selbstverständliche auszudrücken, keine hinreichende Ausdeutung darstelle. Vielmehr beginne an dieser Stelle erst die eigentliche Fragestellung[8].

Der Begriff der Natur der Sache steht auch in der neueren Rechtsprechung für die Anrufung des „Selbstverständlichen“, des „Natürlichen“, des „Evidenten“, des „für jedermann Einsichtigen“[9]. So heißt es etwa in einer Urteilsbegründung, es liege in der Natur der Sache, daß die Aufstellung eines Bauplanes eine gewisse Zeit erfordere[10]. Kolb vertritt hier die Ansicht, daß in dieser Entscheidung sowie in einer ähnlichen des Bundessozialgerichts, in der es heißt, daß es in der Natur der Sache begründet sei, wenn die Anwendung gewisser Berufskrankheitsvorschriften von der wissenschaftlichen Erkenntnis der Kausalität besonderer Einwirkungen auf den Körper abhänge[11], — daß in diesen Entscheidungen in Wirklichkeit nicht auf die Natur der betreffenden „Sache“, nämlich des Bauplanes oder der wissenschaftlichen Erkenntnis abgestellt werde. Es sei vielmehr die Formel der „Natur der Sache“ lediglich herangezogen worden, um ein „an sich schon logisch herleitbares Ergebnis“ zu begründen[12]. Er bezeichnet diese Art der Einsetzung des „Natur der Sache“-Begriffs als Anwendungsform mit dem Anspruch auf Evidenz bei Schlüssen „nichtrechtlicher“ Art gegenüber dem bei Folgerungen „juristischer“ Art. Zu letzteren zählt er etwa eine Entscheidung des Bundesverwaltungsgerichts, in deren Begründung es heißt: „Es liegt in der Natur der Sache, daß das Verhalten der aus rassischen Gründen geschädigten Angehörigen des öffentlichen Dienstes und die dabei zum Ausdruck gekommenen Berufsabsichten jedenfalls von dem Zeitpunkt an nicht mehr vorbehaltlos als Beweisanzeichen herangezogen werden können, an dem die vom Nationalsozialismus getroffenen Maßnahmen eine freie Berufswahl für sie nicht mehr zuließen[13].“ — oder ein Urteil des Bundesgerichtshofes, in dessen Gründen es heißt, es liege in der Natur der Sache, daß es den Belangen einer der inneren und äußeren Sicherheit der Bundesrepublik dienenden Einrichtung, wie es der Bundesgrenzschutz sei, entscheidend zuwiderlaufe, wenn der Gegner, dem es um die Untergrabung der Sicherheit zu tun sei, ein verläßliches Bild von der Qualifikation der in Führungsstellen verwendeten Personen gewönne[14].

---

[8] Ebd.

[9] Nachweise bei Kolb, Der Begriff der „Natur der Sache“ in der höchstrichterlichen Rechtsprechung, 23.

[10] Bundesgerichtshof, Entscheidungen in Zivilsachen, Bd. 15, 268 (278) — vgl. Kolb 23/24.

[11] Entscheidungen des Bundessozialgerichts, Bd. 7, 89 (97).

[12] Ebd., 24.

[13] Entscheidungen des Bundesverwaltungsgerichts, Bd. 11, 109 (114).

Bei beiden Gruppen[15], nämlich derjenigen, in denen Schlüsse nichtrechtlicher Art unter Anwendung des Begriffes der Natur der Sache und derjenigen, in der mittels seiner rechtliche Folgerungen gezogen werden, bedarf es dieser Formel nach der Ansicht Kolbs nicht, da sie „mittels eines sinngleichen Ausdrucks, der die vom Gericht erkannte *Selbstverständlichkeit* nach außen hin ersichtlich werden läßt, ersetzt werden könnte"[16].

In noch zahlreichen weiteren Entscheidungen wird in der Tat belegt, daß „Natur der Sache" gerade dort angewendet wird, wo sich etwas „von selbst versteht", „selbstverständlich", „natürlich" ist in der Weise, daß sich das Denken nicht bei ihm aufhält, die Folgerung aus der Natur der Sache keine Verwunderung hervorruft[17].

B. Die Aussage des Selbstverständlichen

Die aufgezeigten Beispiele lassen erkennen, daß der Charakter des Selbstverständlichen im Begriff der Natur der Sache zwar gesehen, ihm gleichwohl eine Bedeutung, ein Aussagewert, nicht zuerkannt worden war. Soweit ersichtlich, ist jeder Versuch einer Deutung jener Denkform daran vorbeigegangen. Das mag nicht verwundern, wenn man bedenkt, daß auch ein Fragen im wissenschaftlichen Bereich sich nur ungern an Dingen aufhält, die — in einer vorläufigen Sicht — selbstverständlich sind.

Diese vorläufige Sicht ist gerade bei einer solchen Sprachformel von eigenartiger Beharrlichkeit, als ginge es darum, irgendein auf Tiefe bedachtes Eindringen in den Wort*sinn* zu verwehren. So kam es, daß im alltäglichen Sprachgebrauch das Wort „selbstverständlich" (wie auch das Wort „natürlich") zu einer Floskel werden konnte, zu einer belanglosen *Redensart.*

Aber Redensarten sind eben nicht nur das Unlebendige einer uneigentlich gewordenen Sprachübung. „Sie sind vielmehr zugleich die Hinterlassenschaft eines gemeinsamen Geistes und vermögen, wenn man sie nur richtig versteht und in ihre geheime Bedeutungsfülle eindringt, Gemeinsames neu sichtbar zu machen", heißt es in einer Betrachtung Gadamers über die Natur der Dinge[18], und Heidegger spricht davon, daß die Berufung auf Selbstverständlichkeit im Umkreis philosophischer Grundbegriffe ein zweifelhaftes Verfahren sei, „wenn an-

---

[14] Bundesgerichtshof, Entscheidungen in Strafsachen, Bd. 10, 108 (109) — weitere Entscheidungen bei Kolb, 28 ff.

[15] Deren Differenzierung nicht recht einsichtig ist.

[16] Kolb, 25 u. 34.

[17] Vgl. Bobbio, Über den Begriff der „Natur der Sache", 87.

[18] aaO., 28.

ders das ‚Selbstverständliche' und nur es, ‚die geheimen Urteile der gemeinen Vernunft' (Kant), ausdrückliches Thema ... 'der Philosophen Geschäft' werden und bleiben soll"[19].

Romano Guardini sieht es für nicht gleichgültig an, „ob jemand fähig ist, über Gemeinplätze nachdenklich zu werden. Was diese sagen, sind nämlich die Grundwahrheiten, welche das Dasein tragen"[19a].

Um nun die Frage des „Selbstverständlichen" für eine Deutung soweit wie möglich auszuloten, bedarf es zunächst einer strengen Besinnung auf dasjenige, das aus dem Sprachlichen dieses Begriffs selbst spricht. „Selbstverständlich" meint im vorläufigen Verständnis, daß sich eine Sache „von selbst versteht", d. h. *ohne Zutun eines anderen:* es bedarf keiner Erläuterung, keiner Auslegung, keiner irgendwie gearteten Verständnishilfe — das, was in Rede steht, *bringt sich selbst zum Verstehen.*

Was hier tatsächlich gemeint ist, wird indessen erst deutlich, wenn man dieses Selbstverständliche absetzt von demjenigen, das ihm entgegensteht, das die Fähigkeit der Sache, sich selbst aus dem Eigenen heraus zur Sprache zu bringen, *einschränkt.* Diese Einschränkung war oben in ihrer extremen Erscheinung als Verlust der „Sachheit der Sache" dargelegt worden, ein Verlust, der dadurch eingetreten war, daß es zur Entdeckung der Autonomie der Vernunft kommen konnte. Diese Entdeckung, vollendet im Denken *Kants,* war das Ergebnis einer Entwicklung, die bei *Platon* und in den platonischen Schulen ihren Anfang genommen hatte. Dank der Vernunft und der Einsicht, daß der Mensch bei all seinen Handlungen und Entscheidungen, von einem naturalkausalen Rest abgesehen, durch nichts anderes determiniert ist als durch seine eigene Selbstbestimmung, ließ ihn, wie oben gezeigt, sogar zum Gesetzgeber der Natur werden, die dadurch im Verlauf der geistesgeschichtlichen Entwicklung einen kontinuierlichen Wandel vollzogen und in diesem Wandlungsprozeß je und je auch bestimmte hatte, was Naturrecht ausmachte. Entwürfe von Natur, von Sein, *Systeme* von Recht und Gerechtigkeit waren der Ausdruck dieser Entwicklung: die Vernunft, das *Rationale* war auf den Plan getreten, dessen Gehalt nirgends treffender gekennzeichnet ist als in dem Wort Friedrich Julius Stahls: „Daß etwas ist, reicht ihr (sc. der abstrakten Philosophie, dem Rationalismus) nicht hin, es muß das Gegenteil undenkbar sein[20]." Hier werden die Elemente eines jeden Systems deutlich.

---

[19] Sein und Zeit, 4; vgl. auch Maihofer, Recht und Sein, 40.

[19a] Guardini, Der unvollständige Mensch und die Macht, 11.

[20] Philosophie des Rechts Bd. I, 91.

Auf der einen Seite also findet sich dasjenige, das — aller Systematisierung, Schematisierung, Verfügung von außen her entgegen — „unangetastet" und „selbst-stehend" zur Sprache gelangen will, und auf der anderen Seite jenes, das längst systematisiert, schematisiert, verfügt *hat* und sich dieses Vorgangs spätestens seit Kant auch bewußt ist.

Oben war das Ausgefragt-sein der Sache, der Verlust der Sachheit, des Wesens, der Natur der Sache, nachgewiesen worden. Befremdlich muß daher bleiben, wenn an dieser Stelle als Verstehensmodus von Natur der Sache wiederum auf so etwas wie eine *eigene Struktur der Dinge* rekurriert wird, auf etwas von sich aus (von selbst) Verständliches und Verfügungen Abweisendes, um den Begriff der Natur der Sache zu deuten. Besagt dies etwa, daß jene „Kopernikanische Wende", die totale Veränderung des Verstehens von Natur, wie sie sich im Denken Kants vollzogen und vollendet hatte[21], die Erkenntnis der Freiheit der Selbstbestimmung des Menschen, das daraus erwachsene *„vernünftige"* Naturrecht mit seinen Folgen — daß all dieses sich *wiederum gewendet* hatte, daß hier ein „Rückfall" an kosmische Kräfte, an einen faktischen Dogmatismus, an eine Herrschaft der Dinge eingetreten war?

Daß dies nicht der Fall ist, daß vielmehr jene „bewußte" Wesensphilosophie bis zum heutigen Tag bestimmend ist, hat Weischedel überzeugend nachgewiesen[22]. Noch heute werden höchstrichterliche Entscheidungen von den Vorstellungen der *Freiheit*, verstanden als sittliche Selbstbestimmung, und *Verantwortlichkeit*, die den Mitmenschen achtet, getragen. Beides ist maßgeblich für die Auffassung des Menschen als *Person* und Träger eigener *Würde*[23]. Dieser Rahmen, in dem das Bild des Menschen erscheint, hat sich im Laufe einer langen Geschichte der Selbstbesinnung des Menschen herausgebildet. Hier steht gleichsam ein *Entschluß* des Menschen, *sich als die freie und verantwortliche Persönlichkeit zu wollen*[24]. Nicht länger ist die menschliche Natur, sofern sie Fundament und Maßstab der Moral und des Rechts darstellt, durch die Schöpfung auf ein vorgefaßtes Ziel hin prädestiniert, sie ist nach Kant vielmehr in sich leer und offen und daher geeignet und bereit, durch den Menschen selbst nachdeterminiert zu werden[25].

Demgegenüber sei ein letztes Mal in aller Deutlichkeit gefragt: was hat es auf sich mit der aus dem *unreflektierten Gebrauch* des Begriffs der „Natur der Sache" erkannten Verstehensweise des Selbstverständ-

[21] Vgl. hierzu Maihofer, Droit naturel et nature des choses, 234.

[22] In: Recht und Ethik.

[23] Ebd., 11.

[24] Ebd., 18.

[25] Maihofer, Droit naturel et nature des choses, 235.

lichen, als eines Eigenen der Dinge, dessen Existenz ebenso lebendig und sich wehrend immer wieder vermeldet wird wie sein Verschwinden in der Verfügung über die Sachen und sein Überspieltwerden von dem Prozeß der „Vernünftigung" der Natur der Sachen?

Eine Antwort hierauf setzt das Vermögen voraus, die Gegensätzlichkeit von Naturrecht und Natur der Sache, wie sie Gegenstand dieser Untersuchung ist, *nicht dialogisch sondern dialektisch zu sehen:* nicht aut - aut, sondern et - et.

Das *Selbstverständliche,* wie es hier als eigentlicher Verstehensmodus des Begriffs der Natur der Sache herausgestellt wurde, ist die Aussage dafür, *daß die Sachen jene Wende, jenen Umbruch im Verständnis von Natur,* der darauf aus war, ihnen ihr Eigenes, ihr Wesen, *ihre Natur* zu nehmen, *„nicht mitmachten"*, daß sie *vielmehr einer eigenen Ordnung verpflichtet blieben.* Jene Ordnung aber — und hier schließt sich der Kreis dieser Untersuchung in der Rückkehr zu dem eingangs Gesagten — bestimmt sich noch immer aus jener Zeit her, in der die Dinge in der Natur eingeschlossen waren (Natur-sachen), in der auch das Recht *im Sein* in einer Weise seinen Ort hatte, daß es „als die Eigentlichkeit menschlichen Daseins überhaupt verstanden" werden konnte[26].

Die Ungebrochenheit eines solchen Verständnisses, dessen Herkunft in jenem, hier wiederholt aufgezeigten, Begriff der „φύσις" zu suchen ist, versucht noch heute hintergründig das Wesen der Dinge zu bestimmen, wenngleich dies in den meisten Fällen nur dunkel begreifbar erscheint und erscheinen muß angesichts der Tatsache, daß die „φύσις" nur in der Verhüllung der Aufbegehrenden, sich Wehrenden, Widerstand Leistenden auf den Plan zu treten vermag. Ein „ganz schwacher und unkenntlicher Nachklang jener anfänglich als Sein des Seienden entworfenen φύσις ist selbst uns noch geblieben, wenn wir von der ‚Natur' der Dinge, der Natur des ‚Staates' und der ‚Natur' des Menschen sprechen und dabei nicht etwa die naturhaften (physikalisch, chemisch und biologisch gedachten) ‚Grundlagen' meinen, sondern das *Sein und Wesen* des Seienden schlechthin"[27].

Gadamer erkennt ebenfalls in diesem Sinne ein Eigenes der Dinge, das von der „Eigenmächtigkeit menschlichen Verfügens mißachtet" wird, und spricht ausdrücklich davon, daß die Berufung auf die Natur der Sache im juristischen Bereich auf eine dem „menschlichen Belieben entzogene Ordnung" verweise[28], und auch Adolf Portmann meint dies, wenn er fordert, daß *diese* Natur der Dinge „seltener Anruf des *Unzugänglichen*" bleiben sollte[29].

---

[26] Vgl. Maihofer, Recht und Sein, 30.

[27] Heidegger, Vom Wesen und Begriff der φύσις, 370.

[28] Die Natur der Sache und die Sprache der Dinge, 27/28.

Die Gegensätzlichkeit von Naturrecht und Natur der Sache, wie sie in dieser Untersuchung unter ausdrücklicher Einbeziehung der Frage nach ihrer Herkunft aufzuweisen und zu verstehen versucht worden ist, bedeutet keine ausschließende, vielmehr eine wechselseitig respektierende. In seinen „Betrachtungen über die bewegenden Ursachen der Weltgeschichte“ stellt Wilhelm v. Humboldt fest, daß sich die Ursachen der Weltbegebenheiten auf die Fügung des Zufalls, die Natur der Dinge *und* die Freiheit des Menschen zurückführen lassen[30]. Hinsichtlich der Verschränkung von Naturnotwendigkeit und Freiheit heißt es wenig später bei Humboldt: „Beide beschränken sich immer gegenseitig, allein mit dem merkwürdigen Unterschiede, daß sich viel leichter bestimmen läßt, was die Naturnotwendigkeit der Freiheit nie auszuführen gestatten lassen, als was diese in jener zu unternehmen beginnen wird[31].

Als letzte Frage bleibt: wie vermag sich angesichts jener Dialektik das „sich-von-selbst-Verstehende“ in dem zu behaupten, das qua Freiheit der Selbstbestimmung des Menschen je und je über es zu verfügen trachtet?

2. Das Erscheinungsbild des Verstehensmodus' des Selbstverständlichen: die Be-dingung der Verwirklichung menschlicher Selbstbestimmung

Es bleibt somit festzustellen, auf welche Weise das Selbstverständliche, wie es im vorstehenden aufgezeigt wurde, dort hervortritt, wo ihm versagt ist, von sich aus zur Sprache zu kommen. Gemeint ist hier — das wird nach den bisherigen Darlegungen deutlich —, jede geistesgeschichtliche Epoche, in der (seit Plato) die *Wesensphilosophien* beherrschend sind, in denen die *Wirklichkeit hinter dem Wesen* der Idee rangiert, im Bezug auf das Recht: in denen faktische Verhältnisse an der Rechts*idee* gemessen werden.

Den zeitlichen Hintergrund der hier angestellten Untersuchungen bildete nach einem zum Verständnis einbezogenen Natur- und geistesgeschichtlichen Entwicklungsvorgang seit dem späten Mittelalter die Denkepoche Kants und des sogenannten deutschen Idealismus. Diese Epoche erschien für den Versuch einer Deutung des Begriffs der Natur der Sache besonders charakteristisch[32].

---

[29] Biologische Fragmente zu einer Lehre vom Menschen, 8/9 (Hervorhebung von mir).

[30] Betrachtungen über die bewegenden Ursachen der Weltgeschichte, 146.

[31] Ebd., 151/152.

[32] Bei Baratta heißt es, daß dem Problem der Natur der Sache der Ort innerhalb der Entwicklung der neueren Philosophie nachgewiesen werden müsse, um die Frage nach ihrer Bedeutung in bezug auf die Geschichte der „ewigen Wiederkehr des Naturrechts“ richtig stellen zu können: das philoso-

Vor dem Hintergrund dieser *vernunft*rechtlichen Sicht der Dinge, in denen die freie Selbstbestimmung des Menschen maßgeblich geworden war, mußte die Berufung auf die Natur der Sache — und das ist ein weiterer Grund für viele Mißverständnisse — als reine *Form des Widerstandes* empfunden werden. Und es mußten auch spätere Deutungsversuche und Lehren von der Natur der Sache sich, wenn sie ernst gemeint waren, an den *Begriffen* stoßen, denn was inzwischen aus „Natur“ und „Sache“ geworden war, wurde oben aufgezeigt. Den Gipfel der Ratlosigkeit bildete das *„Selbstverständliche“*, das man letztlich immer wieder in dem Begriff Natur der Sache als Gehalt seiner *unreflektierten Anwendung* antraf, und bei dem aufzuhalten sich nicht zu lohnen schien.

Wenn nun aus diesem scheinbar „hohlen“ Selbstverständlichen hier der Grund und die Herkunft dessen herausgelesen wurden, was „Natur der Sache“ tatsächlich ausmachte, und wenn ferner in dieser Untersuchung erkannt worden war, daß die Gegensätzlichkeit von Natur-(Vernunft-)recht und Natur der Sache keine *ausschließliche* ist, so muß das Erscheinungsbild der Natur der Sache als das „Selbstverständliche“ sinnvoll seinen Platz auch innerhalb des Verständnisses eines von freier Vernunft und freier Selbstbestimmung des Menschen getragenen Naturrechts haben können.

Der Blick hierfür wird frei, wenn diese freie Selbstbestimmung als der Hintergrund vernünftigen Rechts nicht als in sich ruhende Lage oder Situation begriffen wird, sondern *als immer wieder zu lösende Aufgabe.* Dem Menschen ist aufgegeben, „in selbsttätigem Erkennen und Wollen seine *vorausgesetzte Bestimmung* aus bloßer Möglichkeit in Wirklichkeit umzusetzen“[33]. Er ist aufgefordert, in der „Offenheit“ dieser Freiheit sich durch Akte der Vernunft zu produzieren: existent und, im Recht, koexistent zu werden[34]. Es geht hier also um ein *Verfahren,* das Verfahren *zur Verwirklichung der Selbstbestimmung des Menschen.* Und in diesem Verfahren ist die Natur der Sache beteiligt, nur steht für res *nicht Realität, sondern Realisierbarkeit* i. S. von Verwirklichung. Nicht kommt das *Ding* als ein pures faktisches Seiendes zur Sprache (hier liegt eine weitere Quelle für zahlreiche Mißverständnisse, die Natur der Sache zu deuten), vielmehr ist das konkrete Verständnis jener Denkform in den Prozeß als *Be-dingung der Verwirklichung der menschlichen Selbstbestimmung* längst eingefügt.

---

phische Denken mit und nach Kant (Gedanken zu einer dialektischen Lehre von der Natur der Sache, 173).

[33] Maihofer, Naturrecht als Existenzrecht, 15; vgl. auch 20, wo die konkrete Existenz des Menschen als Produkt eines Vorgegebenen und Aufgegebenen verstanden wird: der Dialektik von Natur der Sache und Bestimmung des Menschen.

[34] Hierzu Maihofer, Droit naturel et nature des choses, passim.

Nicht statisch, sondern dynamisch ist sie zu sehen: sie blockiert nicht, sondern vermag lediglich zu hemmen, ihr Erscheinungsbild ist nicht eine die Unfreiheit bringende Faktizität, sondern die Bindung der Freiheit an die Wirklichkeit.

V. Zusammenfassung und Ausblick

In der vorliegenden Untersuchung lag das Schwergewicht auf dem Begriff der „Natur der Sache". Sein Verhältnis zum Naturrecht erwies sich als bisher nicht hinreichend geklärt, in einem vorläufigen Verständnis bewegt es sich zwischen Übereinstimmung und Gegensätzlichkeit.

Natur der Sache war immer „da", es gibt indessen Perioden, in denen diese Formel stärker hervortritt, besser: in eigentümlicher Weise „sich selbst meldet". Es sind dies Zeiten, in denen sie *gegen* das Naturrecht auftritt.

Eine solche „geschichtliche Stunde" hatte sie zwischen dem Ausgang des 18. und der Mitte des 19. Jahrhunderts. Zu Beginn desselben Zeitraumes geht eine zweitausendjährige Umwandlung im Begriff „Natur" einem vorläufigen Ende entgegen. Das Zusammentreffen beider Ereignisse ist nicht zufällig.

Vor dem Hintergrund dieser Epoche wurde eine Deutung des Begriffs der Natur der Sache und seines Verhältnisses zum Naturrecht versucht.

Bei der Verfolgung der Entwicklung im Wandel dessen, das je und je unter *Natur* verstanden wurde, zeigte sich, daß dieser Wandel mit dem Verlassen des Begriffes „physis" begonnen hatte, in dem *Sache* noch Bestandteil von Natur war, so nämlich, daß physei dikaion Naturrecht *und* (Recht aus der) Natur der Sache war.

Danach ereignete sich stufenweise ein „Abbau" von Natur: bei Platon erscheint sie als Abbild, wenngleich noch real, in der nachplatonischen Zeit als lex aeterna (Cicero, Augustin), als Weltvernunft und Musterordnung, im Mittelalter als Schöpfung Gottes, wobei hinter dem christlichen Wertdenken ebenfalls schon eine allmähliche „Befreiung" der Natur durch die im Menschen erwachende Vernunft zu erkennen ist.

Zum endgültigen Durchbruch verhilft das neue *mathematische* Weltbild: Natur wird zum Gegenstand menschlicher Berechnung. Das *System* Natur entsteht: Kopernikus zerstört das Weltbild des Ptolemäus, Kepler stellt Gesetze für die Bewegung der Himmelskörper auf, Galilei fordert Abkehr von der induktiven Methode und Hinwendung zur Deduktion, Newton legt seinen Experimenten erstmals ein festes Prinzip zugrunde. Bestimmte sich das Fallen eines Steines bei Aristoteles nach *seiner*, des Steines, Natur, so ist dieses Fallen nunmehr Gegenstand der Berechnung von Größe und Gewicht des Steines, Luftwiderstand, Anziehungskraft etc.

Die mathematische Methode greift auf die Geisteswissenschaften über. Descartes geht davon aus, daß Erfahrung täuschen könne, Deduktion dagegen nie, mit dem cogito sum ist der Punkt „außerhalb der Natur" gefunden, von dem aus ein „vernünftiges System" errichtet werden kann. Dem Natursystem wird ein Gesellschaftssystem an die Seite gestellt. So kommt es schließlich auch zu einem Naturrecht more geometrico: Entwürfe von Oldendorp, Biel, Althusius, Grotius, Hobbes u. a.

Bei *Kant* schlägt Natur dann von einer logischen Größe in eine anthropologische um, Natur streift ihren kosmischen Charakter endgültig ab. Die bislang noch „gebundene" (weil dem System verpflichtete) Vernunft erkennt sich nunmehr als Stifter dieses Systems und wird dadurch „frei": alleiniges Prinzip wird die Autonomie der Vernunft. Naturrecht als Vernunftrecht orientiert sich künftighin an der Verwirklichung der freien Selbstbestimmung des Menschen. Dieses so gefundene „Natur"-Prinzip liegt im wesentlichen auch den nachfolgenden Denkern des sog. deutschen Idealismus (Fichte, Schelling, Hegel) zugrunde. Das „neue" Naturrecht erfährt seine Realisierung in den großen Kodifikationen zum Ausgang des 18. und Beginn des 19. Jahrhunderts.

Seit etwa 1770 meldet sich in der juristischen Argumentation die Denkform der „Natur der Sache", zunächst vereinzelt, später in stärkerem Maße, vor allem seit dem „Wiedererwachen" des historischen Bewußtseins. Aus dem materiellen und formellen Privatrecht, dem Strafrecht, dem öffentlichen Recht können unzählige Beispiele hierzu nachgewiesen werden.

Bei Versuchen, diese Formel zu deuten, erweist sie sich als nicht „griffig", sie entzieht sich zumeist den Fragestellungen. Philosophisch läßt sie sich nicht einfangen (trotz ihres verbalen Vorkommens bei Kant und Hegel), weil es zu ihren Merkmalen gehört, gerade un-philosophisch i. S. des Philosophie-Verständnisses in der Zeit des 18. und 19. Jahrhunderts zu sein.

Die Versuche, *analytisch* nach dem Sinn von „Natur der Sache" zu fragen, ergeben folgendes: Sache wird als ein Konkretes im weitesten Sinne verstanden, dessen Natur entsprechend der gewandelten Auffassung als die ihm innewohnende Vernunft bezeichnet wird, es wird auch von der „intelligiblen Ordnung der Dinge" gesprochen, deren Strukturen eben ihre Herkunft der Autonomie der Vernunft verdanken. Hier ist der Grund für viele Mißverständnisse in der Diskussion um den Begriff der „Natur der Sache" zu sehen: in der Annahme eines geräuschlosen Hinübergleitens der Vorstellung von der Autonomie der menschlichen Vernunft in die sollensgesetzliche Struktur der Institution Sache. Wie formal die „Ordnung der Dinge“ ist, erweist sich, wenn sie etwa, wie es häufig geschieht, durch die Verstehensmodi der Zweckmäßigkeit oder der Billigkeit „ausgefüllt“ wird. Als Ergebnis der analytischen Deutungsversuche bleibt, um es auf eine kurze Formel zu bringen: herausgelesen, was hineingelegt. Die Natur, das Wesen, die Sachheit der Sache scheint ausgefragt zu sein, die Regeln gründen in der freien praktischen Vernunft.

Es sei noch einmal zurückgeblendet: seit Descartes versteht sich das Ich als ein herausragendes Seiendes, dem anderes Seiendes „entgegensteht“, obiectum ist. Die Subjekt/Objekt-Spannung erreicht bei Kant einen Höhepunkt mit der Erkenntnis, daß die „Bedingungen der Möglichkeit der Erfahrung zugleich die Bedingungen der Möglichkeit der Gegenstände der Erfahrung“ sind. Dadurch, daß der Mensch den Dingen Gegen-ständlichkeit allererst „verleiht“, muß jedes Ureigene der Sachen (sofern es ein solches gab) schweigen.

Der Versuch einer *synthetischen* Deutung, d. h. ein „Unberührtlassen“ des Begriffs, ein Verzicht auf jegliches „Hineinforschen“, schließlich eine Berücksichtigung des nachweisbaren *unreflektierten* Gebrauchs der Denkform „Natur der Sache“, offenbart in vorläufiger Sicht den Verstehensmodus des „Natürlichen“, des „Selbstverständlichen“. Bislang hielt man sich bei ihm nicht auf, da es nicht zu lohnen schien, auf Selbstverständliches zu achten. Dieses nun eigens auf seinen Sinn hin befragt, zeigt sich als dasjenige, das sich zum Stehen und Verstehen bringt, *ohne* der ratio, dem System, dem Schema verpflichtet zu sein und sein zu können, denn gerade in letzterem liegt der Grund für die sich in bestimmten geschichtlichen Epochen immer wieder zeigende hartnäckige Aufdringlichkeit der Natur der Sache. Ein solches Aufbegehren der Sache im weitesten Sinne ereignet sich also auch oder gerade dort, wo die menschliche Selbststiftung der Dinge, die menschliche Natur-Gesetzgebung, per Vernunft die Sachen zum Schweigen verurteilt hat.

Das so gesehene Selbstverständliche ist Aussage dafür, daß die Sachen jenen Umbruch im Verständnis von Natur irgendwo nicht „mitgemacht“ haben, daß zumindest ein Rest *unverfügbar* geblieben ist und sich jedem Systematisierungsversuch widersetzt. Was sich hier als „Natur der Sache“ meldet, ist nichts anderes als ein „ganz schwacher und unkenntlicher Nachklang jener anfänglich als Sein des Seienden entworfenen ‚physis‘“ (Heidegger).

Das Erscheinungsbild des aus dem unreflektierten Gebrauch hergeleiteten Selbstverständlichen ist je nach Art des Systems, durch das es herausgefordert wird, verschieden. Seitdem der Mensch sich als ein Wesen begriffen hatte, das sich in freier Selbstbestimmung auf sein Dasein hin zu entwerfen vermochte, kam der Natur der Sache (gegenüber dem systematisierten Natur- oder Vernunftrecht) die Aufgabe zu, Bedingung der Verwirklichung dieser Freiheit zu sein, um sie so zur Selbstbindung in Freiheit anzuhalten.

Wann immer in der rechtlichen Argumentation die Natur der Sache heraufbeschworen (wurde und) wird, ereignet(e) sich nie allein kontemplative Rückbesinnung auf verloren gegangene „Ausstrahlungen“ eines Faktums — dies verbietet gerade der unreflektierte Gebrauch — sondern immer zugleich auch ein *be-dingter*, aber auf der Möglichkeit freier Selbstbestimmung gegründeter Akt der Entscheidung.

Literaturverzeichnis

Für folgende Sammelbände und Zeitschriften wurden im Literaturverzeichnis Abkürzungen verwendet:

Archiv für Rechts- und Sozialphilosophie	= ARSP
Die ontologische Begründung des Rechts (hrsg. v. Arthur Kaufmann), Darmstadt 1965 (Wege der Forschung Band XXII)	= OB
Naturrecht oder Rechtspositivismus (hrsg. v. W. Maihofer), Darmstadt 1962 (Wege der Forschung Band XVI)	= NoR
Zeitschrift für ausländisches und internationales Privatrecht	= Zfausl. u. IPR

Aischylos: Tragödien und Fragmente (übers. v. L. Wolde), Leipzig o. J. (Sammlung Dieterich Bd. 17).

von Arnim, H.: Stoicorum Veterum Fragmenta, Leipzig 1903 - 1905.

Augustinus: Der Gottesstaat (übers. u. herausg. v. Schröder), Berlin 1911 - 1916.

Ballweg, Ottmar: Zu einer Lehre von der Natur der Sache, Basel 1960 (Basler Studien zur Rechtswissenschaft, H. 57).

Baratta, Alessandro: Gedanken zu einer dialektischen Lehre von der Natur der Sache in: Gedächtnisschrift für Gustav Radbruch (hrsg. v. A. Kaufmann), 1968, 173 ff.

— Natur der Sache und Naturrecht in: OB, 104 ff.

Baumgardt, Carola: Johannes Kepler, Leben und Briefe (aus d. Lat. u. Engl. übers. v. H. Minkowski), Wiesbaden 1953.

von Bayer, Hieronymus J. P.: Vorträge über den gemeinen ordentlichen Civilprozeß, unv. Abdruck der 8. Aufl., München 1818.

Beseler, Georg: Volksrecht und Juristenrecht, Leipzig 1843.

— System des gemeinen deutschen Privatrechts, 4. Aufl., Berlin 1885.

Blumenberg, Hans: Melanchthons Einspruch gegen Kopernikus in: Studium generale 1960 (3), 174 ff.

Bobbio, Norberto: Über den Begriff der „Natur der Sache“ in: OB, 87 ff.

Bocheński, J. M.: Europäische Philosophie der Gegenwart, 2. Aufl., München 1951 (Sammlung Dalp, Band 50).

Brackenhoeft, Th.: Erörterungen über die Materie des allgemeinen Theils von Linde's Lehrbuch des gemeinen deutschen Civilprozesses, 1842.

von Bülow, Friedrich, und *Hagemann,* Theodor: Practische Erörterungen aus allen Theilen der Rechtsgelehrsamkeit, Bd. 1 - 9, 2. Aufl., Hannover 1806 - 1831.

Cicero, M. Tullius: Opera quae supersunt omnia (ex recensione Jo. Casp. Orellii-Cur. Jo. Casp. Oerellius et Jo. Georg Baiterus), Vol. I - IV, Zürich, London, Amsterdam 1845 - 61.

Claproth, Justus: Einleitung in den ordentlichen bürgerlichen Prozeß, Göttingen 1780.

Coing, Helmut: Die obersten Grundsätze des Rechts. Ein Versuch zur Neubegründung des Naturrechts, Heidelberg 1947.

— Vom Sinngehalt des Rechtes in: OB, 33 ff.

— Grundzüge der Rechtsphilosophie, 2. Aufl., Berlin 1969.

Danz, Wilhelm August Friedrich: Handbuch des heutigen teutschen Privatrechts, Erster Band, Stuttgart 1796.

Delekat, Friedrich: Immanuel Kant, Heidelberg 1963.

Dernburg, Heinrich: Pandekten, Erster Band, 3. Aufl., Berlin 1892.

— System des Römischen Rechts (8. Aufl. der Pandekten), 1911.

Descartes, René: Die Prinzipien der Philosophie, Hamburg 1957.

— Abhandlung über die Methode, Hamburg 1952.

— Meditationen über die Grundlagen der Philosophie, Hamburg 1955.

— Regeln zu Leitung des Geistes, Hamburg 1952.

Diesselhorst, Malte: Die Lehre des Hugo Grotius vom Versprechen, Köln 1959 (Forschungen zur neueren Privatrechtsgeschichte, Bd. 6).

Dreier, Ralf: Zum Begriff der Natur der Sache, Berlin 1965.

von Droste-Hülshoff, Clemens August: Lehrbuch des Naturrechts oder der Rechtsphilosophie, 2. Aufl., Bonn 1831.

Ehrlich, Eugen: Grundlegung der Soziologie des Rechts, München und Leipzig 1913 (unveränderter Neudruck 1929).

Eichhorn, Karl Friedrich: Einleitung in das deutsche Privatrecht mit Einschluß des Lehrrechts, 5. Ausg., Göttingen 1845.

Eisenhart, Ernst Ludewig August: Versuch einer Anleitung zum Teutschen Stadt- und Bürgerrechte, Braunschweig 1791.

Emge, Carl August: Das Aktuelle, Ein Dialog zur Hinführung zu seinen Problemen, in: Festschrift für Rudolf Hübner zum siebzigsten Geburtstag. Hrsg. v. d. Rechts- und Wirtschaftswissenschaftlichen Fakultät der Universität Jena, 154 ff., Jena 1935.

Engisch, Karl: Auf der Suche nach der Gerechtigkeit, München 1971.

Fechner, Erich: Naturrecht und Existenzphilosophie, in: NoR, 384 ff.

— Rechtsphilosophie; Soziologie und Metaphysik des Rechts, Tübingen 1962.

Feder, J. G. H.: Grundlehren zur Kenntnis des menschlichen Willens und der natürlichen Gesetze des Rechtsverhaltens, 3. Aufl., Göttingen 1789.

Fichte, Johann Gottlieb: Gesamtausgabe der Werke (hrsg. v. J. H. Fichte), Berlin 1845/46.

Flückiger, Felix: Geschichte des Naturrechts Bd. I: Altertum und Frühmittelalter, Zürich 1954.

Forsthoff, Ernst: Einführung in: Montesquieu, Vom Geist der Gesetze (Erster Band), dt. Übers. v. E. Forsthoff, Tübingen 1951.

Gadamer, Hans Georg: Die Natur der Sache und die Sprache der Dinge, in: Das Problem der Ordnung (hrsg. v. H. Kuhn u. F. Wiedmann), 1962 — Sechster Deutscher Kongreß für Philosophie, München 1960 —.

Galilei, Gelileo: Dialog über die beiden hauptsächlichsten Weltsysteme (hrsg. v. H. Blumenberg), Frankfurt/Main 1965.

Garzón Valdes, Ernesto: El problema de la naturaleza de la cosa en el pensimiento contemporaneo, Córdoba (R. A.) 1963.

Gönner, Nikolaus Thaddäus: Auserlesene Rechtsfälle und Ausarbeitungen, 4 Bände, Landshut 1803 - 1805.

— Handbuch des gemeinen deutschen Prozesses, 2. Aufl., Erlangen 1804.

Graevell, M. C. F. W.: Praktischer Kommentar zur allgemeinen Gerichts-Ordnung für die preußischen Staaten, 6 Bände, Erfurt 1825 - 1831.

Greenleaf, W. H.: Hobbes: The Problem of Interpretation, in: Hobbes-Forschungen (hrsg. v. R. Koselleck u. R. Schnur), 9 - 32, Berlin 1969.

von Grolmann, Karl: Theorie des gerichtlichen Verfahrens in bürgerlichen Rechtsstreitigkeiten, 3. Aufl., Gießen u. Darmstadt 1810.

Grotius, Hugo: Drei Bücher über das Recht des Krieges und Friedens etc. (übers. u. erl. v. J. H. v. Kirchmann), Berlin 1869.

Guardini, Romano: Der unvollständige Mensch und die Macht, Würzburg 1956.

Gutzwiller, Max: Zur Lehre von der „Natur der Sache“, in: Festgabe der Juristischen Fakultät der Universität Freiburg (Schweiz) zur 50. Jahresversammlung des Schweizerischen Juristenvereins, 282 - 302, Freiburg/Schweiz 1924.

Harscher von Almendingen, Ludwig: Metaphysik des Civilprozesses, Bd. 1, Gießen und Wetzlar 1808.

Hartmann, Nicolai: Die Philosophie des deutschen Idealismus, 2. Aufl., Berlin 1960.

Hassemer, Winfried: Der Gedanke der „Natur der Sache“ bei Thomas von Aquin, in: ARSP 49 (1963), 29 - 43.

Hegel, Georg Friedrich Wilhelm: Wissenschaft der Logik (hrsg. v. Lasson), 2 Teile, Leipzig 1951 (unveränd. Abdruck d. 2. Aufl. v. 1934).

— Phänomenologie des Geistes (hrsg. v. Lasson), Leipzig 1929.

— Enzyklopädie der philosophischen Wissenschaften (hrsg. v. Nicolin u. Pöggeler), 6. Aufl., Hamburg 1959.

— Grundlinien der Philosophie des Rechts (hrsg. v. Hoffmeister), 4. Aufl., Hamburg 1955.

— Vorlesungen über die Philosophie der Weltgeschichte 1. Bd. (Die Vernunft in der Geschichte), (hrsg. v. Lasson), 3. Aufl., Leipzig 1930.

— Vorlesungen über die Ästhetik (hrsg. v. Lasson), Leipzig 1930.

— Nürnberger Schriften (hrsg. v. Lasson), Leipzig 1930.

Heidegger, Martin: Sein und Zeit, 8. unv. Aufl., Tübingen 1957.

— Das Ding, in: Vorträge und Aufsätze, Pfullingen 1954.

— Die Frage nach dem Ding, Tübingen 1962.

— Vom Wesen und Begriff der Φύσις. Aristoteles' Physik B, 1, in: Wegmarken, Frankfurt/Main 1967, 309 - 373.

— Einführung in die Metaphysik, Tübingen 1953.

— Die Zeit des Weltbildes, in: Holzwege, 3. Aufl., 69 ff., Frankfurt/Main 1957.

— Vom Wesen der Wahrheit, 3. Aufl., Frankfurt/Main 1954.

— Was ist das — die Philosophie?, Pfullingen 1956.

— Nietzsche, Bde. I u. II, Pfullingen 1961.

— Hegels Begriff der Erfahrung, in: Holzwege, 3. Aufl., 105 ff., Frankfurt/Main 1957.

Heinimann, Felix: Nomos und Physis, Schweizerische Beiträge zur Altertumswissenschaft, Basel 1945.

Henkel, Heinrich: Einführung in die Rechtsphilosophie; Grundlagen des Rechts, München, Berlin 1964.

Herder, Johann Gottfried: Ideen zur Philosophie der Geschichte der Menchheit, in: Werke (hrsg. v. H. Kurz), Leipzig o. J. (Bd. 3).

Hobbes, Thomas: De cive (ins Deutsche übertr. v. M. Frischeisen-Köhler, hrsg. v. G. Gawlick), Bd. 3 der Grundzüge der Philosophie, Hamburg 1959.

— De homine (ins Deutsche übertr. v. M. Frischeisen-Köhler, hrsg. v. G. Gawlick), Bd. 2 der Grundzüge der Philosophie, Hamburg 1959.

— Leviathan, oder Stoff, Form und Gewalt eines bürgerlichen und kirchlichen Staates (hrsg. u. eingel. v. I. Fetscher), Neuwied/Rh. u. Berlin 1966 (Politica Bd. 22).

— Naturrecht und allgemeines Staatsrecht in den Anfangsgründen, Berlin 1926 (Klassiker d. Politik, 13. Bd.).

Hoenigswald, Richard: Hobbes und die Staatsphilosophie, München 1924 (Geschichte d. Phil. in Einzeldarstellungen, Abt. V. Die Phil. der neueren Zeit, II Bd. 21).

Hollerbach, Alexander: Der Rechtsgedanke bei Schelling, Frankfurt/Main 1957.

Huber, Eugen: Recht und Rechtsverwirklichung; Probleme der Gesetzgebung und der Rechtsphilosophie, Basel 1925.

Hugo, Gustav: Lehrbuch eines civilistischen Cursus, 3. Bd., 10. Aufl., Berlin 1826.

— Institutionen des heutigen Römischen Rechts, Berlin 1789.

von Humboldt, Wilhelm: Betrachtungen über die bewegenden Ursachen der Weltgeschichte, in: Deutsche Geschichtsphilosophie von Lessing bis Jaspers (hrsg. u. eingel. v. K. Rossmann), Bremen o. J. (Sammlg. Dieterich Bd. 174).

Isay, Hermann: Rechtsnorm und Entscheidung, Berlin 1929.

Kant, Immanuel: Werke in sechs Bänden, hrsg. v. Wilhelm Weischedel, Wiesbaden 1956 - 64 (sofern nicht ausnahmsweise Akademie-Ausgabe).

Kanthack, Katharina: Das Denken Martin Heideggers. Die große Wende der Philosophie, Berlin 1959.

Kaufmann, Arthur: Naturrecht und Geschichtlichkeit, Tübingen 1957 (Recht und Staat Nr. 197).

Klein, Ernst Ferdinand: Merkwürdige Rechtssprüche der Hallischen Juristenfakultät, Bde. 1 - 5, Berlin u. Stettin 1796 - 1802.

Kleinschrod, Gallus Aloys: Systematische Entwicklung der Grundbegriffe und Grundwahrheiten des peinlichen Rechts nach der Natur der Sache und der positiven Gesetzgebung 1793 - 1796.

Kolb, Peter: Der Begriff der „Natur der Sache" in der höchstrichterlichen Rechtsprechung, Diss. Würzburg 1963.

Kluge, Friedrich: Etymologisches Wörterbuch der deutschen Sprache, 11. Aufl., mit Unterstützung durch Wolfgang Krause, bearbeitet von Alfred Götze, Berlin u. Leipzig 1934.

Landmann, Michael: Die Dinge, in: Neue Deutsche Hefte, Berlin 1970, 3 ff.

Leist, Burkard Wilhelm: Mancipation und Eigentumstradition, Jena 1865.

— Civilistische Studien auf dem Gebiet dogmatischer Analyse, 4 Hefte, Jena 1854 - 1877.

— Naturalis ratio und Natur der Sache (Civilistische Abhandlungen, Bd. 10, 3. Heft), Jena 1860.

Lexikon der Geschichte der Naturwissenschaft, Aachen 1959 - 1970.

von Linde, J. Th. B.: Lehrbuch des deutschen gemeinen Civilprozesses, 7. Aufl., 1850.

Litt, Theodor: Die Wiedererweckung des geschichtlichen Bewußtseins, Heidelberg 1956.

Llompart, José: Die Geschichtlichkeit in der Begründung des Rechts im Deutschland der Gegenwart, Frankfurt/Main, Berlin 1968.

Maihofer, Werner: Die Natur der Sache, in: ARSP, 44 Bd., 1958, 145 - 174.

— Recht und Sein, Prolegomena zu einer Rechtsontologie, Frankfurt/Main 1954.

— Naturrecht als Existenzrecht, Frankfurt/Main 1963.

— Droit naturel et nature des choses, in: ARSP 1965, 233 ff.

Marx, Heinrich: Die juristische Methode der Rechtsfindung aus der Natur der Sache bei den Göttinger Germanisten Johann Stephan Pütter und Justus Friedrich Runde, Diss. Göttingen 1967.

Maurenbrecher, Romeo: Lehrbuch des heutigen gemeinen deutschen Rechts, Bonn 1832 - 1834.

Mausbach, Joseph: Naturrecht und Völkerrecht, Freiburg/Br. 1918 (Das Völkerrecht, Beiträge zum Wiederaufbau der Rechts- und Friedensordnung der Völker, 1. u. 2. Heft).

Meinecke, Friedrich: Die Entstehung des Historismus, 2. Aufl., Berlin 1946.

Montesquieu, Charles-Louis de Secondat Baron de la Brède et de: Vom Geist der Gesetze, in neuer Übertragung eingeleitet und herausgegeben v. Ernst Forsthoff, 2 Bde., Tübingen 1951.

Nestle, Wilhelm (Hrsg. u. Übers.): Die Nachsokratiker (Bd. I u. II), Jena 1923.

Neuhaus, Paul Heinrich: Savigny und die Rechtsfindung aus der Natur der Sache, in: Zfausl. u. IPR 1949/50, 364 ff.

Newton, Isaac: Pilosophiae naturalis principia mathematica (ins Deutsche übertr. u. hrsg. v. J. Ph. Wolfers), 1872.

Plotin: Die Natur, die Betrachtung und das Eine, in: Plotins Schriften, Leipzig 1930 - 1937 (übertr. v. R. Harder), Bd. III, 1 ff.

Portmann, Adolf: Biologische Fragmente zu einer Lehre vom Menschen, 2. Aufl., Basel 1951.

Posse, A. F. H.: Abhandlungen einiger vorzüglicher Gegenstände des deutschen Staats- und Privatrechts, Rostock und Leipzig 1802.

Puchta, Georg Friedrich: Pandekten, 1. Aufl., Leipzig 1838.

Pufendorf, Samuel: De Jure Naturae et Gentium (Ed. G. Mascovius), Tom. I u. II, Frankfurt/Main u. Leipzig 1759, unveränderter Nachdruck Frankfurt/Main 1967.

Pütter, Johann Stephan: Erörterungen und Beyspiele des Teutschen Staats- und Fürstenrechts, 3 Bände, Göttingen 1793 - 1797.

— Auserlesene Rechtsfälle aus allen Theilen der in Teutschland üblichen Rechtsgelehrsamkeit, 4 Bände, Göttingen 1760 - 1809.

— Neuer Versuch einer juristischen Enzyclopädie und Methodologie, Göttingen 1767.

Radbruch, Gustav: Die Natur der Sache als juristische Denkform, Darmstadt 1960.

Reibstein, Ernst: Johannes Althusius als Fortsetzer der Schule von Salamanca, Karlsruhe 1955 (Freiburger Rechts- u. Staatswiss. Abh. Bd. 5).

Reyscher, August Ludwig: Über das Dasein und die Natur des deutschen Rechts, in: Zeitschrift für deutsches Recht und Rechtswissenschaft, 1. Bd., Leipzig 1839, 11 ff.

Riedel, Manfred: Zum Verhältnis von Ontologie und politischer Theorie bei Hobbes, in: Hobbes-Forschungen (hrsg. v. R. Koselleck u. R. Schnur), Bern 1969.

Rüfner, Vincenz: Der Begriff der Natur innerhalb des Naturrechts, in: ARSP 1940/41, 40 ff.

Runde, Justus Friedrich: Beyträge zur Erläuterung rechtlicher Gegenstände, 2. Bde., Göttingen 1799/1802.

Ryffel, Hans: Grundprobleme der Rechts- und Staatsphilosophie, Neuwied u. Berlin 1969.

von Savigny, Friedrich Carl: System des heutigen Römischen Rechts, Bd. 1, Berlin 1840.

Schambeck, Herbert: Der Begriff der „Natur der Sache“, Wien 1964.

Schelling, Friedrich Wilhelm Josef: Werke (Gesamtausgabe, besorgt v. K. F. A. Schelling), 1856 ff.

Schlosser, Johann Georg: Briefe über die Gesetzgebung, 1804.

Schmalz, Theodor: Das reine Naturrecht, 2. Aufl., Königsberg 1795.

Schubert, Alois: Augustins lex aeterna-Lehre, Münster 1924.

Seeberger, Wilhelm: Hegel oder die Entwicklung des Geistes zur Freiheit, Stuttgart 1961.

von Selchow, Johann Heinrich Christian: Neue Rechtsfälle, 3 Bde., Frankfurt/Main 1787 - 1789.

Sepp, Günter: Betrachtungen zum Remunerationsprinzip und seinen Erscheinungen im deutschen Recht, Diss. FU Berlin 1968.

Shaftesbury, Antony Ashley Cooper: Die Moralisten (übers. u. eingel. v. K. Wolf), Jena 1910.

Spranger, Eduard: Zur Frage der Erneuerung des Naturrechts, in: NoR, 87 ff. Festgabe für Ulrich von Lübtow zum 70. Geburtstag, Berlin 1970.

Sprenger, Gerhard: Burkard Wilhelm Leist, in: Sein und Werden im Recht,

Stahl, Friedrich Julius: Die Philosophie des Rechts, 3 Bde., Hildesheim 1963 (Nachdruck der 5. Aufl. 1878).

Stammler, Rudolf: Wirtschaft und Recht nach der materialistischen Geschichtsauffassung, 2. Aufl., Leipzig 1906.

— Die Lehre vom richtigen Rechte, Berlin 1902.

von Stephanitz, Dieter: Exakte Wissenschaft und Recht, Berlin 1970 (Münsterische Beiträge zur Rechts- und Staatswissenschaft, Heft 15).

Stratenwerth, Günter: Das rechtstheoretische Problem der „Natur der Sache", Tübingen 1957.

Strauss, Leo: Naturrecht und Geschichte (dt. Übers. v. H. Boog), Stuttgart 1956.

— Hobbes' politische Wissenschaft, Neuwied/Rh. u. Berlin 1965 (Politica Bd. 21).

Süsterhenn, Adolf: Das Naturrecht, in: NoR, 11 ff.

Thieme, Hans: Die Zeit des späten Naturrechts, in: Sav ZG 56 (1936), 202 - 263.

Thomas von Aquin: Summa theologica (Die deutsche Thomasausgabe, hrsg. von der Albertus Magnus-Akademie, Walberberg b. Köln), 18. Band, Heidelberg, München, Graz, Wien und Salzburg 1953.

Tricaud, François: „Homo homini Deus", „Homo homini lupus": Recherche des Sources des deux Formules de Hobbes, in: Hobbes-Forschungen (hrsg. v. R. Koselleck u. R. Schnur), 61 - 70, Berlin 1969.

Troeltsch, Ernst: Das stoisch-christliche Naturrecht und das moderne profane Naturrecht, in: Gesammelte Schriften, Bd. 4, 166 - 190, Berlin 1925.

Verdross, Alfred: Abendländische Rechtsphilosophie, 2. Aufl., Wien 1963.

— Die aristotelische Naturrechtslehre, in: ARSP 1970, 587 ff.

Vietta, Egon: Die Seinsfrage bei Martin Heidegger, Stuttgart 1950 (ces-Bücherei, Bd. 23).

Volz: Christentum und Positivismus, 1951.

Weischedel, Wilhelm: Recht und Ethik, 2. Aufl., Karlsruhe 1959.

von Weizäcker, Carl Friedrich: Die Tragweite der Wissenschaft I, Stuttgart 1964.

Welzel, Hans: Naturrecht und materiale Gerechtigkeit, Problemgeschichtliche Untersuchung als Prolegomena zu einer Rechtsphilosophie, 4. Aufl., Göttingen 1962 (1. Aufl. 1951).

Welzel, Hans: Naturrecht und Rechtspositivismus, in: NoR, 322 ff.

— Die Naturrechtslehre Samuel Pufendorfs, Ein Beitrag zur Ideengeschichte des 17. und 18. Jahrhunderts, Berlin 1958.

Wieacker, Franz: Privatrechtsgeschichte der Neuzeit unter besonderer Berücksichtigung der deutschen Entwicklung, 2. Aufl., Göttingen 1967.

— Wandlungen im Bilde der historischen Rechtsschule, Karlsruhe 1967 (Juristische Studiengesellschaft Karlsruhe, Schriftenreihe, Heft 77).

Wolf, Erik: Das Problem der Naturrechtslehre; Versuch einer Orientierung, 3. Aufl., Karlsruhe 1964.

— „Das Recht selbst" ist unvergänglich, in: Festschrift für Karl Engisch zum 70. Geburtstag (hrsg. v. P. Bockelmann, A. Kaufmann, U. Klug), Frankfurt/Main 1969.

— Vom Wesen des Rechts in deutscher Dichtung, Frankfurt/Main 1946.

Zoepfl, Aloys: Über das Verhältnis des rationalen und nationalen Rechtes, mit Rücksicht auf die neuen Gesetzbücher, in: Zeitschrift für deutsches Recht und Rechtswissenschaft, Bd. 4 (1840), 91 ff.

FSC
www.fsc.org
MIX
Papier | Fördert
gute Waldnutzung
FSC® C083411

Kolibri 360 GmbH
Ferdinand-Jühlke-Straße 7
99095 Erfurt, Deutschland
produktsicherheit@kolibri360.de

Druck:
CPI Druckdienstleistungen GmbH
im Auftrag der
Kolibri 360 GmbH
Ferdinand-Jühlke-Str. 7
99095 Erfurt